RAÍZES

O povo do santo

O povo do santo

*Religião, história e cultura dos orixás,
voduns, inquices e caboclos*

Raul Lody

*Copyright © 2006, Livraria Martins Fontes Editora Ltda.,
São Paulo, para a presente edição.*

Este livro foi publicado por sugestão de Roberto Rugiero.

1ª edição *1995*
Pallas
3ª edição *2021*

Acompanhamento editorial
Helena Guimarães Bittencourt
Revisões
*Eliana R. Souza Medina
Maria Luiza Favret
Dinarte Zorzanelli da Silva*
Produção gráfica
Geraldo Alves
Paginação
Moacir Katsumi Matsusaki
Capa
Marcos Lisboa

**Dados Internacionais de Catalogação na Publicação (CIP)
(Câmara Brasileira do Livro, SP, Brasil)**

Lody, Raul
 O povo do santo : religião, história e cultura dos orixás, voduns, inquices e caboclos / Raul Lody. – 3. ed. – São Paulo : Editora WMF Martins Fontes, 2021.

 ISBN 978-65-86016-60-4

 1. Antropologia social 2. Brasil – Religião – Influências africanas 3. Cultos afro-brasileiros I. Título.

21-60763   CDD-306.60981

Índices para catálogo sistemático:
1. Brasil : Influências africanas : Sociologia   306.60981

Maria Alice Ferreira – Bibliotecária – CRB-8/7964

Todos os direitos desta edição reservados à
Editora WMF Martins Fontes Ltda.
*Rua Prof. Laerte Ramos de Carvalho, 133 01325-030 São Paulo SP Brasil
Tel. (11) 3293-8150 e-mail: info@wmfmartinsfontes.com.br
http://www.wmfmartinsfontes.com.br*

ÍNDICE

Prefácio a esta edição IX
Prefácio XIII
Nota a esta edição XIX

O POVO DO SANTO

Introdução 3
Afro-conceitos e tendências estéticas 12
Identidades culturais Brasil–África–Brasil 19
O fazer e o ser da arte africana 24
"Artes étnicas": um estudo sobre o fazer e o significar do patrimônio material do homem africano no Brasil 31
Mulheres de gamela, caixa e tabuleiro 47
Kulomba: os territórios da oração no candomblé Nagô 55
Terreiro Obá Ogunté: seita africana Obá Omin 64
Pagamento: um compromisso cerimonial 78
Santo se carrega na cabeça: o iaô é a cabeça e a cabeça é o orixá 83
Tudo come e de tudo se come: em torno do conceito de comer nas religiões afro-brasileiras 88
Babá: o arquétipo da proteção 94
Panela de Iemanjá 97

Ebó pós-moderno	103
Exu: o agente mercurial do culto	107
Exu: o signo da resistência	111
Bambogira: a marca do proibido	115
Iansã: o vento e seu alfanje de fogo	118
Xangô: mito e orixá-herói	121
Aoboboi Dã	136
A liturgia da dança	140
Cazumbá: a máscara africana no Bumba-Boi do Maranhão	155
Samba de caboclo	165
Afoxé: o candomblé de rua	196
Umbigada é samba da Bahia	231
O centenário Maracatu Leão Coroado	241
O carnaval africano do Recife	244
Ngunzu Pango	249
Sete folhas de defesa: ecologia, magia e cotidiano	255
Árvores sagradas: etnografia e ecologia no candomblé, no xangô e no mina Jeje-Nagô	264
Fios-de-contas: identificação do sagrado	275
Figa: um emblema de proteção	287
Opaxorô: um objeto de ancestralidade e poder	291
Abebê: um objeto nascente da cabaça	297
Pano-da-Costa/pano de Alacá	302
Ahungelê: o emblema das tobossis	314
Imaginária crioula	319
Santo Antônio, o santo defensor	325
Ibejis: orixás gêmeos e infantis	328
Uma missa para Oxóssi: o rei de Kêtu visita o Rosário dos Pretos	331
Escultura do Menino-Deus e o processo construtivo afro-brasileiro	336
Le Roi Louis: santo e gentio do Tambor-de-Mina do Maranhão	344
BIBLIOGRAFIA	351

PREFÁCIO A ESTA EDIÇÃO

Notícias, ali, dos deuses, pelo correio

De tempos em tempos me chegavam, dentro de envelopes de cor parda, alguns escritos de Raul Lody. Pequenos escritos de poucas páginas.

Ao longo dos anos eu me acostumei a lê-los e, depois, a guardá-los empilhados uns por sobre os outros, pois eram textos finos e afinados demais (nos dois ou três sentidos dessas duas palavras) para poderem estar ali, postos de pé, ao lado dos outros volumes de livros. E assim foi. Eles me chegavam entre o correr dos meses, dos anos, de tempos em tempos. Talvez até pelos temas tratados em vários deles, eu poderia ousar imaginar, a respeito daquelas dádivas generosas que algum carteiro negro vestido de amarelo deixava silenciosamente em minha casa, uma imagem misteriosa. Seriam eles um presente enviado por algum deus ou alguma deidade cujos nomes estranhos eu mal saberia pronunciar? Seres de outras terras, de outras peles e de outros nomes. Muito a respeito deles eu vim a aprender lendo os escritos de Raul Lody.

Mas prefiro guardar de seus envios uma imagem mais profana e, por isto mesmo, talvez um pouco mais humana. Não seriam deuses, como um Exu-Mercúrio alado, os emissários, os mensageiros, mas um homem cujo rosto eu também não conhecia ainda, e que escrevia. Escrevia e colocava, um a um, os seus escritos impressos em envelopes e os destinava a um outro uno e múltiplo alguém, longe. Mas, se aqueles escritos de poucas páginas não me chegavam pelas mãos etéreas de alguma divindade que o nosso Correio bem poderia tomar como símbolo, ou padroeiro, eles eram, a seu modo, mensagens com um sentido do saber bastante próximo ao sagrado.

Pois quase sempre era sobre alguns símbolos, significados e mistérios dos encontros e desencontros entre os diversos deuses da África, ou de um Brasil com desejos de África, e sobre as venturas e desventuras das relações entre eles e nós, que os seus estudos, tão breves quanto densos, tratavam de descrever, de ilustrar, de compreender, de desvendar. Estudos, fotos, imagens, pensamentos de vivências e de pesquisas a respeito de seres diante de cujo nome não se pensa nem se age em vão. Seres, deuses e deidades de outras peles, de outras cores, com outros nomes.

Talvez porque tratasse de costumes de homens e de deuses nem sempre afeitos às normas ocidentais e brancas do pensar e do fazer, Raul Lody aprendeu cedo a fugir das imposições que cada vez mais nos obrigam a encerrar os nossos imaginários em artigos, capítulos e livros onde o número de palavras, a altura das linhas e o tipo da letra são rigorosamente preestabelecidos. Ele escolheu um outro caminho. Em vez de revista especializada, escolheu pequeno e generoso fascículo gratuito. O estudo-confidência enviado mais ao amigo atento, o companheiro cúmplice de perguntas e de buscas, do que ao profissional, aquele homem muitas vezes mais preocupado com os números do *curriculum vitae* do que com os nomes do correr da vida.

Mas a quem imagine que a inusitada maneira de tornar nossas as suas descobertas e imagens poderia corresponder a um descompromisso com a pesquisa séria e com o criativo rigor das palavras e das idéias, Raul Lody tem respondido, ao longo destes anos todos, com o exato oposto. Não sei que nome poderia ser atribuído a investigadores e autores de textos como ele. Ele segue uma excelente tradição antiga, que pouco a pouco deixa raros herdeiros entre nós. Pessoas de pesquisas mais pessoais e mais livremente generosas. Pessoas que, mesmo quando também da academia, deixam de lado o afã da produção e textos e se dedicam à criação de escritos. Pessoas que se apegam amorosamente a temas e a perguntas que o olhar das teorias de moda às vezes teima em não enxergar à sua frente.

Os escritos agora reunidos em O povo do santo – religião, história e cultura dos orixás, voduns, inquices e caboclos coloca agora lado a lado, ou um após o outro, os vários momentos da obra "até aqui" feita de um persistente e criativo pesquisador viajante. O olhar de alguém que viaja muito e vai "ali" para ver, com o vagar dos próprios olhos, o segredo quase invisível, ou o pequeno detalhe esquecido. O foco sobre aquilo que passou sem ser visto, sobre os pequenos intervalos do essencial, na pressa dos olhos de quem apenas passa sem parar para fazer-se íntimo, mais do que apenas um pesquisador competente. Quando anos atrás realizei um longo estudo fotográfico sobre o rosto da pessoa negra, observei que tanto antes quanto agora, à diferença do branco, o negro desenhado ou fotografado é mais um corpo em movimento do que um rosto em repouso.

Dei a este trabalho nunca publicado o nome de Negro olhar. E na pequena introdução começo observando esse fato. É preciso observar esses seres de longe, em movimento, na ginga do samba, da capoeira ou do lance rápido do futebol, para que eles nos pareçam belos e dignos de ser postos em alguma imagem e dados a ver. Assim, entre fotos de festas de rituais do catolicismo popular de Goiás, Minas Gerais e São Paulo, eu quis deixar a ginga do corpo de lado e me defrontar com a beleza de rostos negros. Rostos de crianças, jovens, adultos e velhos, que do alto de sua alegria e de sua dignidade me ofertassem um momento de inesperada beleza.

Hoje, relendo os escritos de Raul Lody, observo que ao lado da preciosa riqueza de informações de cada capítulo do livro, e junto com um competente testemunho sobre modos nem sempre revelados de vida, de imaginário e de crença de povos de santos, ele nos traz com as suas palavras o que me faltou dizer em minhas imagens. Ele desenha com o que escreve uma secreta beleza, ao mesmo tempo humana e sagrada. Ele fala de uma delicada e densa experiência de sentido e sensibilidade que nós, tão brancos, tão utilitários, tão apressados na vida, perdemos a cada dia, e que os símbolos e sentimentos do *povo do santo* estão aí, a nos dizer e revelar, em suas línguas e na nossa. Basta ver, basta ouvir, basta ler.

CARLOS RODRIGUES BRANDÃO
Campinas, primavera de 2005

PREFÁCIO

Raul Lody passa grande parte da sua vida profissional com o "povo do santo". Andando de terreiro em terreiro, de bumba-meu-boi em bumba-meu-boi, de afoxé em afoxé, armazena uma riqueza de informações sobre todos os aspectos da África no Brasil: cantigas, poesias, roupas, esculturas, comidas, bebidas, ervas, arquiteturas, danças, histórias e, é claro, os santos/orixás, eles próprios. Neste livro, ele reúne 41 dos seus escritos abordando múltiplas refrações da África no Amapá, em Nova Iguaçu, em Cachoeira, em Recife, em Minas Gerais, no Vale do Paraíba, com o intuito de celebrar os feitos do "povo do santo", bem como a dívida do próprio autor para com ele. Afirma Lody: "Nesse rol de manifestações e de vivências regionalmente fortalecidas pelo costume, pela sabedoria emanante do sagrado, sinto-me imbuído e impregnado também dessas mesmas vivências, tendo-as experimentado em intensidade e qualidade, refletindo e trazendo ao meu trabalho sempre novos significados, novas e dinâmicas maneiras de sentir o mundo."

Mas o leitor que pensa que neste livro vai encontrar a "verdadeira África" no Brasil será desapontado. Em vez disso, ele vai encontrar um fantástico caleidoscópio de "áfricas" lembradas, inventadas, reinventadas e remodeladas a partir dos encontros na sociedade brasileira dos muitos valores, idéias e estéticas do poliglota continente africano com outros tantos de proveniência européia ou ameríndia.

Assim, num momento, Raul Lody nos leva para um terreiro "nagô" em São Luís do Maranhão, onde orixás de proveniência Iorubá compartilham o espaço religioso com Louis, rei da França. Noutro, ele nos leva para a cozinha moderna para a feitura de um "ebó pós-moderno", utilizando liquidificadores e processadores de comida, ou para os terreiros de caboclo, onde o bravo homem indígena comanda o máximo respeito do povo do santo pela sua valentia e liberdade. O leitor vai encontrar algumas "áfricas" reivindicadas pelos brasileiros que se orgulham pelas raízes africanas como uma afirmação de identidade, e outras que são reveladas pela lupa de um autor que não esconde o seu entusiasmo e admiração pelas qualidades humanas do "povo do santo", sobretudo a sua alegria: "O trânsito da alegria, da alegria compartilhada, seja numa comida, num copo de cerveja, numa dança, nos passos do Gexá, nos desfiles dos afoxés, nos baques dos maracatus, no fumar os cachimbos pelos voduns, chega como exemplo de uma alegria incontida, geral, oferecida e democraticamente assumida na adesão e na compreensão do povo do santo. Alegria e sagrado andam inseparáveis nessas mundovisões dos terreiros e em outras organizações afro-brasileiras."

Mas quem é este povo do santo? Às vezes, o leitor fica com a impressão de que é constituído apenas pelos descendentes de africanos, como que as coisas d'África pudessem ser interpretadas como uma cultura étnica, por assim dizer, um conjunto de valores e símbolos compartilhados por um segmento específico da sociedade brasileira. Assim, o povo do santo seria apenas um sinônimo para o povo negro. Mas, noutros momentos, o leitor percebe que as coisas d'África se espraiam pela sociedade como um todo. Neste caso, somos todos o "povo do santo"? Yvonne Maggie certamente diria que sim[1].

Em 1977, escrevi um pequeno ensaio, no qual observei que, ao contrário dos Estados Unidos, as coisas culturais africanas, sobre-

---

[1] No seu livro *Medo do feitiço: relações entre magia e poder no Brasil* (Rio de Janeiro, Arquivo Nacional, 1992), Maggie argumenta que a repressão aos cultos afro-brasileiros foi empreendida por policiais e juízes que também acreditavam no feitiço.

tudo candomblé, samba e feijoada, são símbolos não da "comunidade negra", mas, sim, da nação brasileira como um todo[2]. A partir desta observação, sugeri que a "apropriação dos símbolos da negritude pela sociedade mais ampla era politicamente conveniente, um instrumento para assegurar a dominação mascarando-a sob outro nome. [...] A conversão de símbolos étnicos em símbolos nacionais não apenas oculta uma situação de dominação racial, mas torna mais difícil a tarefa de denunciá-la. Quando se convertem símbolos de 'fronteiras' étnicas em símbolos que afirmam os limites da nacionalidade, converte-se o que era originalmente perigoso em algo 'limpo', 'seguro' e 'domesticado'. Agora que o candomblé e o samba são considerados *chiques* e respeitáveis, perderam o poder que antes possuíam. Não existe *soul food* no Brasil".

Tamanha ingenuidade! Cometi, neste artigo, o erro crasso de imaginar que valores sociais são o produto dos interesses de um ou outro grupo determinado; neste caso, a elite branca brasileira (não sei se de fato existe tal coisa). Parte importante da evidência que arrolei, sobretudo as crônicas etnográficas de João do Rio, apontava justamente em direção oposta; que a elite brasileira, longe de tramar a dominação dos negros através da manipulação dos "seus" símbolos, estava, ela própria, "dominada" pela atração que as "coisas d'África" exerciam sobre ela. Quando João do Rio observa que a elite carioca do início do século assegurava a existência dos cultos afro-brasileiros "com o carinho de um negociante por uma amante atriz"[3], ele utiliza uma metáfora que não tem nada a ver com a dominação maquiavélica. Muito pelo contrário, a sua metáfora sugere que a elite carioca é tão seduzida pelos cultos que não consegue evitar de sustentá-los! Poder-se-ia explorar mais ainda a metáfora de João do Rio. Ela supõe nas entrelinhas que o negociante tem esposa e filhos em casa de subúrbio e atriz amante, teúda e manteúda

---

2 FRY, Peter. "Feijoada e *soul food*: notas sobre a manipulação de símbolos étnicos e nacionais", *Cadernos de Opinião*, n.º 4, 1977.
3 JOÃO DO RIO. *As religiões do Rio*, Rio de Janeiro, Garnier, 1906, p. 12.

em *pied à terre* no centro da cidade. É uma relação de dependência mútua e de contornos complexos de dominação também mútua. Se o negociante providencia moradia e luxo para a atriz, ela, por sua vez, providencia o prazer sexual que o negociante sente só com ela. Ambos são parceiros de um jogo que é próprio de uma cultura que faz a distinção entre o sexo-prazer nos braços da(o) amante e o sexo-procriação no leito conjugal. A relação erótica entre o negociante e sua amante atriz é um estereótipo porque ela está inscrita na sociedade, tanto é que podemos até imaginar que o carinho dele às vezes cede à raiva do ciúme e à violência física. É a sociedade como um todo que possibilita, ou melhor, que obriga o negociante e a atriz a se encontrarem desta forma.

Voltando para a relação entre África e Europa, podemos, então, afirmar que esta também está inscrita nos valores sociais, independentemente da vontade de um ou outro grupo qualquer. Manuel Querino, Nina Rodrigues, Gilberto Freyre, Artur Ramos, Vivalvo Costa Lima, René Ribeiro, Oracy Nogueira, Roberto Motta, Lisias Negrão, Nunes Pereira, Reginaldo Prandl, Renato Ortiz, Beatriz Goes Dantas, Marco Aurélio Luz, Raul Lody e tantos outros brasileiros, mais ou menos conhecidos ou anônimos, encantaram-se pela África no Brasil porque se encantaram, e ponto final. Não duvido de que a dominação dos mais escuros pelos mais claros esteja relacionada ao encantamento. Mas não se pode afirmar que é anterior a ele.

Mesmo fazendo uma *mea culpa* pela minha interpretação de quase vinte anos atrás, estou, após a leitura deste fascinante livro de Raul Lody, ainda mais curioso sobre as diferenças entre o *status* da cultura africana no Brasil e nos Estados Unidos da América. Mas, agora, as diferenças me parecem mais marcadas do que inicialmente pensei. O livro de Raul Lody nos lembra que as coisas d'África são de tal maneira disseminadas pela sociedade brasileira que é impossível não tropeçar nelas a todo instante. Ao mesmo tempo, porém, não são restritas aos descendentes dos africanos. Todos nós, quando usamos palavras como cachimbo, cochilar, atabaque, "fazer a cabeça" etc., reproduzimos consciente ou inconscientemente a nossa dívida cultural para com a África. Nos Estados Unidos, ao contrário do Brasil, existe uma "cultura negra", compartilhada apenas por pessoas que se definem como *African-Americans*. Ser negro nos Estados Unidos é reclamar descendência de pelo menos um antepassado negro (lá, oficialmente, não há mulatos) e participar de um estilo de vida marcadamente diferente dos outros americanos. Mas, na cultura negra dos Estados Unidos, as coisas d'África são muito menos evidentes, se não invisíveis ao olho comum. Elas têm que ser "reveladas", por assim dizer, por pesquisadores profissionais que conseguem encontrar no uso da língua, em sistemas de nomeação e em movimentos corporais a herança da África. Resumindo, podemos afirmar que enquanto nos Estados Unidos há um povo e uma cultura negra, no Brasil há um "povo do santo". E, segundo Raul Lody, a marca principal desse povo é a religiosidade, o sagrado.

Eu agora não tenho muitas dúvidas de que a chave da compreensão dessas diferenças marcantes encontra-se no velho Portugal imperial. Senão, como explicar que a África é tão longe dos brancos da África do Sul como é próxima aos brasileiros todos? Senão, como explicar que a língua portuguesa falada em Moçambique, no Brasil e em Angola contém tantas palavras africanas, quando o inglês da África do Sul e de Zimbábue sequer tem uma? O projeto assimilacionista português, que visava à incorporação dos súditos coloniais à língua e aos valores metropolitanos, utilizando a persuasão e a força alternadamente, resultou, como bem demonstrou Gilberto Freyre, tanto na africanização dos colonizadores como na europeização dos autóctones.

É por isso que o livro de Raul Lody é tão magnificamente brasileiro. Na África do Sul, nem pensar!

PETER FRY
Barra de Guaratiba, maio de 1995

NOTA A ESTA EDIÇÃO

O povo do santo, que agora é publicado por esta Editora, reproduz a edição de 1995. Nela foram feitas correções e ajustes no texto, mas permaneceram inalterados os relatos e citações feitos pelo autor.

Todos os fatos descritos referem-se, pois, a situações de época.

O Editor

O povo do santo

INTRODUÇÃO

O CAMINHO DE UM PESQUISADOR

O povo do santo é um livro que reúne, agora, em tempo de maturidade, quarenta e um escritos, sendo alguns já publicados e outros inéditos, trazendo produções das décadas de 70, 80 e 90. Esses escritos se incluem no conjunto da minha obra de autor/pesquisador que ultrapassa trezentos trabalhos entre artigos em jornais e revistas, livros, obras coletivas, vídeos, cinema, entre outros.

Ciência sem emoção, sem apelo aos sentidos, é uma ciência que não pratico. Tenho compromissos assumidos com o povo do santo, com as pessoas que acionam e fazem existir patrimônios expressivos nos campos da música, da dança, da arquitetura, da indumentária, da joalheria, do teatro, da alimentação e de muitos outros meios que estabelecem vínculos com esse amplo e diverso mundo cultural chamado *afro*, onde os terreiros funcionam como pólos produtores e mantenedores de histórias, de civilizações, de arte, de memória e de sabedoria ancestre.

É crescente, sem dúvida, o interesse e as questões sobre a presença do sagrado e suas muitas transformações decorrentes das diversas Áfricas aqui fixadas e interpretadas com regionalidade e crescente abrasileiramento. São marcas decisivas de tradições vivenciadas dos códigos de moral e ética, muitos deles milenares e ainda vigentes em confrontos pós-modernos.

As sociedades secretas dos Egunguns, das Gueledê, das Elecó, o carnaval sagrado do afoxé e do maracatu de baque-virado convivem com o axé, com a timbalada, entre outras manifestações fundadas em ideário africano ou já processadamente afro-brasileiro, que vinculam o restrito dos terreiros com a vida extramuros, com a sociedade.

Estando na Amazônia, no Nordeste, na Baixada Fluminense, em Minas Gerais, no Vale do Paraíba e em outras localidades do país, venho nestes vinte e seis anos de pesquisador e documentalista trabalhando muitas vezes na dianteira, pioneiramente, revelando e trazendo temas desse amplo mundo afro, afro-brasileiro. Notadamente a arte/artesanato dos terreiros de candomblé, de xangô, do Mina, das associações carnavalescas como afoxés e maracatus expressa estéticas atuantes num imaginário nacional e que vem motivando e acionando trabalhos em institutos históricos e geográficos, museus, fundações culturais e coleções particulares.

Na construção de um olhar sensível e dedicado busca-se a diversidade dos estilos e as criativas soluções das comunidades. Aí as mundovisões do povo do santo que nascem geralmente nos terreiros, com artistas/artesãos, tradutores de gestos comunais vinculados ao sagrado e seus símbolos remetem a memórias mais remotas da própria África ou memórias próximas, já afro-brasileiras. O que é próximo é mais incorporativo e criativo, incorrendo num conceito de sagrado que é humanamente interpretado pelo povo do santo.

Trato, pela sensibilidade religiosa dos terreiros, de diferentes produções coletivas e outras individuais, para, neste livro que é também homenagem, conhecer e reconhecer o povo do santo.

O povo do santo traz uma vocação ancestre de resistência e, assim, tem no sagrado um ideário de vida e cultura. Integra o povo do santo lideranças de movimentos sociais marcantes no processo de reconhecimento de religiões tradicionais. Os modelos africanos transculturados e ricamente incorporados em cenário cristão legam forte e expressivo paralelismo entre santos da Igreja e santos dos terreiros.

O valor do sagrado circula por toda a sociedade, e esse valor é abastecido principalmente nos terreiros, que funcionam como verdadeiros pólos mantenedores e preservadores das histórias de povos africanos, aqui dinamizados e interpretados em concentrações etnoculturais chamadas Nações – Nação de Candomblé, Nação Elefante, entre outras.

O povo do santo expressa estilos e formas próprias de ser afro no Brasil. Projeta ainda desejos de se reafricanizar e retomar elos com a mãe, a avó África. Isso se dá romântica ou funcionalmente por necessidades religiosas, sociais e políticas, mostrando uma maior valorização da memória, diga-se, memória africana, como forma legitimadora e também autenticadora dos terreiros, famílias-de-santo e do próprio povo do santo.

Tudo gira em torno de um eixo de respeito pelo homem, pela busca permanente de harmonia entre o homem e a natureza.

O povo do santo, sem dúvida, manifesta-se em crescente movimento de afirmação racial e de busca de ocupação do poder, unindo-se a diferentes segmentos do amplo processo de conscientização do negro. O próprio terreiro é recurso memorial e ético do processo dessa conscientização, ora na veracidade do que é sagrado, ora nos casos recuperados da história social do africano no Brasil.

Há um fascínio indiscutível no mundo afro. Há também um forte e comovente apelo de adesão, especialmente adesão pelo sagrado, querendo trazer para o meio dos deuses e ancestrais sempre novos participantes que possam juntos continuar o processo infindável do que se chama "axé" – uma força totalizadora que perpassa por todos e em todos os locais.

Os apelos de imagem, de som, de gastronomia, as indesvinculáveis formas de ver e entender o cotidiano, unindo-o às luzes da manhã, ao pôr da tarde, às águas dos rios, às águas do mar, ao vento, ao verde – árvores, folhas e frutos –, aos animais, formam juntos cenários de vida, de vida compartilhada, e isso é axé, uma força emanada da própria natureza e compreendida em espaço sagrado pelo povo do santo.

Interpretando e principalmente aprendendo, venho construindo meu olhar e minha emoção diante de tantas e diversas expressões culturais/regionais conhecidas pelos seus afro-brasileirismos. Mergulho nesses afro-brasileirismos e fico me encontrando, me reencontrando, e nisso vou fortalecendo essa vocação manifestada de produzir "crônicas etnográficas" sobre afro-brasileiros do Amapá; de Nova Iguaçu, na Baixada Fluminense; dos terreiros da Cachoeira, do Salvador; sobre o Nagô pernambucano; sobre a arte/artesanato espraiada em coleções e outros redutos das memórias do candomblé; dos rituais de caboclo; das irmandades religiosas de Nossa Senhora da Boa Morte e de Bom Jesus da Paciência – quando tudo reporta ao processo incorporativo e reflexivo de saber, de sentir e especialmente de vivenciar o axé totalizador.

Há uma busca permanente nessa vivência, e com isso se ampliam os caminhos do intérprete, do cronista, indo mais além, sentindo-me viajante neste Brasil, quando também viajo nas minhas próprias histórias de vida.

As inúmeras oportunidades de assistir a festas, acompanhar preparativos de festas, de conviver no dia-a-dia de comunidades de terreiros, de transitar nas feiras e nos mercados legaram experiências únicas e incorporadas ao meu exercício de pesquisador/intérprete. Entre as inúmeras oportunidades, destaco algumas referentes às feiras e aos mercados que tratam boa parcela do comportamento e estética afro-brasileira. As feiras e os mercados são magníficos resumos da produção agrícola, da produção artesanal, das inventivas, das criações de diferentes autores, incluindo-se reciclagens de folhas metálicas, vidros, plástico, papelão, além de materiais como barro, madeira, fibras naturais destinados às produções que regionalmente traduzem estilos e gostos e que refletem os caminhos das "estéticas afro". São estéticas determinantes do que é consagradamente afro para o uso e função sagrada, estando também em outras produções que se abastecem desse imaginário e experiências afro-brasileiras.

Por ser um mundo plantado na tradição e ao mesmo tempo um mundo sensível à mudança e em constante adaptação, esse mundo afro é surpreendente nos seus muitos mecanismos de sobrevivência. O mundo afro busca manter, comunicar, manifestar cada palavra, cada receituário gastronômico, expressando profunda sensibilidade no ato de experimentar um acarajé, um abadô; ao usar um fio-de-contas, ao ouvir samba-de-roda, toada de maracatu, orô de orixá, ingorôci dos inquices; ao ver uma ferramenta de santo, um pano-da-Costa tecido em tear, jóias em ouro, coral, búzios, contas africanas; ao participar dos cortejos dos afoxés, blocos de axé, batuques, boi do Maranhão; ao conversar com os voduns enquanto estes fumam seus "taquaris" – cachimbos de longos tubos de madeira –, ouvir e interpretar histórias vindas do Benin, da Nigéria, de Angola, constatando assim em território brasileiro pequenas, densas e reinventadas Áfricas. Elas surgem nos terreiros, nas sociedades secretas, nos desejos do povo do santo, em axé compartilhado e socialmente vivenciado.

Nesse rol de manifestações e de vivências regionalmente fortalecidas pelo costume, pela sabedoria emanante do sagrado, sinto-me imbuído e impregnado também dessas mesmas vivências, tendo-as experimentado em intensidade e qualidade, refletindo e trazendo ao meu trabalho sempre novos significados, novas e dinâmicas maneiras de sentir o mundo.

Comum aos estudos sobre religiões afro-brasileiras, ênfase ou quase exclusivismo no tratamento desse campo pelo olhar e filtro Nagô, há uma verdadeira e contundente *Nagocracia* ditada pelos pesquisadores, intérpretes e pela mídia, excluindo outras vertentes etnoculturais como heranças afro-islâmicas, os Fon, o macrogrupo Bantu, entre outros que compõem o caldo cultural afro-brasileiro.

Esse caldo cultural traz contribuições e presenças de Áfricas etnograficamente reconhecidas e outras criadas, inventadas em espaço afro-brasileiro. Tudo isso age nas definições das identidades regionais, compondo histórias do cotidiano, tecnologias, organizações sociais e culturais que têm ao mesmo tempo visões totalizadoras e outras particulares como o patrimônio Bantu, expressando os reis do Congo e Angola nas congadas e suas variantes, envolvendo milhares de brasileiros, inclusive nos tradicionais maracatus que vêm das Irmandades de Homens Negros e Pardos, cujos oragos São Benedito e Nossa Senhora do Rosário projetaram fé cristã nos contingentes de escravos e seus descendentes.

Sambas de diferentes modalidades exemplificam alguns aspectos das culturas da África austral; destaca-se ainda a capoeira, hoje um fenômeno nacional, nascente de pólos como Rio de Janeiro, Salvador e Recife.

Retomando o caso do samba, ele é assimilado na produção popular, destacando-se aí as escolas de samba. Em âmbito religioso os terreiros da Nação Angola, Congo, Moxicongo preservam e revelam os inquices, suas características, suas histórias e principalmente suas convivências em espaço brasileiro e outros modelos etnoculturais como o Nagô, o Jeje e ainda com a Nação de Caboclo.

O aprendizado vindo da ética religiosa, os exemplos nascentes das experiências individuais dos componentes do povo do santo, muitas vezes surpreendentes, aponta caminhos, estilos, formas de vida em busca de equilíbrio com o sagrado, com o próximo, com a natureza e com os ancestrais familiares ou com os ancestrais coletivos do terreiro. Busco incorporar aos modelos de análise prospecções em âmbito acadêmico. Ouvir, saber ouvir é um método eficaz na apreensão de conhecimentos sobre o sagrado e especialmente sobre a pessoa. As experiências, os relatos, geralmente enriquecidos por famosas figuras dos terreiros, informam sobre acontecimentos especiais; descrições de festas, de roupas, de personalidades, de ogãs, pais e mães-de-santo, de "vendedeiras" ou quitandeiras vinculando um tipo de comércio de rua com os terreiros, entre muitos outros.

Tudo gira em torno de comprometimentos ancestres, recriados e adaptados às experiências contemporâneas. Esses comprometimentos atendem a desejos individuais ou estão destinados a uma memória de grupo, de um eu social. O saber tradicional é um ponto de aglutinação e também de difusão do próprio povo do santo.

O sagrado no mundo afro é compartilhado com total e compreensiva humanidade. O homem é um ser relacional com tudo o que ele puder conviver, transformar e principalmente entender simbolicamente como manifestações vindas dos santos – orixás, voduns, inquices, bacurus, caboclos.

O trânsito da alegria, compartilhada seja numa comida, num copo de cerveja, numa dança, nos passos do Gexá, nos desfiles dos afoxés, nos baques dos maracatus, no fumar os cachimbos pelos voduns, chega como exemplos de uma alegria incontida, geral, oferecida e democraticamente assumida na adesão e na compreensão do povo do santo. Alegria e sagrado andam inseparáveis nessas mundovisões dos terreiros e em outras organizações afro-brasileiras.

Alegria não é falta de seriedade ou de respeito ao cumprimento dos rigores éticos e morais que controlam os cultos religiosos e diferentes papéis sociais desempenhados pelo povo do santo. Alegria é fé expressiva e sensorial. Comida, sons, danças, roupas, diversos materiais – texturas, cores, formatos, combinações – e a própria natureza, fenômenos meteorológicos, juntos compõem um imaginário que busca atender ao homem, homem feliz, homem comprometido com essa alegria que incorpora a plenitude do sagrado. Acompanha o sagrado o que é convencionalmente sagrado ou as ações do cotidiano que emanam um sagrado pessoal, subjetivo, vivencial, relacionando sempre o princípio da vida com um partilhar do axé que em suma é vida, vida alegre, vida.

Fortes componentes judaico-cristãos integram o sagrado numa visão ampla do imaginário e nas interpretações do povo do santo. Sem dúvida, ele também é cristão à moda, com maior ou menor adesão aos santos da Igreja, que chegam em diferentes momentos nas histórias dos terreiros, sejam baianos, pernambucanos, maranhenses. E, assim, com essas alianças, realizam missas, ladainhas, procissões, festas do Divino Espírito Santo, entre outras, manifestando fé criativa e já de solução brasileira. Missas em louvor a São Jorge ou a Oxóssi; ou ainda quando o vodum é a princesa coroada na festa do Divino; ou ainda quando Nossa Senhora da Boa Morte simboliza as iás – mães ancestres e das águas, segundo a concepção Nagô. Aí permanece um viço africano que compartilha com as opções religiosas da Igreja. Tudo recebe uma espécie de sacralização que vem da própria vida, vida cotidiana em que o pecado é relativizado ou entendido numa outra concepção, talvez mais humana, por isso mais permissível ou mesmo de entendimento mais sensível das virtudes e não-virtudes inerentes ao próprio homem.

Há um tom de alegria no santo, e posso dizer que essa alegria sem culpa ou sem pecado é também o axé, energia essa solicitada e destinada a todos.

Imbuído na busca do conhecimento e também numa busca do sagrado na perspectiva do mundo afro mais humano, sem os convencionais pecados e as limitações de certo ou errado, sinto-me orientado para entender melhor, nessa perspectiva, o próprio sagrado. O santo e seu povo, o povo do santo, tentam interpretar o dia-a-dia em sintonia com aspectos diversos da vida e especialmente com a moral religiosa. Em relação ao santo tudo é possível. O indivíduo expressa características do seu santo, e por sua vez o santo é sensível ao ponto de também expressar marcas da personalidade do indivíduo. Tudo isso fascina, envolve e propõe um compromisso vivencial, permanente perante a fé religiosa. Uma fé religiosa viva e criativa, irmanando crença e prazer, combinações do humano e do santo-deus-tutelar, deus familiar, deus da Nação, deus enquanto um emblema etnocultural.

Quero com este livro sobre o povo do santo contribuir para uma melhor compreensão de aspectos que marcam a diversidade de manifestações religiosas e como elas se relacionam na vida cotidiana, no episódio da festa, na cerimônia pública, nas atividades profissionais, nos campos do afeto, co-formando patrimônios regionais, fortalecendo traços de comunidades, de indivíduos, agindo na permanente transformação do país e, ao mesmo tempo, atuando na vertente memorialista e mantenedora de motivos, padrões, formas de ser afro-sagrado e assim ser humano, ser cidadão.

AFRO-CONCEITOS
E TENDÊNCIAS ESTÉTICAS

Momentos construtivos

Na década de 70 surge com eficácia semântica e simbólica o rótulo afro para designar patrimônio africano no Brasil e, especialmente, identificar nas manifestações consagradamente afro-brasileiras um certo *purismo africano*. Germinalmente, um viço revivalista/reafricanizador vai tomando corpo nos movimentos políticos de grupos ativamente dispostos a retomar conceitos, rever conceitos e transformar socialmente visões cristalizadas sobre o negro no Brasil. Nesse contexto extremamente valorativo de *culturas de origem*, os conteúdos civilizatórios da diáspora vão ganhando também referências de defesa cultural da história, dos povos africanos e das fixações e nucleações em territórios do pensar e do agir, agir especialmente na resistência. A revisão histórica, social e política expressa nas representações culturais apóia a construção do rótulo indicativo afro. São *reapresentações* da vida e do episódio geradores das culturas africanas no Brasil e diferentes processamentos aculturativos e deculturativos. Categorizo *reapresentação* como ação nascente sob ótica étnica, cujos movimentos são de etnicidade, de atestações de africanismo sob diferentes nuances e significados etnograficamente identificados e interpretados. Há, sem dúvida, no conceito afro, um ideal de *puro*, de *pureza africana*, de pequenas Áfricas ou de microcosmos africanos imediatamente identificados e relacionados com o continente africano.

Fazem parte da construção de afro as manifestações tradicionais, e nelas há destaque especial para as religiões convencionalmente chamadas de afro-brasileiras – candomblé, xangô, Casa Mina, batuque, entre outras. Valorativamente, são conferidas aos terreiros a *guarda*, a *proteção* e a *manutenção* de conjuntos expressivos das culturas africanas, que, coordenadas pelos princípios religiosos, conseguiram preservar idiomas, tecnologias, música, dança, gastronomia, teatro, liturgias e sistemas de mando e poder intramuros e referências complexas à sociedade total. Nesse campo, a história confere aos terreiros uma espécie de autoridade criativa que remete à memória remota africana e, ao mesmo tempo, constrói uma memória próxima, afro-brasileira. A memória próxima é mais compreensível e compartilhante do cotidiano, sem com isso isolar o saber tradicional que ocupa o conceito idealizado de África e o conceito retentor do próprio terreiro que domina entre outros saberes: orixás, voduns, inquices, ancestrais, caboclos, música, dança, teatro, arquitetura, comida, intervenções no corpo, roupa, vocabulário, tecnologias artesanais, medicina, lúdica, filosofia, ética, moral, princípios ecológicos, sofisticados sistemas de poder religioso e político que atestam maior proximidade ou maior distanciamento do modelo. Este poderá encarnar o arcaico valorativo, tipo específico de grupo cultural, ou traduzir, também genericamente, o que é concebido por etnia, ou, referencialmente, buscar no acervo audiovisual a África geral ou a África particular – Kêtu, Nagô, Jeje, Gexá, Angola, Moxicongo, entre outros. O afro, nesse âmbito de comunicação e estética religiosa dos terreiros, tem trânsito nas matrizes construtoras de etnicidades e muitas vezes à moda abrasileirada – caboclos de exterioridades indígenas e essência dos inquices e visualmente inquetes ou também ampliando as proximidades de deuses africanos aos santos da Igreja.

O saber tradicional componente do conceito afro é formado em ética vigente nesse campo religioso, onde o privado e o público são dois momentos sociais que revelam, além de situações formalmente indicadas nos rituais, elencos de conhecimentos que reforçam ou vulgarizam as relações de poder entre homens; entre homens e deuses; entre homens, deuses e os sistemas complexos da plurietnicidade africana e processos aculturativos.

Por vício histórico, a academia tem doado ao candomblé campo quase ideal de análises sociológica e antropológica sobre africanidades e demais encontros e elaborações etnológicas em cenário brasileiro. Há, ainda, nas relações com religiões, afoxés, maracatus, ranchos e ternos de reis, grupos de boi, taieiras, ticumbis, bandas e ternos de congo, blocos afro, blocos de axé, entre outras manifestações que vivem momentos de diferenciados revivalismos por ações de intelectuais, de organizações comunitárias, de lideranças políticas que, juntos ou tendendo a interpretações preferencialmente voltadas à causa econômica, social, educacional, ideológica partidária, apóiam a construção de identificações e identidades afro.

Como fenômeno recorrente no Brasil, o revivalismo afro é continuidade dos movimentos de repolitização da África negra a partir da década de 60 – período em que a maioria das independências foi conquistada por países então colonizados. Aí a ordem tradicional de clã, de sociedades organizadas por princípios, além das delimitações físicas de fronteiras territoriais e dos códigos vigentes nas culturas de origem, é retomada sob ótica reafricanizante visível em ações, como o *pan-negrismo, pan-africanismo, negritude*, que ganham notoriedade ao buscar Áfricas africanas no continente africano.

Segundo informa Pathé Diagne, a iniciação à problemática do renascimento é devida a E. W. Blyden, que abriu caminho para a reflexão sobre o humanismo moderno, que toma seus valores de civilização na África. A obra de Blyden, *Christianity, Islam and the Negro Race*, revela-se forte na época de maturação de lutas de libertação.

Tudo gira em torno de um acordar cultural e de uma revalorização claramente etnicista e de projeção evidente nos países portadores da diáspora africana.
Informa Alpha I. Sow:

> Não é possível desenvolver harmoniosamente culturas e valores que se ignoram, que se negligenciam ou que pouco se conhecem. Ora, na África negra continuam a ser desprezadas as riquezas culturais nacionais, permanecendo-se indiferentes a seu respeito, à espera de que o público ocidental reconheça algumas dentre elas, que todos se apressam então em consagrar a adular, enquanto no que diz respeito ao essencial nem sequer chegam a compreender.[1]

No caso brasileiro, ou melhor, nos casos brasileiros, convivem movimentos de tradição e de dominação intertradição que fazem o visual afro à concepção baiana, pernambucana, regional nordestina, regional amazônica, urbana e carioca, entre muitas outras.

Marcam o imaginário/visual afro representações que tenham proximidade em textura, cor, desenho, composição e uso que remetam às fontes vivenciais das histórias culturais dos terreiros, das agremiações carnavalescas, às Irmandades dos Homens de Cor e Pardos, por exemplo, ou que, transculturalmente, passam a conviver com neoafricanização/revivalismo, que por sua vez não se isola da diacronia afro-brasileira.

As tentativas de valorizar afro como conceito que encarna contestação, mudança e renascimento de valores culturais se contrapõem aos convencionais tratamentos afro-brasileiros, embora ambos tenham vocações etnicistas.

Sempre que a idéia de candomblé ocorre, ela é acompanhada de uma visão tipificante de roupa de baiana, do azeite-de-dendê, da mú-

---
1 SOW, Alpha I. *Introduction a la culture africaine*, Paris, Unesco, 1977, p. 14.

sica dos atabaques, da palavra orixá e de sua imagem, elementos que apóiam esse modelo perseguido: a pureza africana, uma pura utopia.²

Comparável ao ideal africano em concepção geral e abastecido de motivos nostálgicos está o modelo baiano, que encarna ideal não menos generalizante do africano no Brasil.

O modelo baiano é uma espécie de autenticação de um patrimônio afro-brasileiro e o mais próximo de matrizes africanas (...). Por esse caminho estão centenas de pessoas, muitas delas motivadas pelos veículos de comunicação que, definitivamente, encontraram nele uma fonte de histórias, personagens, vocabulários e uma plástica presentes em novelas, filmes, enredos de escolas de samba, destaques nos noticiários (...).³

O ser negro na concepção afro é agente nos ideais de liberdade e em reconhecimento eminentemente visual, em que os emblemas característicos de roupas, acessórios, penteados, gestualidade e comportamentos diversos apóiam e autenticam indivíduos e grupos socialmente organizados.

Segundo Seyferth:

> Grupos étnicos aparentemente assimilados reafirmam a sua identidade usando valores muitas vezes simbólicos, tomados de uma *cultura supostamente tradicional*, colocando em questão a utilização de conceitos de aculturação e assimilação para a abordagem de casos concretos, especialmente nos contextos em que a identidade étnica é assumida e manipulada.⁴

---

2 LODY, Raul. *Candomblé: religião e resistência cultural*, São Paulo, Ática, 1987, p. 20.
3 LODY, Raul. *Candomblé*, cit., p. 22.
4 SEYFERTH, Giralda. "Construindo a nação: hierarquias raciais e o papel do racismo na política de imigração e colonização", in: *Raça, ciência e sociedade*, Rio de Janeiro, Ed. da Fiocruz, 1996, p. 42.

Momentos expressivos

Como estudo de caso, escolhi uma manifestação extremamente comprometida com o revivalismo e etnicidade em bases Nagô/Gexá que é o bloco afro. Retoma com consciência de renascimento o afoxé – grupo de carnaval integrado ao candomblé, também conhecido como candomblé de rua –, modelo em que o bloco afro encontrou suficiência temática e de comunicação para traduzir ideais de negritude e de consciência do homem negro, das suas histórias e do seu patrimônio de origem e do patrimônio agora reafricanizado pelo ser conceitualmente afro.

A categoria afro é solucionadamente internacional, capacitando-se, assim, de uma linguagem internacional para também compreender e preservar expressões da diáspora do homem africano nas Américas e no Caribe.

Alguns sinais diacríticos situam o ideal de beleza reinante no conceito afro e representante do renascimento africano. São trancinhas Nagô, adornos corporais em palha-da-Costa, búzios, miçangas, turbantes elaborados, abadás e vestidos largos multicoloridos de estamparia étnica, inclusão de objetos convencionais oriundos do candomblé – *ilequês* (fios-de-contas), *idés* (pulseiras), batas, panos-da-Costa; brincos barrilzinho, pitanga, corais, búzios, firmas africanas, entre muitos outros.

Inicialmente tenta-se uma antítese histórica da beleza greco-romana, traduzida pela proximidade do europeu. Beleza negra é nascente em caracteres biotipológicos do próprio homem negro, de seus descendentes e de não-negros que assumem sinais diacríticos de referências estéticas de ser negro – ser afro em território brasileiro.

Por empréstimos de saberes e símbolos arcaicos, tecnologias, materiais e produtos são reabsorvidos e reincorporados em novas dimensões de uso e de significado – autenticações estéticas dos conteúdos de revalorização e de expressão socializadoras.

Nas opções etnoculturais do afro em território brasileiro há escolhas marcantes do modelo estético Nagô, e, mesmo como modelo de análise e de interpretação, o que não é etnograficamente de vínculo e expressão Nagô passa a receber leitura pelo olhar Nagô. A dominação interétnica e evidentemente nagocrática vê o Nagô como modelo ideal de afro.

Esse vício estético e também acadêmico que, pelo olhar Nagô, procura legitimar e sinalizar o "visual afro" incorre nos limites do próprio Nagô.

Há uma preferência e até costume em iniciar análises e interpretações por filtro e concepção Nagôs para o que é ou supostamente se apresenta como africano, ou de resíduos de africanidades ou ainda nas concepções de herança africana.

Nos rituais populares e coletivos há evidentes expressões de base e comunicação Bantu – Terreiros Angola, Angola-Congo, Moxicongo, Angolão, Nações de Maracatus, Escola Angola da Capoeira, sambas em diversas modalidades, coco, zambê, cordões e ranchos, grupos de boi, blocos e outras manifestações de carnaval – ou ainda vinculadas aos reinados dos reis do Congo vindos das irmandades religiosas – congadas, ticumbis, cucumbis, ternos e bandas de congo – e mesmo algumas bandas e blocos afro que buscam distinção por serem de Nação Angola.

Pertence à expressão afro o desejo retribalista – retomada de símbolos de tribo, clã, sociedade iniciática, sociedade secreta, nação –, e para cada grupo afro em bloco, ou mesmo para o afoxé reafricanizado, ou ainda nos maracatus de baque-virado há cada vez mais o sentido de que cada grupo seja uma nação: Nação Gandhi, Nação Elefante, Nação Leão Coroado – afoxé e maracatus, respectivamente.

A estética afro é um caminho para a retomada do poder, de socialização e legitimação do "novo negro". A beleza negra aqui vista no amplo conceito de afro toca no desejo de conquistas do negro e dos oprimidos, na ocupação cada vez maior de papéis de mando e de expressão na sociedade nacional.

IDENTIDADES CULTURAIS
BRASIL–ÁFRICA–BRASIL

De um país civilizado, eminentemente a partir de um amplo modelo cultural africano, e se dizendo sem preconceitos raciais seria até um fato a se louvar. Porém, a história é bem diferente. O estigma colonialista e de fundamentação nos valores de uma ética e moral ocidental-judaico-cristã fez com que as relações raciais – diria melhor, interétnicas – fossem submetidas a um poder econômico que, evoluído do mercantilismo, chega a um capitalismo mais ou menos ortodoxo que ainda reafirma as condições escravas pelo subemprego – ação servil tão infame quanto a do escravismo oficialmente extinto em 1888.

Não se pode falar de identidades culturais sem antes pisar em terreno sociológico e econômico, ou se continuar a manter visões românticas a respeito de uma África de máscaras de tambores e festivais coloridos, em visões distorcidas da realidade e de forte impregnação hollywoodiana. Não se é imune aos filmes de Tarzan ou a outros estereótipos que teimam em mostrar uma África igual, homogênea, exótica – de negros famintos, de brancos que serão devorados, cozidos em enormes panelões de ferro. Se o leitor considera exagero essa visão estigmatizante – ótimo! –, é sinal de que começou a ler, sem esses contornos preconceituosos, determinando o que é o africano na África, e como uma ampla e geral herança desse continente espraiou-se pelo território nacional. Dessa herança construtora das bases econômicas vindas do açúcar, do fumo, do ouro, do café, das diferentes tecnologias e serviços não se isolam as formas expressivas, idiomas de sistemas religiosos, de manifestações lúdicas e socializantes, dos alimentos, da medicina, da arte, da ciência nos seus mais distintos planos do saber e do significar. Toda essa herança é compartilhada, reinventada, adaptada em espaços brasileiros pela ação fundamentalmente de negros e seus descendentes, além de mulatos, brancos, caboclos e imigrantes, pois a busca de autonomia e "pureza" de manifestações sociais e culturais da África no Brasil é assunto para discussões especiais de cunho ideológico e também filosófico.

EM PRETO E BRANCO

O Brasil é sem dúvida um país em "preto e branco". Destas relações não exclusivamente físicas e étnicas surgem também os peculiares ânimos e as não menos peculiares ideologias, atingindo planos do "poder" e do "crer".

Dos contrastes regionais existentes no país também de diferentes processos sociais e econômicos, tocando ambientes ecológicos não menos diferentes e especiais, pode-se afirmar a existência de verdadeiros pólos mantenedores, defensores e produtores do que, convencionalmente, chama-se de cultura afro-brasileira.

Arraigado por mecanismos regionais e afeto aos criadores e usuários, um patrimônio em bases afro-brasileiras é realidade inegável, funcionalmente vivida no cotidiano ou nas festas por milhares de brasileiros. Diga-se: brasileiros negros e não-negros.

Também uma espécie de destino histórico marca o que é convencionalmente africano no Brasil e afro-brasileiro como manifestações restritas ao âmbito do carnaval, ao candomblé, ao samba, à capoeira, ao esporte, notadamente o futebol – como se certas áreas fossem *bondosamente* permitidas aos cidadãos negros.

ÁFRICAS

Para não incorrer no erro simplista de caracterizar a África em dois grandes grupos, uma África negra e outra branca, convencionou-se falar de um continente de macrorregiões geoculturais, uma ao Norte e outra ao Sul do Saara. Além dos aspectos ecossistêmicos que apóiam uma compreensão sobre meios produtivos, modos de vida, organizações sociopolíticas e culturais, destaca-se outro importante fator, que é o lingüístico. Fora a convencional divisão sudanesa e bantu, estudos etnolingüísticos têm facilitado o conhecimento e o reconhecimento de grupos culturais, etnias, enfim, apoios para o entendimento dos contrastes e das diferenças que formam o continente africano. Segundo Maurice Delafosse, no seu trabalho *Les langues du monde*, as línguas africanas são assim agrupadas: nilo-chadiano (30 línguas), nilo-abissínio (15 línguas), nilo-equatoriano (26 línguas), khordofoniano (10 línguas), nilo-congolês (19 línguas), ubanguiano (25 línguas), chariuadiano (12 línguas), chadiano (15 línguas), nígero-chadiano (31 línguas), nígero-camarãonense (66 línguas), baixo-níger (1 língua), voltaico (53 línguas), ebúrneo-beninense (48 línguas), nígero-senegalês (36 línguas), ebúrneo-liberiano (24 línguas) e guíneo-senegalês (24 línguas).

Em bases tão múltiplas e ricas de elementos culturais convivem diferentes Áfricas. Umas são remotas, arcaicas de lembranças arqueológicas de cidades e monumentos de civilizações milenares, mantendo ainda alguns grupos culturais próximos à idade do metal; outras de transições sociais e políticas, com a crescente presença do Islã que ao mesmo tempo ocupa territórios com religiões de origem do continente. E diante desses movimentos tão contrastantes e diferenciados crescem os progressos – uns sobre ordem ocidental, outros tentando respeitar as etnias e culturas nativas, porém ganhando todos os espaços de luta e de liberdade.

Embora em relação bipolarizada do ontem e do hoje da África, os governos tentam ajustes em bases sociais e econômicas num continente em processo de desenvolvimento peculiar às diferenças regionais. Há ainda alguns vínculos coloniais e, apesar da oficialidade de desatentamento de tutela, somente a independência econômica auferirá a verdadeira e soberana autonomia social, política e cultural.

Também se ressaltam com proximidade histórica os anos 60, que marcaram uma acelerada descolonização da África, além de movimentos ideológicos nascidos de negros na Europa e nos Estados Unidos em reivindicações determinadas sobre as identidades africanas. Desses movimentos destacam-se o da *Negritude* e o da *Africannes*.

Essa África pós-colonialismo busca nos sistemas e nações de origem o caminho para o encontro e a afirmação de nacionalidades. Também se reflete em desejo de não menor liberdade e de afirmação das identidades de uma África diluída e projetada nas Américas. Isso é verificado em verdadeira diáspora, tendo o Brasil se notabilizado como um dos mais importantes espaços africanizados.

Resistência

Das identidades que sustentam o patrimônio afro-brasileiro destacam-se pólos de resistência histórica aos valores e conhecimentos, ora genuinamente africanos, e outros de solução e reflexo afro-brasileiros. Aí estão os terreiros de candomblé, de xangô, os tambores mina-jeje e nagô, entre outros modelos de religião que nuclearam, além dos rituais, um lastro da cultura; incluem-se as línguas, os alimentos, a música, a dança, o teatro, o artesanato/arte e tudo o mais que possa formar e determinar um elenco substancial de motivos e de realizações do ser africano no Brasil e do ser afro-brasileiro.

É sabido que as religiões genericamente chamadas de afro-brasileiras guardaram uma vida africana nos terreiros, que inclusive eram conhecidos como Áfricas. Esse rótulo traduz o que de coesão social, moral, ética e ideologias de procedências distintas do continente africano conseguiu sobreviver. Tudo isso ocorre em ambiente onde processos aculturativos interafricanos já determinavam um nascente afro-brasileirismo que ganhou feições e estilos de nacionalização desse ser africano.

Embora os culturalistas tentem mostrar o patrimônio afro-brasileiro despolitizado, isso só reafirma um comportamento de dominação, conferindo à cultura do negro um campo preferencialmente voltado às teorias antropológicas e sociológicas. De objeto, o homem negro passa por conquistas a sujeito das questões que lhe dizem respeito, enquanto protagonista de suas histórias e formas de vida. E é sobre essa postura que consigo inteirar-me e co-participar de trabalhos que vêem o patrimônio africano no Brasil com a dignidade e o respeito necessários.

Certamente esse caminho começa a se alargar e se fortalecer em virtude, principalmente de movimentos em prol da ocupação decisória do negro na sociedade nacional. A prática de resistência secular e a incontestável presença como fonte e base da civilização da sociedade brasileira conferem à causa afro-brasileira um destino de conquista e de liberdade, diga-se, bem distante da ilusória lei de 13 de maio de 1888.

O FAZER E O SER DA ARTE AFRICANA

Inegavelmente, a fundamentação religiosa norteia os caminhos da arte africana, revelando o homem africano e seu pensamento, sua ação transformadora de materiais, dominando técnicas, criando, seguindo modelos milenares e ao mesmo tempo adaptando, renovando, imprimindo dinâmica nas concepções e nos fazeres. Sempre nos passa uma eterna força vital, que é difundida pela cultura material africana, buscando uma intimidade com os deuses, que darão proteção para a vida e para a subsistência, patrocinando a agricultura, a pesca, a coleta de frutos e outras formas de economia primária.

A arte é o veículo da comunicação e determina os estabelecimentos dos vínculos e alianças entre os planos sagrado e humano. Assim, são as máscaras, esculturas, adornos de corpo e demais implementos visuais que estabelecem ligações, verdadeiros elos que manterão a unidade do grupo social, o equilíbrio do cotidiano, assegurando também o bom cumprimento dos ritos de passagem, importantes episódios que marcam etapas e ciclos na trajetória de indivíduos ou de sociedades.

A marca do antepassado se apresenta com eficácia para o controle, o desenvolvimento e a guarda da própria sociedade, numa ampla concepção de vida e morte para o pensamento geral africano. O *Divino*, o *Deus*, o *Antepassado* se multiplicam pela diversidade de especialidades e de ações que são próprias de cada mito ou elenco de mitos. Dessa forma, as forças da natureza, reis divinizados, heróis são alguns dos motivos e personagens que doam à mítica elementos profusos e que agem diretamente na ideologia da arte, nos fazeres, nas técnicas e nos usos, garantindo em muitos casos a indivisível união entre o homem e seu Deus tutelar, entre o motivo ritual e a prática agrícola, entre o hábito alimentar e a determinação do antepassado. Tudo isso aprofunda a relação das práticas artesanais com motivação ritual e, conseqüentemente, os resultados visuais do discurso estético africano que revitaliza essa motivação nos fazeres do cotidiano ou em práticas mais elaboradas e bem cíclicas. O sentido do Divino, do Deus, imprime uma presença constante nos afazeres no espaço doméstico, no comércio, nas formas lúdicas e demais situações afetas à concepção africana, reforçando seu relacionamento mítico, que é diário, íntimo dos trabalhos e dos usos, como do próprio ser do africano.

Marca a história do homem africano a ação do próprio homem africano como protagonista, criador dos seus próprios momentos de vida. A arte africana, com seus expressivos conjuntos de obras, atesta a sua capacidade criativa. Para tentar entender essa arte, temos de tentar entender a vida africana, em que soluções próprias determinam as convivências de grupos humanos em diversos estágios culturais, coabitando num mesmo continente. Dessa forma, são as maneiras de trabalhar o solo, elaborar alimentos, celebrar e organizar liturgias, fomalizar os códigos de direito, organizações hierárquicas, sistemas políticos, códigos de ética e de moral, que fundamentam o homem africano, sua sociedade, seus padrões e compromissos com a contemporaneidade do mundo e com seu pensamento tradicional, no entanto evolucionista e dinâmico.

Assim, pode-se observar a sociedade africana, autônoma pelos seus próprios caminhos, testemunhando o gênio histórico dos seus autores. Os modelos de vida, de sociedade, em nível de grupos familiares, congregam os pensamentos sobre o homem e seus deuses, sobre o homem e seu poder, sua fertilidade, sua religiosidade e sua morte. É indesvinculável o fazer, o construir, o esculpir, o modelar, o tecer, o gravar das ligações e dos padrões vindos pela história do mundo, onde o social e o mágico se interpenetram.

O tempo social e o tempo mágico fluem e se sobrepõem na produção cultural africana. O Mito, o Deus, o Antepassado dominam fortemente o desenvolvimento do pensamento e da ação da sociedade africana. Isso condiciona, na maioria dos casos, a escolha dos acontecimentos reais por práticas vindas do modelo mágico, que determinará o comportamento, a postura social, os códigos, agindo diretamente no domínio das técnicas e dos tipos de objetos resultantes dos processos artesanais.

A tradição impõe costumes que estão incorporados aos modelos do Deus, do Ancestral, comandando o caminho da história, funcionando como justificadores das origens; são os mitos da genealogia, são os animais totemizados, é a deificação do sol, da lua, das árvores, das águas, do fogo, levando ao aprofundamento do artista africano com sua natureza, valorizando a fauna e a flora locais, testemunhando pela vertente mitológica sua ecologia. A memória remota do africano é, sem dúvida, a grande matriz doadora dos fazeres, dos temas que serão formalizados com os trabalhos em madeira, argila, metais, fios, fibras e demais matérias-primas. A cultura material africana é um repositório dos mitos milenares e das observações do mundo atual. Essa dualidade evidencia o cumprimento e respeito à ancestralidade, em que o individual se assenta como agente da concepção mítica coletiva, quando ao mesmo tempo o costume e a função social da arte africana se adaptam e se projetam nos assuntos que estão afetos a sua realidade, a sua vida próxima.

A eternidade e sua presença na ideologia africana são demonstradas pela oralidade, contos, lendas, histórias; mas, marcadamente, é pelo registro material da cultura, por meio de máscaras, estatuária, objetos de adorno corporal, pinturas, arquitetura e outros testemunhos que buscam visualizar os códigos ditados pela norma da comunidade, sustentando, assim, aspectos necessários à identidade do próprio grupo social. A ancestralidade tonifica o hoje, as gerações que precederam estão presentes nas tecnologias, nos rigores dos fazeres e nos resultados visuais da própria arte do africano. A direcionalidade do tempo é ação que encontra harmonia nas formas expressivas das máscaras em madeira, nos braceletes em bronze, nos marfins esculpidos, condição para atrelar o modelo da memória remota aos trabalhos artísticos atuais. Esse entendimento de eternidade está marcado na arte africana numa indissolúvel união do conceber e do executar, do fazer e do seguir detalhamentos que tenham significado para a comunidade; são os elos dos deuses com os homens, celebrando seus compromissos no tempo e na história.

O sangue, fonte de energia vital e de profundo significado simbólico, alimenta as esculturas e insígnias dos ancestrais, fortalecendo a relação do ontem com o hoje. Somente adquire sua função o objeto quando sacralizado; a obra de arte, no caso, é atributiva, tem características impostas pela necessária forma, confeccionada com os materiais precisos, de modo que tenha desempenho para a comunidade. As transformações das técnicas, como os trabalhos de fundição de metais, encontram respaldos míticos, atuando como justificativas de mudanças, de alterações da ordem formal assentada nos compromissos, homem e elencos divinizados. As ações dos mitos civilizadores marcam etapas da evolução do homem africano, no domínio de novas técnicas, conseqüentemente no aparecimento de novos produtos. Assim, o facão de madeira é substituído pelo facão de ferro. Ogum, um dos mitos civilizadores dos Iorubas, ensina ao homem como forjar os metais; apresenta também armas para as lutas e ferramentas para melhor trabalhar o solo; sendo também o incentivador da agricultura e do domínio das lutas e das conquistas. Os mitos fundadores, quase sempre apresentados como heróis, alojam-se nos símbolos de poder e de mando, quando são assentados sistemas de controle social, transmissões de cargos, determinando papéis masculinos e femininos nas sociedades. A mulher é outro importante motivo de interpretações na arte africana, quase sempre como visualização da fertilidade, ora prevalecendo os seios, os ventres, ora portando marcas tribais, ora explicitando símbolos de sociedades secretas, nutrindo a matrilinearidade do ser feminino no pensamento e na ação artesanal do africano.

A vertente da fertilidade é amplamente testemunhada pela cultura material africana, ocorrendo juntamente com os signos que marcam a interrupção da vida social, a morte. Esses dois temas são preocupações simultâneas nos fazeres do africano, havendo em muitos momentos a impossibilidade de se reconhecer o que é a vida ou o que é a morte, pois os antepassados são tão atuantes na composição social que ajudam a compreensão da vida, e a vida justifica a ação do antepassado.

O entendimento geral do mundo se dilata nas repetições dos gestos, nas danças, nos dizeres, nas passagens rituais, nas repetições de objetos, cumprindo modelos formais que detêm os caminhos das explicações sobre o nascimento do homem, dos animais, da terra, da água, tudo ditado pela herança, pelos ensinamentos que os deuses deram aos homens.

O modelo definitivo é o seguimento de ações que doam ao artesão o que fazer, como fazer, indicando materiais e procedimentos e situando o desempenho que o objeto terá para a comunidade.

A temporalidade africana impõe a força e a sabedoria, unindo o humano e o sobre-humano. Assim, a história acumula; é depósito do poder simbolizado e do poder concretizado pelos próprios padrões determinados pelos mitos e acionados pelas práticas transformadoras do homem em seu meio. A visualização do poder, da hierarquia, das classes religiosas, das sociedades secretas, entre outras, tem nos objetos não apenas o utensílio, mas a maneira de revelar à comunidade o significado da cerimônia, o sentido ético do ritual, marcando ciclos religiosos, festas públicas, cortejos reais, atuando para a comunicação simbólica.

Os objetos, em sua maioria vindos do fazer africano, são e incorporam o poder mítico; não representam apenas; o uso é pautado no significado. O padrão mítico não assume em sua totalidade a inércia da história dos grupos africanos, mas é fundamental esse padrão, que se dinamiza com maior ou menor freqüência por motivos de transformações sociais, econômicas, climáticas, políticas, religiosas, sanitárias, entre outras. Também é importante observar que não é exclusiva do africano a vinculação do ser com os elencos sagrados ou sacralizados pelos costumes.

O controle do próprio destino e o sentimento de liberdade tonificam a arte africana, demonstrando pelos próprios objetos a variedade e a essência dos grupos, das muitas etnias integrantes do complexo transétnico da África.

Para o africano, há, sem dúvida, um grande projeto coletivo, em que a individualidade se dilui no social, e o grupo dispõe das suas insígnias, da sua identidade. A noção de autor, nesse caso, incluindo-se marca pessoal, é substituída pelas expressões da sociedade. Compreende-se a noção de comunitário como grande base da história, tendo no patamar popular o grande esteio mantenedor dos imemoriais motivos étnicos até as mudanças de técnicas e hábitos. Muito se detém o fazer africano num contínuo repetir, reeditar de arquétipos das gerações, vivificando o passado, em respeito à linha original. Evidentemente, transformar, criar, idealizar, buscar novos resultados estão atuantes nas técnicas do africano; senão, teríamos exclusivamente manifestações do paleolítico ou de outras etapas remotas da evolução do homem. Para melhor entender o que leva a fazer, o que determina comportar ou o que imprime manter ou transformar, tem-se de perceber o eterno retorno na arte africana a uma concepção realimentadora da memória e dos fundamentos de identidade.

Na visão integral de sociedade para o africano, o tempo é o momento em que o homem pode legar suas energias numa força modificadora e atenta aos costumes; é também desencadear ações para as realidades do seu meio. A consciência do tempo passado já marcou e já determinou muito mais o fazer africano do que hoje. No entanto, não se pode esquecer que os exemplos poderão resgatar uma maior ou menor atenção voltada aos arquétipos, à linha dos ancestrais, aos modelos imemoriais. A posição do homem africano como condutor de grupos sociais, com organizações específicas, modificou-se no caldeamento político contemporâneo, em que as microssociedades são ordenadas em nações, em países, em divisões que transcendem os sistemas culturais ou as organizações étnicas convencionais. Isso tudo determina novas produções, fazendo com que o homem africano continue a ser, ainda, o protagonista da sua civilização, o criador da sua arte (Coleção Arte Africana, Rio de Janeiro, MNBA, 1983).

"ARTES ÉTNICAS"
UM ESTUDO SOBRE O FAZER E O SIGNIFICAR DO PATRIMÔNIO MATERIAL DO HOMEM AFRICANO NO BRASIL

Convencionalmente, lega-se à chamada arte afro-brasileira um limite no âmbito e no fazer religioso que será de função e significado para o culto dos orixás, voduns e inquices. Embora se valorizem nessa produção material, aqueles formatos, símbolos, cores e texturas que remetem a um ideário africano e com isso se tente reproduzir uma visualidade ora Ioruba, ora Fon, ora abrangente Bantu ou, ainda, uma fusão de modelos gerais e até homogeneizantes, como de caráter único africano, flui e reflui um viço criador já brasileiramente resolvido. Aí as nostálgicas visões de uma África distante são retomadas mais como empirismo e empréstimos por material livresco ou por viajantes que depõem sobre o que viram ou mesmo trouxeram de material de origem africana.

Os processos afro-brasileiros construíram seus mecanismos de produção, defesa, inovação e também de atavismo com símbolos primordiais às identidades das chamadas *nações*, aqui vistas na sua plenitude enquanto grupamentos de negros reunidos no Brasil por motivos culturais, principalmente as línguas, reflexo do que é comum e orientador também nas ações tradicionais que caracterizam casas de candomblé na Bahia, nos xangôs em Pernambuco, Sergipe e Alagoas e nos Tambores Mina-Jeje no Maranhão.

Os espaços sagrados dos terreiros, embora produzam e os abasteçam com objetos de fundo religioso, também expressam na sua plástica objetos não comprometidos com os deuses, o mesmo ocorrendo com a música, a dança, as tradições orais e outras formas de comunicação artística e de propostas afro-baiana, afro-pernambucana, afro-maranhense ou de outras regiões que já consolidaram seus sistemas de fazer, significar e simbolizar.

Ao terminar os espaços dos xangôs e candomblés no Nordeste brasileiro para realizar estudo sobre cultura material, enfatizam-se as questões da história religiosa do homem africano nessa região, sabendo-se que os terreiros não abrigaram exclusivamente os símbolos do sagrado, realizando rituais dos orixás, voduns, inquices e caboclos, mas polarizaram e defenderam a memória e o patrimônio de diferentes etnias africanas, que juntas contribuíram na formação da sociedade nacional.

Para uma melhor compreensão dos elencos de objetos, tecnologias, significados de texturas, cores e funções de tão complexos e diversos conjuntos – que vão dos utensílios de barro à arquitetura, passando pela indumentária, tecelagem de panos-da-Costa, trançados em fibras como a palha-da-Costa e o buriti, montagens em couro, flandres, ferro, latão, búzios e tantos outros materiais que indicam e orientam "estéticas étnicas" – tem-se que fortalecer esses estudos em diferentes tempos históricos, políticos e sociais. Somente assim os exemplos que apontam uma ampla visualidade africana no Brasil podem ser interpretados, sobretudo aqueles dos períodos de forte repressão aos terreiros, verdadeiras "neo-Áfricas" em oposição a uma evidente desagregação social e cultural.

> Durante o quebra-quebra, atos de vandalismo eram constantes. Foi constatado que a africana Tia Marcelina, da rua da Aroeira (dona da primeira casa de culto a aparecer em Maceió), levou um golpe de sabre tão violento que fez abrir sua cabeça, ficando prostrada. Manuel Martins, babalorixá, teve seu cavanhaque arrancado com epiderme e tudo. Em frente ao toque de Chico Foguinho, a polícia fez grande fogueira, onde foram queimados objetos litúrgicos que integravam os pejis, sob as vistas pesarosas dos filhos-de-santo.

Depois do quebra-quebra, alguns babalorixás saíram de Alagoas, outros ficaram refugiados em locais escondidos ou de difícil acesso.

Somente na década de cinqüenta, com a política tendo novos rumos, é que as casas foram abertas publicamente.[1]

Também nas cidades de Salvador, Recife, Rio de Janeiro e outras, durante o Estado Novo (1937), foram registrados abusos de autoridade policial, resultando em invasões de terreiros e apreensão de objetos, levados, então, para delegacias policiais, hospitais psiquiátricos e posteriormente utilizados como documentos de marginalidade e loucura, resultantes da danosa mistura das raças!

Nina Rodrigues, médico baiano, pela primeira vez divulga algumas peças dos candomblés da Bahia no seu trabalho "As belas artes dos colonos pretos no Brasil" (*Revista Kosmos*, Rio de Janeiro, 1 (8), agosto, 1904) – o que é repetido e ampliado nos livros *O animismo fetichista dos negros baianos* (1928) e *Os africanos no Brasil* (1932). As peças apresentadas em fotografias em preto-e-branco exibem algumas esculturas em madeira e ferramentas rituais em bronze e latão, atestando de forma "curiosa os fetiches dos negros". Estando os objetos fora de seus contextos – locais sagrados –, distantes de seus fabricantes e usuários, e sem ter preocupação cultural, mas sim médica, Nina Rodrigues enfrentou questões muito mais raciais e físicas do que uma problemática de fundo social e econômico, orientando nesse sentido muitos outros trabalhos e alguns até bem recentes.

Os exemplos apresentados por Nina Rodrigues reduzem documentos materiais das culturas africana e afro-brasileira a registros de "feitiçaria" e outros casos patológicos peculiares das "raças inferiores". Certamente Nina Rodrigues, visto no seu tempo como um interessado principalmente nos estudos da antropologia física, desprezou componentes sociais e culturais, que começaram a ser introduzidos nas pesquisas sobre o homem africano no Brasil por

---
[1] MAIA, Yves & MOREIRA, Roberto. "A derrubada do governo e as quebradas dos terreiros – 1912", *Folha de Letras*, Maceió, jun. 1985, ano IV, n° 5.

Arthur Ramos. Embora este cientista social tenha fundamentado seus trabalhos, inclusive os de psiquiatria, no âmbito dos terreiros, percebeu que as teorias de Franz Boas revolucionavam os estudos no então início da moderna teoria antropológica. Arthur Ramos, para melhor estudar e documentar as religiões afro-brasileiras, reuniu um acervo de objetos coletados em terreiros da Bahia, Alagoas, Pernambuco e Rio de Janeiro, embora não os tivesse tratado como documentos patrimoniais, e sim como apoio às suas teorias bioantropológicas. Muito influenciado por Nina Rodrigues, iniciou interpretações sobre temas etnográficos, ainda com um certo fatalismo físico e racial. Porém, a evolução dos estudos sociais neste campo – aumento e aprofundamento da temática cultural, econômica e política – possibilitou análises mais aprofundadas sobre organizações religiosas – hierarquias, iniciações, outros ritos de passagem – em dimensões e proposta claramente sociológicas, quando se destaca a influência de Roger Bastide em trabalhos da década de 70.

Neste rápido histórico dos precursores de estudos sobre o universo temático religioso afro-brasileiro, Édison Carneiro é um autor que contribuiu de maneira própria, criando uma espécie de interpretação brasileira do candomblé da Bahia, nas suas múltiplas relações de poder religioso, e como ele se inteirava na vida cotidiana de muitas pessoas. É também inegável a relação de exemplos sobre os caminhos das diferentes nações de candomblé, tendo inclusive o autor inaugurado estudos sobre os candomblés Angola e Congo no seu livro *Negros bantus*. Justiça seja feita a Manuel Querino, etnógrafo prático que, em *Costumes africanos no Brasil* (1938), pioneiramente, e com olhos e emoção de homem negro, dá testemunhos de vivência e de observação acurada e extremamente sensível, principalmente sobre a vida da Bahia no início do século. Essa obra de Querino é, sem dúvida, um marco nos estudos afro-brasileiros, um abrir de possibilidades temáticas sobre culinária, festas, religião, situações cotidianas e hábitos culturais, ainda carentes de estudos no volume e qualidade que lhes são devidos.

Porém, em todos esses autores, as questões materiais da cultura sempre passavam despercebidas ou eram tratadas superficialmente como elementos complementares de outros temas, talvez mais importantes, que centralizavam as pesquisas.

Aliás, as artes visuais receberam no I Congresso Afro-Brasileiro destaque, a partir da aquisição de objetos de arte popular afro-brasileira, através de figuras de barro e madeira – cachimbos, figas, estandartes, calungas do maracatu, sendo parte do material utilizada para a exposição que aconteceu no Teatro Santa Isabel. O evento teve direção de Cícero Dias, apoiado por Clarival do Prado Valladares, Jarbas Pernambucano e Albertinia Fleury, então rainha de um maracatu da cidade do Recife. Ainda participaram da exposição artistas como Lasar Segall, Portinari, Santa Rosa, Di Cavalcanti, Luís Jardim, Manuel Bandeira e Cícero Dias.[2]

Embora o Brasil possua uma longa tradição nos estudos sobre cultura material de populações indígenas, o que revela uma tendência da escola brasileira de etnografia, tradicionalmente também relega a um segundo plano a cultura material africana, transculturada para o Brasil, bem como seus diferentes processos de incorporação, recriação e transformação.

Não só necessitam de estudos os acervos depositados em instituições públicas ou em coleções particulares, mas também a força viva de um grande patrimônio que está presente no dia-a-dia de milhares de brasileiros, usuários, construtores e demais casos que implicam os aprendizados de trabalhos artesanais/artísticos, não exclusivamente em situações que levem a um destino religioso, mas também nas convivências e trocas permanentes dos artesãos, artistas, artífices e demais categorias de trabalhadores que expressam, conhecem e detêm um saber afro-brasileiro.

---
2 LODY, Raul. "Escultores da Cachoeira: o vigor e o traço africano no recôncavo da Bahia", *Comunicado aberto n.º 2*, Rio de Janeiro, Ed. do Autor, 1984.

A maior freqüência de oportunidades para artistas de cor ocorre quando estes se identificam a determinado tipo de produção permitido e aplaudido pelo público consumidor. E essa permissão e aplauso se referem a determinada arte primitiva, situada em termo de docilidade, de poeticidade anódina, na dose exata em que a pintura *naïf* deve comportar-se no conjunto das coleções ou das decorações de ambientes privados de aparente clima cultural.³

Novamente uma fatalidade quase histórica pesa sobre a cultura material afro-brasileira, seja de fundo e forma nitidamente religiosos, ou de qualidade primitiva, *naïf*. Sabe-se, entretanto, que a ênfase nas questões religiosas está no processo da representação, de uma generalização da cultura africana, concordando-se também sobre os espaços dos terreiros como templo e oficinas – defensores de um não menos geral patrimônio africano no Brasil.

Não apenas a questão do "ethos" africano manifesta-se na técnica, na forma e no destino do objeto, mas a expectativa que se imprime a esse objeto, conferindo-lhe uma marca social, quase estigma, que não se isola para as demais manifestações afro-brasileiras.

Por isso, sabe-se de dificuldades teóricas e práticas diante do diverso e contrastante patrimônio material afro-brasileiro, que adquire maior complexidade quando em situação religiosa.

Diante da indagação sobre a maior evidência da arte africana genuína na produção artística do negro brasileiro, com exceção dos raros exemplos de obras de continuidade temática da cultura africana implicada aos rituais de candomblé, não temos outro meio de demonstrá-la senão no atributo de comunicabilidade ampla e imediata, que é inerente à estética africana, a ponto de ser sua denotação em qualquer outra cultura sincretizada.⁴

---

3 VALLADARES, Clarival do Prado. "O negro brasileiro nas artes plásticas", *Cadernos Brasileiros*, Rio de Janeiro, maio/jun. 1968, n° 47.
4 VALLADARES, Clarival do Prado. Op. cit., p. 84.

Clarival do Prado Valladares, ao escrever sobre essa comunicabilidade, manifesta um sentido de coletivo, de diluição de autorias em favor do usual comunitário. É certa essa hipótese em situações também ritualizadas pela coletividade; porém, a linha da autoria se expressa não apenas num desejo étnico, mas de contatos com outras fontes temáticas e de visualidade já brasileiras ou então marcadas como afro-brasileiras.

Por motivos históricos e políticos, uma declarada visualidade africana foi inibida e confinada a locais de certa liberdade de expressão/comunicação, que foram, justamente, os terreiros, e nestes se destacam modelos do candomblé e do xangô na região Nordeste.

O que há de transgressor e definidor do traço, volume, cor, técnica e função do objeto africano no Brasil foi diluído, retido e camuflado em quase tudo o que se construiu, e se constrói, em âmbito de populações de baixa renda. São casos de arquitetura, das preferências de cores para roupas cotidianas, o gestual e o comportamental apoiados por símbolos materiais e verbais de uma história social e cultural viva e retomada nas mais diferentes situações domésticas, nas atividades profissionais, na música, no teatro, na dança, na religião, na comida, na palavra e nas demais linguagens.

Os ex-votos, ainda na região Nordeste, são evidentes exemplos da plástica africana, ora em revelação étnica imediata, ora reformulada em intenções devocionais e de culto religioso católico, indicando sempre a ação e o pagamento do milagre ao santo.

Luís Saia, que acompanhou Mário de Andrade nas suas andanças pelo Nordeste, não se privou de relacionar a imaginária em madeira, que forma o substancial da produção ex-votiva, pelo traço, entalhe, sulco e volume presentes nos olhos, narizes – eixo e triangulações das cabeças humanas, como detentoras de um formalismo africano. A tese de Luís Saia sobre o ex-voto em madeira é ponto de discussão quanto à estética africana no Brasil. São diferentes caminhos de interpretação e sincretismo de motivos que vão do corpo humano aos animais, além de pinturas e desenhos presentes nos riscos de milagre. Esse olhar de Luís Saia sobre os ex-votos pode estender-se a outras produções de entalhadores em madeira, principalmente no Recôncavo baiano, notadamente os de Cachoeira. Eles seguem não apenas uma temática afro-brasileira, mas retêm, em traço e volume, um vigor africano não comprometido com o consumo e o crescente desvendar turístico, que influencia a quase totalidade de trabalhos em madeira, barro, metal, pinturas e desenhos que abarrotam mercados e lojas de Salvador e outras cidades do país.

Aliás, Salvador virou uma espécie de meca de africanidade brasileira, ora pelos candomblés, ora pela incessante louvação dos predicados da Roma Negra. Certamente nem como Roma nem tão forçosamente negra Salvador assume esse centralismo no panorama da história do homem africano no Brasil. Assim, carecem estudos sobre Sergipe, Alagoas, Pernambuco, Maranhão e outros estados tão africanizados, mas que ficam relegados a um certo baiano-centrismo.

Não se pode aprisionar o destino formal e temático da ampla e variada imaginária afro-brasileira existente nos diferentes materiais e técnicas, numa vertente incidental à visualidade religiosa. Talvez isso ocorra por reforço ao processo de continuidade dessa produção que se fixou no bastião, guarda e preservação de locais que cultivavam o sagrado no plano dos deuses e antepassados africanos. Também a vinculação dos poderes temporal e religioso na formulação de sociedades na origem africana e reproduzidas em situações afro-brasileiras fortaleceu a vertente que determina o que é religioso, ou de indício religioso, como caminho preferencial da expressão material do homem africano no Brasil e seus descendentes.

> Os três atributos da criatividade estética emanente da simbologia religiosa africana baseiam-se na imaginária da fertilidade, da fecundidade e do apelo ao antepassado.[5]

---

5 VALLADARES, Clarival do Prado. "Prefácio", in: LODY, Raul. *Artesanato religioso afro-brasileiro*, Rio de Janeiro, Ibam, 1980.

Sabendo-se do papel decisivo das formas religiosas para a memória e patrimônio ativo das populações de referenciação cultural africana, deve-se alertar para a não-simplificação desse patrimônio a uma exclusiva produção e representação religiosa.

Inegavelmente a fundamentação religiosa norteia os caminhos da arte africana, revelando o homem africano e o seu pensamento, sua ação transformadora de materiais, dominando técnicas, criando, seguindo modelos milenares e ao mesmo tempo adaptando, renovando, imprimindo dinâmica nas concepções e nos fazeres. Sempre nos passa uma eterna força vital, que é difundida pela cultura material africana, buscando uma intimidade com os deuses que darão proteção para a vida e para a subsistência, patrocinando a agricultura, a pesca, as coletas de frutos e outras formas de economia primária.

A arte é o veículo de comunicação e determina os estabelecimentos dos vínculos e alianças entre os planos sagrado e humano. Assim, são as máscaras, as esculturas, os adornos de corpo e os demais implementos visuais que estabelecem ligações, verdadeiros elos que manterão a unidade do grupo social...[6]

Comunicação é um ponto de análise importante para o que se fabricou e se fabrica visando ao uso nos candomblés e xangôs. Lerá o objeto na sua plenitude quem souber os significados das formas, cores, materiais, quantidades e disposições nas montagens sagradas, como nos assentamentos, por exemplo. Pela guarda e transmissão desses conhecimentos em situações que implicavam iniciação religiosa, conseguiram os terreiros manter, por muito tempo, uma ética preceitual que guardou a história cultural de diferentes grupos africanos. Uns ficaram mais próximos dos seus motivos originais, preservados por mecanismos de defesa como a coesão social ou a rigidez das hierarquias; e outros, mais diluídos na ação colonialista apoiada pela Igreja Católica como co-patrocinadora do escravagismo.

---

6 LODY, Raul. *Coleção arte africana*, Rio de Janeiro, Museu Nacional de Belas-Artes, 1983.

Sem dúvida, a imaginária dos santos católicos e demais símbolos visuais influiu no processo afro-brasileiro. Um caso a exemplificar é o das calungas dos maracatus tradicionais do Recife, chamado de baque-virado, africano ou de xangô, por suas vinculações com os terreiros. A formação dos maracatus e seus desfiles de rua nascem no terreiro de Xangô, voltando sempre a ele para ressacralizar objetos de desfile e confirmar os cargos de mando do grupo.

A calunga, símbolo do orixá-protetor do grupo de maracatu, encarna em forma a postura da imagem barroca convencional do Menino-Deus oitocentista, embora a essência e o voto sejam religiosos e do Xangô. Assim ocorre com as calungas do maracatu Leão Coroado, o mais antigo grupo atuante, com 124 anos de existência. Também acontece com as calungas do maracatu Elefante, cujo acervo se encontra no Museu do Homem do Nordeste, da Fundação Joaquim Nabuco, Recife, Pernambuco. Embora sigam a forma do santo católico, são pintadas de preto, vestem roupas e perucas, portam insígnias nas mãos, reproduzindo o cetro e a espada do poder do rei e da rainha do maracatu. Semelhante é o babalotim do afoxé baiano, também cortejo de rua do carnaval, nascido no candomblé, sendo inclusive chamado de candomblé de rua. Os antigos afoxés do século XIX e do início do século XX abriam seus desfiles com figuras em madeira, vestidas e portando os axés – diferentes preparados e especialmente produzidos para proteger os foliões e manter a unidade do grupo. Essas esculturas em madeira revelavam soluções plásticas mais livres dos modelos de santos católicos, como não ocorreram com os antigos maracatus do carnaval do Recife.

Apesar de estarem nas ruas, vistos por adeptos e não adeptos dos terreiros, as calungas, ainda existentes, e os babalotins, desaparecidos dos afoxés, voltavam após as festas de rua para os santuários, onde ficavam protegidos e mantidos por rituais cíclicos de alimentação, como acontece habitualmente com os demais objetos sagrados nos pejis.

Os ternos e ranchos do ciclo natalino em Salvador são também cortejos de rua e de formação afro-brasileira, visíveis nos diferentes objetos emblemáticos e em algumas figuras totêmicas como o Arigofe – boneco de madeira, pintado de preto, usando roupa de pano e condecorações, exemplificando outro caso da imaginária ritual e, embora com alguns disfarces, da plenitude social e religiosa africana.

Parte da memória material africana no Brasil e afro-brasileira está em alguns terreiros ou em outras instituições culturais como: museus, fundações, Institutos Históricos e Geográficos; algumas peças estão isoladas em mãos de colecionadores; além disso, existe a memória viva e vigente com os muitos artesãos/artistas no país.

Como já vimos, a invasão aos terreiros foi brutal nas primeiras décadas do século passado e estendia-se a tudo o que tivesse um formato africano ou que sugerisse procedência africana, como a capoeira, o samba e outras manifestações.

Os museus recebiam os objetos após o saque e exposição à curiosidade pública. Assim, não chegaram às reservas técnicas e galerias conjuntos completos ou em adequado estado de conservação. Na verdade, foram alvo de rescaldo e valem hoje como importantes acervos da história cultural africana no Brasil. Todo esse patrimônio recentemente vem recebendo atenção e método de estudo, buscando, nos terreiros e nos informantes, referências da memória oral e visual, que, combinadas às pesquisas iconográficas e comparadas com pistas originais em determinadas matrizes étnicas e culturais na própria África, possibilitam os estudos de coleções em museus, Institutos Históricos e Geográficos, entre outros.

Na verdade se unem critérios etnográficos aos de verdadeira arqueologia contemporânea, na tentativa de adequar estudos analíticos sobre os objetos, que formam as únicas coleções existentes e disponíveis para um cotejamento com o que ainda é construído e usado em âmbito religioso nos candomblés e xangôs, área específica desses primeiros trabalhos.

No texto introdutório ao livro que estuda a coleção de 179 objetos do Instituto Geográfico e Histórico da Bahia, digo o seguinte: "Enquanto documento da memória religiosa afro-brasileira, a coleção fornece muitos elementos, introduzindo a compreensão de importantes sociedades que, secretamente, sustentam o amplo e geral culto aos reis, heróis, mito-fundadores, guerreiros divinizados, donos da natureza; formadores e motivadores dos rituais dos terreiros de candomblé. Assim, as personagens africanas e afro-brasileiras, os orixás e os caboclos, entre outros, estabeleceram e propagaram visualmente os modelos religiosos, hoje seguidos por milhares de brasileiros. Uns são mais próximos dos temas tradicionais de grupos de Ifé, cidade da Nigéria – África – grande pólo irradiador do mundo Nagô; outros marcam e se reportam a locais sagrados ainda na África, como Ejibó, Oyo, Ire, Abeokuta, Ekiti, Ondô, Ilobu, Inixá, importantes centros religiosos nas concepções da civilização Ioruba. Há também evidentes presenças dos povos de Mahi, Savalu, Abomey, para o mundo Jeje, além de se ressaltarem os grupos vindos de Angola e Congo, doadores de muitas manifestações ora caracteristicamente Bantu, ora interculturalmente africanas nas relações Jeje-Nagô."[7]

As pistas dos objetos estão justamente nas formas combinadas dos diferentes materiais, disposições e quantidades específicas, apoiando uma interpretação tipológica, que é retomada em proposta etnográfica, quando verificado, em campo, o desempenho das mesmas peças similares e substituições.

Tem sido importante a contribuição dos informantes, geralmente artesãos de terreiros, sacerdotes, músicos e outros membros da sofisticada hierarquia dos terreiros. Dessa forma, opinando sobre tecnologias, materiais e seus eventuais substitutos, funções litúrgicas dos objetos, além de uma indispensável base sobre mitologias, apóiam a identificação e a compreensão das nações.

---

7 LODY, Raul. *Coleção culto afro-brasileiro: um documento do candomblé na cidade de Salvador*, Salvador, Fundação Cultural do Estado da Bahia, Instituto Geográfico e Histórico da Bahia, 1985.

A identidade do candomblé segue soluções étnicas chamadas de Nações de Candomblé. Não são, em momento algum, transculturações puras ou simples: são expressões e cargas culturais de certos grupos que viveram encontros aculturativos intra e interétnicos, tanto nas regiões de origem quanto na acelerada dinâmica de formação da chamada cultura afro-brasileira. (...)
Assim, a partir de semelhanças principalmente lingüísticas, os modelos chamados nações foram organizados. Hoje, o candomblé apresenta a seguinte divisão: Nação Kêtu-Nagô (Ioruba); Nação Gexá ou Ijexá (Ioruba); Nação Jeje (Fon); Nação Angola (Bantu); Nação Congo (Bantu); Nação Angola-Congo (Bantu) e Nação de Caboclo (modelo afro-brasileiro).[8]

Apesar de um emprego generalizado de "África", sabe-se das muitas Áfricas que compõem o continente e, para cada uma delas, as diferenças e as particularidades são resgatadas, quando é possível, diante de pistas que se apresentam das matrizes Ioruba e Fon, entre muitas outras.

Num continente como a África, nenhuma tribo é realmente uma ilha, visto que todas elas estão em contato umas com as outras. Esses contatos podem ou não comportar influências visíveis sobre a arte da tribo.
Numerosas tribos possuem, com efeito, uma arte autônoma que, contudo, não passa do efeito de um compromisso ou de um cruzamento com um ou outro dos estilos vizinhos...[9]

Também as relações interafricanas no Brasil resultaram em expansões de alguns modelos étnicos; outros foram absorvidos por grupos culturais em estágios mais avançados de organização sociopolítico-religiosa, entre eles os Iorubas, embora seja possível distinguir casos de cultura material Fon, de africanos procedentes da

---
8 LODY, Raul. *Candomblé*, cit., p. 26.
9 FAGG, William. *African Tribunal Sculptures*, Londres, Methuen, 1967, p. 68.

atual República Popular do Benin, destacando-se um caso de objeto integrante da Coleção Perseverança do acervo do Instituto Histórico e Geográfico de Alagoas:

> Asẽ. Objeto ritual do culto aos antepassados (reis divinizados). Confeccionado em ferro batido fincado na terra, sua função é de marcar o local do culto. (...)
> O Asẽ é também dedicado ao Ifá ou Fá, divindade dos vaticínios.
> Crê-se que a peça ora em análise, pela ausência de símbolos aplicados (pedantifes figurativos) e também por ser toda de ferro, seja um "Asẽ Acrelelê" – exclusivo do Ifá – marcando o local do opelê Ifá.[10]

Casos especiais como esse são destacados e avaliados na sua individualidade. Outros exemplos atestam uma produção seriada e colocada no comércio popular em mercados, feiras e oficinas de artesãos. Outros casos ainda são daqueles produtores integrados à hierarquia dos terreiros, como acontece com o "assobá": função masculina de artesão dedicado aos trabalhos exclusivos com palitos de andezeiro, palha-da-Costa, búzios e couro, necessários à confecção do xaxará, ibiri, azé, brajá, entre outros objetos do culto de Nanã, Omolu e Oxumarê. O cargo de "assobá" é exclusivo da Nação Kêtu, sabendo-se que em outras nações de candomblé ocorrem trabalhos artesanais como os de instrumentos musicais, bordados, além dos ofícios de ferreiro e entalhador em madeira.

O oxê de Xangô, machado de gume duplo, é convencionalmente construído em madeira, além de alguns em cobre, flandres e latão dourado.

A importância do artesão para o candomblé e para o xangô é de sacerdócio, ocupando centenas de pessoas que, por vinculação familiar e iniciação religiosa, vêm mantendo no decorrer do tempo tecnologias milenares de origem africana e outras adaptadas em es-

---

10 LODY, Raul. *Coleção Perseverança: um documento do Xangô alagoano*, Maceió, Fundação Nacional de Arte, Universidade Federal de Alagoas, 1985.

paço brasileiro, apresentando soluções e tipos de objetos, preferencialmente esculturas, em madeira, ferro, cobre e fibras naturais.

Assim, a pintura não é expressão das mais desenvolvidas na realidade artesanal afro-brasileira. Ela aparece como atividade subsidiária das esculturas, objetos emblemáticos, ocorrendo com força em âmbito religioso nas pinturas corporais em ritos de iniciação e em casos isolados de pinturas nas paredes dos templos.[11]

Não se inclui nesse caso a pintura convencional sobre tela, eucatex, papelão ou outra superfície móvel, voltada a exposições e circuito comercial. Aliás, esse tema merece especial abordagem, inclusive questionando os usuais rótulos de primitivo, *naïf*, ingênuo e *kitsch*.

A formação do artesão de terreiro é naturalmente absorvida na estrutura do próprio terreiro, encontrando-se também outros profissionais do artesanato que, em oficinas, abastecem os mercados de um certo tipo de peças de uso mais comum e de significado quase nacional.

Embora os *edãs* da sociedade Ogboni, os ibejis e máscaras Gueledês dos Iorubas não estejam sendo fabricados pelos seus descendentes no Brasil, isso não invalida a permanente e não menos criativa produção afro-brasileira que convencionalmente remete a fontes etno-regionais, traduzindo estilos e soluções plásticas peculiares.

Não se buscam reproduções lineares da cultura material africana ao tentar interpretar as "artes étnicas" em espaço e complexidade brasileira, diga-se de fundo e dimensão afro-brasileira.

Uma espécie de convivência com modelos remotos e outros atuais, contemporâneos, orienta o fazer e o simbolizar de diferentes tipos de objetos de uso religioso, de uso pessoal para enfeitar o corpo, de uso utilitário para as cozinhas, de uso na música como instrumentos musicais, entre tantos outros.

---

11 LODY, Raul. *Artesanato religioso afro-brasileiro*, Rio de Janeiro, Ibam, 1980, p. 12.

Sem dúvida, a diáspora do homem africano em espaço brasileiro é definitiva e ao mesmo tempo plural e mutável. Os atestados materiais dessa diáspora estão aí, no cotidiano, nos mais diferentes locais, dentro e fora dos terreiros, visíveis, comunicadores, e só não serão vistos por aqueles que não quiserem ver.

MULHERES DE GAMELA, CAIXA E TABULEIRO

Componentes de paisagens das cidades, especialmente Salvador, Rio de Janeiro e Recife, são personagens urbanos, mulheres trabalhadoras, verdadeiras mantenedoras de famílias, geralmente vinculadas aos terreiros e continuadoras dos *ganhos*, das *vendas* nas ruas, praças, são as vendedeiras, quituteiras, baianas-de-tabuleiro, baianas-de-rua, baianas do acarajé ou simplesmente "baianas". O tipo social e cultural marca a vida de algumas capitais, projetando em roupa, comportamento ético, oferecimentos de comidas uma marca, muitas vezes, dos terreiros no cotidiano de milhares de pessoas, identificando "a baiana" como uma quase síntese do que é afro, também de um sentimento sagrado próximo, convivente e integrado às cidades.

Essa atividade econômica do ganho, de certa forma, é uma continuidade do que faziam os escravos da cidade. Na categoria escravo da cidade distinguiam-se os da casa e os da rua. Os da casa estavam para os convívios e serviços na cozinha, na cama, em atendimentos a todos os desejos dos senhores. Os da rua eram caracterizados pela força exigida em tarefas masculinas, como transportar objetos, entre outros. Eram os ganhadores, prestadores de serviços remunerados por cada tarefa – também ganhos para a venda de comidas que também eram vendidas em locais especialmente determinados pela geografia das cidades.

Na cidade de Salvador, nos Arcos de Santa Bárbara, concentravam-se os Guruncis, Gruncis ou os *negros galinhas*. Nas imediações do Hotel das Nações estavam os Haussas – negros muçulmanos, famosos por suas lutas pela liberdade e também pela cultura fundada no Alcorão. Os nagôs estavam na Ajuda, na Piedade, na Ladeira de São Bento e no Campo Grande, e também aí estavam os Jeje.

(...) tias da Costa naqueles recuados tempos, preparando a iguaria (...). Aberém era comida feita com várias destinações. Aberém podia acompanhar caruru, badofe, vatapá. Não obstante ser de milho branco, ou vermelho, deixa-se de molho, rala-se na pedra até ficar como pasta. O tempero é simples. Se for de milho branco, não leva nada, nem mesmo sal. Se for vermelho, leva açúcar a bom paladar. Depois de batida, a massa é embrulhada, como se fosse bola, nas folhas secas da bananeira (...). Cozinha no vapor d'água. O aberém pode ser comido como bolo.[1]

Algumas vendedeiras, como *tias, tias da Costa* – mulheres negras, filhas e netas de africanos para a primeira categoria; e, para a segunda, eram mulheres africanas, muito respeitadas, e em sua maioria se vinculavam ao candomblé. Vendiam produtos africanos, alguns em lojas – quitandas – estabelecidas em áreas da cidade de Salvador como o Pelourinho, por exemplo, ou em outros tipos de venda, onde se encontravam panos de Alacá – panos-da-Costa –, palha, obi, orobô, contas, sabão, todos da Costa, da costa africana, provenientes dos grandes e famosos mercados da Nigéria, do Benin. Essas vendas também funcionavam como verdadeiros reencontros com terras de origem, com a África. Origem de ancestrais, era uma África falada e simbolizada principalmente pelos produtos procedentes de terras, de cidades, de famílias, de artesãos, de valores emocionais unidos aos valores utilitários para o cotidiano, para o

---

[1] VIANNA, Hildegardes. *A Bahia já foi assim*, Salvador, Ed. Itapuã, 1973, p. 128.

terreiro, para o curso religioso, para o orixá, para o vodum, para assim manter ligações permanentes entre a Bahia africanizada e a África legitimadora das suas continuidades além-Atlântico.

As vendas de fato, gamela de fato, contendo vísceras do boi, miúdos, queixada, pés, faceiras e outros, distinguiam outros ganhos, atividade feminina, como também nas grandes cuias, meias-cabaças, os panos de Alacá, panos-da-Costa, em tiras, tecidos em teares por tecelões, e após costurados viravam os panos que complementavam roupas e simbolizam *status* e tipos de nação para os terreiros. Daí o nome de *pano de cuia*, também ganho nas ruas e mercados.

> Caixinheiras, mascateando rendas e bicos de almofada, palas de camisa e barras de crochê, artigos de procedência africana (...).[2]

Contudo, o ganho com as comidas marcou a atividade econômica da mulher nas ruas, dando certa autonomia para cumprir os ciclos de festas-obrigações dos terreiros. O ganho financia o religioso, garante os compromissos individuais para com o orixá, o vodum, o inquice, o santo. Os conhecimentos do artesanato culinário unem-se ao artesanato da costura, do bordado, do enfiamento de fios-de-contas, trabalhos com búzios, palha-da-Costa e outros materiais integrados ao imaginário dos terreiros e que funcionam em perfeita relação com o que se come, o que se vê, com o que significa cada alimento feito no dendê, cada fio-de-contas, pulseiras, maneiras de arranjar na cabeça os *oujás*, para os torços e tantos e muitos outros detalhes desse verdadeiro barroco afro que é a rica roupa da baiana.

Compõe o ato do ganho ou da venda a roupa, o "estar de saia" ou "usar saia", o que significa trajar à baiana. Também, hoje, marca o ganho o acarajé; o alimento emblematiza a atividade e a mulher.

---

2 VIANNA, Hildegardes. Op. cit., p. 144.

Os acarajés, tradicionalmente, eram comercializados nas ruas de Salvador em gamelas de madeira, gamelas redondas, semelhantes àquelas usuais nos terreiros de candomblé para oferecer aos orixás e adeptos o mesmo alimento sagrado. Existe aí uma forte relação e projeção de significados e morfologias que transitam no âmbito das cozinhas e demais espaços dos terreiros e no âmbito público, da rua, da praça, da esquina – situações das vendas, dos ganhos de comidas.

Além dos acarajés que passaram por diferentes estilos, existem os acarajés tradicionais: pequenos, bem fritos e crocantes; acarajés maiores recheados de salada, caruru, vatapá, molho de pimenta, verdadeiro sanduíche, sanduíche Nagô; outros de tamanho convencional enfeitados com camarão defumado. Comuns são os pequenos acarajés vendidos nas ruas do Recife por quituteiras sem o traje especial; acarajés ortodoxos, os mais próximos do formato africano.

A venda de mingaus, refeições que habitualmente inauguram o dia, o café da manhã de muita gente na Bahia, havia em quantidade e variedade nas bancas das quituteiras, algumas especialistas nesse alimento. Ainda hoje há venda de mingaus, um hábito não só da Bahia, mas do Nordeste; mingau "sustança", alimento forte para começar bem o dia.

> Mingau vendido ao clarear do dia por uma mulher que marcava por marcar, porque era fácil fazer freguesia certa. Em sua gamela redonda de pau, assentada sobre grossa rodilha de pano de saco (...).
> Elas todas eram mais ou menos a mesma coisa. Pretas ou mulatas. Metidas em suas saias rodadas (...).[3]

As técnicas artesanais e de longo e complexo preparo auferem aos mingaus, outros doces e mesmo ao acarajé, abará e acaçá o su-

---
3 VIANNA, Hildegardes. Op. cit., p. 114.

cesso do sabor; a magia do paladar originário das mãos femininas das quituteiras.

 As vendedeiras de mingau, vendedeiras de cuscuz, todas elas tinham um mesmo lidar (...). Muitas faziam a sua venda no mesmo cômodo em que dormiam. Tinham seus fogareiros, seus tachos e bumbas-meu-boi (panelões em barro ou em ferro), suas colheres de pau, pilão, ralo grande com cabo de madeira ou de pedra, alguidares, gamelões, cuscuzeiros, um verdadeiro artesanal. Temperos e forlios (...).[4]

Na cidade de Salvador, a atividade do ganho de comidas nas ruas, segundo a Bahiatour e a Federação do Culto Afro-Brasileiro, reunia 2.300 baianas (1993).
Os transportes em mocós, balaios, cestos dos muitos utensílios necessários às vendas dão a essas mulheres vendedeiras imagens de esculturas múltiplas ambulantes. Na cabeça, o tabuleiro, nas mãos, fogareiro e banquinho, guarda-sol entre outros formando conjuntos identificadores das baianas, quase sempre por parentes ou amigos que também ajudam na condução de tudo o que é imprescindível ao mister de vender comidas. Instaladas, são as donas dos pontos, ficam famosas pela qualidade do acarajé, do abará, da cocada e, principalmente, pelas boas maneiras de se relacionar com os fregueses, muitos já fiéis de sua baiana preferida ou de um tipo de comida também preferida e ainda pelas conversas, pelos conselhos, pelas relações de amizade que se fortalecem em visitas diárias às donas de certas áreas da cidade.
A sociologia das vendas de rua proporciona conhecer melhor como são estabelecidos os papéis e verdadeiros compadrios simbólicos, nascentes da amizade, quase sempre que vem primeiro pela boca. É também sociologia do paladar.

---
4 VIANNA, Hildegardes. Op. cit., p. 115.

> Ioiô, meu bem,
> Não me suba no telhado
> Não me pise os aberém.

A partir do sabor, da higiene, dos cuidados com os ingredientes, temperos e com o artesanato do alimento, os quitutes, doces e salgados e mesmo quando vendiam bebidas como vinho de palma – vinho de dendê – ficavam famosas pelos pontos, locais de comércio, dando nome e renome às mulheres, tias, quituteiras, donas dos segredos, das receitas e principalmente dos acréscimos pessoais, dando autoria, assinatura a cada prato, um requinte do mundo afro.

No tabuleiro da baiana tem... Tem de tudo, tem comida, tem dendê, tem a África simbolizada, tem os orixás e santos próximos da Igreja sempre invocados para vender, para criar fama de seus produtos, de ser conceituada pela alegria, pois baiana-de-tabuleiro tem de sorrir, sorrir muito. Baiana-de-tabuleiro é um tipo-síntese de terreiros de candomblé, de mulher, mulher-sensual, mulher-sábia, mulher-negra, simplesmente mulher...

> A mulata é de ouro?
> E ouro só
> As cadeiras dela
> É ouro só.

São as mulheres do partido alto, muitas donas de bancas, de vendas de comidas nas ruas, sempre bem vestidas, distintas pelo trajar com afinco e rigor, pelo uso de fios-de-contas africanas, corais, bolas de prata, bolas de ouro, exigindo um poder, poder feminino, matriarcal, sensual, um poder muitas vezes também religioso do candomblé.

(...) as *mulheres de saia*, cheias de ouro das pencas, cobertas de anéis, pulseiras, copos, braceletes, correntões. Mulheres que tinham ganhado tudo aquilo graças a seu tino comercial ou a proteção de algum apaixonado português rico ou endinheirado. Essas eram felizardas donas de quitanda sortida, mulheres de partido alto, que iam às procissões com seus panos bons (...).[5]

O estar de saia é estar de traje de crioula, de baiana. Contudo, são diferenciados o estar de saia para o cotidiano, para a festa na Igreja, para a festa no terreiro, saia para passear, geralmente mais curta, bata também mais curta – detalhes dos usos sociais do próprio traje.

> Toda a prata me fascina
> Todo marfim africano
> Todas as sedas da China.

Muita gente hoje fala das baianas, porém havia distinção entre elas. As mulatas eram mais garbosas, freqüentavam pouco os candomblés, porque era festa de negro e a polícia perseguia muito. Elas tinham razão de serem garbosas, porque eram xodós de comendadores e grandes políticos, chamavam-se mulheres de partido alto. Já as crioulas baianas, que apesar de terem a cor escura eram também descendentes de portugueses com africanos, tinham as feições finas e delicadas (...), o corpo bem feito e as pernas torneadas, as cadeiras e o colo bem feitos e avantajados. Trajavam-se muito bem, porém o traje era diferente do das mulatas (...). Tinham o mesmo garbo e faceirice que as mulatas. Nos cabelos, que eram crespos e curtos, usavam óleo extraído do coco de dendê, que chamavam xoxó, penteavam, faziam trança Nagô e usavam torço de seda nas cores de seus orixás. (...) Algumas levavam um balainho bem pequeno na cabeça para mostrar mais requebrado; chamavam balainho de frete.[6]

---
5 VIANNA, Hildegardes. Op. cit., p. 146.
6 LOPES, Licídio. *O Rio Vermelho e suas tradições*. Memórias de Licídio Lopes. Salvador, Fundação Cultural do Estado da Bahia, 1984, p. 70.

Assume a mulher seu papel múltiplo no mundo afro-brasileiro: papel econômico, papel de mãe, papel de mantenedora da família, papel religioso que funciona legitimando e relacionando os demais papéis sociais.

No tabuleiro, na caixa, nas bancas de rua a atividade da venda de comidas é um elo fortalecido entre o mundo civil e o mundo de reproduções africanas e nacionalmente afro-brasileiras nos terreiros. A comunicação e a cultura se dão pela boca, se dão pela ação do próprio comércio na rua.

KULOMBA
OS TERRITÓRIOS DA ORAÇÃO
NO CANDOMBLÉ NAGÔ

> *EXU*
> *Ele se apresenta só.*
> *Faça ao filho do estranho o mal que você diz*
> *Fazer ao filho da casa.*
> *EXU se apresenta na entrada.*
> (Trecho de oriki)

MEMÓRIA ORAL

> *Um documento nunca é inocente.*
> (Le Goff)

São muitas as tradições religiosas afro-brasileiras e também são muitos os meios utilizados por essas religiões para falar com Deus e com deuses, nas concepções e símbolos formados pela ancestralidade étnica e cultural.

Há diferentes linguagens nas intermediações homem/Deus. Momentos efêmeros acontecem nos cotidianos, nos rituais cíclicos públicos e privados. Esse campo tão diverso e plural é constantemente acrescido de invenções pessoais e incorporações de temas coletivizados pela mídia. É também ampliado nas relações intermembros e interterreiros, construindo emblemas de identidades expressos em música, dança, alimentos, roupas, adereçarias diversas, histórias e outros ensinamentos preservados e transmitidos pela palavra. Palavra falada e palavra cantada. Palavra, som. Som acrescido de gesto, de olhar, de expressões corporais, de reforços de outros sons emitidos pelo próprio corpo ou por outros meios como instrumentos musicais e outros não convencionais, contudo incluídos nos contextos do Sagrado, das formas expressivas de comunicação para atingir a plenitude do crer.

Nas palavras organizadas em textos sagrados há resumos históricos, éticos, morais e diferentes ensinamentos de ordem tecnológica, de subsistência, de sexualidade – um ideário de princípios normativos de povos.

A história sagrada de uma cultura oral é, portanto, um arquivo móvel e elástico que consente navegar com incertezas menores ou com maior coerência.[1]

Sem dúvida, é um arquivo, diria ainda um museu vivo, dinâmico, selecionando permanentemente o impensável da memória e sutilmente adequando o remoto ao contemporâneo – maneiras de preservar e de dar o viço do hoje aos símbolos da identidade.

As tradições orais se constituem reveladoras dos conhecimentos religiosos, integrados aos diferentes contextos do próprio mundo religioso e da sociedade complexa.

Exemplarmente escolho um modelo sociorreligioso que é o candomblé[2] objetivando interpretar o conceito de oração, segundo

---

[1] MAZZOLENI, Gilberto. *O planeta cultura: para uma antropologia histórica*, São Paulo, Edusp, 1990, pp. 154-5.
[2] "O termo 'candomblé', averbado em todos os dicionários portugueses para designar genericamente os chamados cultos afro-brasileiros na Bahia (...), vem do étimo banto kà-n-dón-id-é ou kà-n-dóm-éd-é ou mais freqüentemente kà-n-dómb-él-é, ação de rezar, de orar, derivado de Kulomba (kubomba), louvar, rezar, invocar, analisável a partir do proto-banto kó-dómb-éd-á, pedir pela, intercessão de (os deuses). Logo, Candomblé é igual a culto, louvor, reza, invocação, ou local de culto, sendo o grupo consonantal *bl* uma formação brasileira (...)" (CASTRO, Yeda Pessoa. "Língua e nação de candomblé", *África*, Revista do Centro de Estudos Africanos da USP, nº 4, 1981, p. 60).

princípios cognitivos próprios. Escolho o candomblé pela suficiência de conteúdos sobre ancestrais, deuses e homens. Estes transitam em humanizadas relações em âmbito religioso, não se isolando do social, do político, do econômico, do moral, do ético, das visões sobre biodiversidade.

O candomblé é uma religião de vida, de argumentação ecológica e de compreensão solidária do próprio homem. Candomblé é uma religião de fundamentos africanos e brasileiramente integrada à vida nacional.

Verdadeiros princípios civilizadores são passados pela palavra, obedecendo a momentos rituais, situações intra e extramuros dos terreiros.

O conhecimento dos textos sagrados, bem como todo o acervo oral, iguala-se ao poder social e religioso do candomblé.

Lévi-Strauss dá à palavra em forma e em conteúdo uma autonomia histórica, embora a própria oralidade seja campo para criações permanentes e estilizações dos textos consagrados pela própria tradição.

A escrita, segundo o cientista social, fixa um momento, uma intenção, uma determinação individual, um aspecto parcial da palavra – verbo original.

A hipótese de Lévi-Strauss é adequada na medida em que relaciona historicamente o uso religioso da escrita ao advento de um sistema social e político diverso. Embora provocativo, existe a possibilidade de se estabelecer a proporção do tipo: oralidade é igual a liberdade de escrita que é igual a sujeição.

Os territórios da oração

Os territórios da oração se constituem num campo diverso onde convivem textos religiosos judaico-cristãos, africanos e de criação brasileira – cumprem finalidades episódicas ou são mantidos textos memorialistas de tradições incorporadas ao mundo do Sagrado, distinguindo-se formas religiosas globalmente rotuladas como populares.

Então, como conceber o mundo religioso do candomblé, sua manutenção pela memória oral, suas afirmações étnicas conhecidas por Nações[3] e também pelas muitas maneiras de ser regional, de ser particularmente seguidor de estilos casas-matrizes? Ao mesmo tempo movimentos revivalistas trazem a África para o terreiro África Mãe. África entendida como terra, terra de origem, verdadeira nostalgia da terra prometida.

África também valorizada em certos grupos etnoculturais, definindo e reconhecendo linhagens e famílias. São evidentes e fortes os vínculos com histórias pessoais, histórias de cidades, de orixás, de voduns, de reis, sacerdotes, guerreiros, heróis, caçadores, artesãos, homens e mulheres, mercados, conjuntos de atividades marcantes do próprio cotidiano, formando padrões que autenticam e legitimam terreiros.

O oriki é o caso escolhido para exemplificar conceitualmente oração; embora contaminada, inicialmente, por um conceber mundocentrista cristão, há de se relativizar e situar histórica e cul-

---

[3] A identidade do candomblé segue soluções étnicas chamadas de Nações de Candomblé. Não são em momento algum transculturações puras ou simples; são expressões e cargas culturais de certos grupos que viveram encontros intra e interétnicos, tanto nas regiões de origem quanto na acelerada dinâmica de formação da chamada cultura afro-brasileira.

A maneira de agrupar e de identificar os muitos grupos étnicos deu-se através do reconhecimento de suas línguas, critério também utilizado, hoje, no estabelecimento das Nações de Candomblé. Os termos religiosos, os nomes gerais para os alimentos, roupas e deuses, as histórias e os cânticos rituais, entre outros, quando ouvidos em ewe, indicam que o terreiro tende a seguir o modelo Jeje; ouvidos em Ioruba, indicam um provável modelo das Nações Kêtu e Nagô.

Assim, a partir de semelhanças principalmente lingüísticas, os modelos chamados nações foram organizados.

Hoje, o candomblé apresenta a seguinte divisão:
Nação Kêtu-Nagô (ioruba);
Nação Gexá ou Ijexá (ioruba);
Nação Jeje (fon);
Nação Angola (banto);
Nação Angola-Congo (banto);
Nação de Caboclo (modelo afro-brasileiro).

Na literatura especializada, consolidou-se o uso do termo Jeje-Nagô, evidenciando-se assim uma união entre motivos étnicos e uma nova solução para rituais religiosos (LODY, Raul. *Candomblé*, cit., pp. 10-1).

turalmente o âmbito funcional e simbólico de textos sagrados para o candomblé.

Os textos sagrados de origem e de vinculação étnica, brasileiramente incluídos como Jeje-Nagô, são nomeados em dois grandes grupos:
Oriki para os Ioruba.
Mlenmlem para os Fon.

> Les oriki et les mlenmlem replissent en partie cette fonction, si nous analysons le terme oriki i ori = tête, ki = saluer: saluer la tête, nous serons sur le chemin de ce qu'ils représentent pour les Yoruba. Saluer la tête, siege de la personalité on de l'identité profonde des gens.[4]

Os orikis são textos sagrados para importantes matrizes doadoras de conhecimentos, de saberes tradicionais mantidos por diferentes rituais sociais e religiosos dos terreiros de candomblé seguidores dos princípios Jeje-Nagô.

O oriki vigorou e abrangeu em nomeação e função o mlenmlem e é intimamente chamado de reza. A forma é responsorial. Fala-se um texto e este é repetido por um conjunto. Aí se verifica hierarquia. O conhecimento religioso impõe os níveis das hierarquias nos terreiros, além de outros motivos de ordem social, política e econômica.

Sem dúvida, os atos de falar os orikis, que são de vários tipos – heróicos, galantes, antológicos, poéticos –, rememoriza e ativa o vínculo ancestre com o tipo de nação com o orixá.

Geralmente é o orixá que se expõe em características, em domínios na natureza, combinando erudição formal e conceitual que notabiliza o próprio oriki – o texto falado é a mais próxima relação com o sagrado. Oriki invoca, ensina, preserva normas éticas e morais. Há solenidade no oriki; ele, no caso do candomblé, quase

---
[4] VERGER, Pierre. "Orini et Mlenmlem", in: *Textes sacrés d'Afrique Noire*. Paris, Gallimard, 1965, p. 239.

sempre é falado ou ainda mais adequadamente entoado diante dos assentos, assentamentos – reapresentações simbólicas dos orixás e voduns e ainda de antepassados.

Os orikis são ensinados no longo processo iniciático. Conhecer oriki é deter boa parcela do saber religioso.

Todos os orixás têm orikis próprios. Os orikis conservam pressupostos éticos do candomblé, onde o coletivo prevalece sobre o individual.

Orikis combinam-se com alimentos, roupas, cheiros, texturas, folhas, objetos sacralizados, cores, horários, músicas, danças, tudo o que integra o axé – princípio gerador e emanador da vida. Há um forte e expressivo sistema de combinações que só funcionam se intercomplementariamente assim ocorrer – o todo é coeso, como o coletivo também deverá ser coeso. É um princípio comunal preservado para a própria unidade do Sagrado.

Contudo, nem todos os terreiros de candomblé Jeje-Nagô dominam os orikis. Há uma certa supremacia dos terreiros antigos, casas-matrizes, enquanto detentores desse importante conhecimento que é manifestado em rituais privados, tendo como participantes a comunidade de membros iniciados e convidados especiais.

São entoados orikis em obrigações anuais, festas de orixás, iniciações. É uma espécie de elo sonoro entre o terreiro e o orixá. Outros elos como alimento, gestos e posturas, folhas, cores compõem os diferentes e elaborados processos de comunicação. O oriki pela repetição imemorial reforça, afirma padrões de identidade coletiva, de identidade étnica, de identidade tradicional, notabilizando os candomblés em espaço afro-brasileiro.

São longos e complexos os textos sagrados em Ioruba; contudo, nem todos conhecem a integridade desses textos. Sabe-se sobre a indicação de cada oriki, como também, em linhas gerais, o tema que é desenvolvido em cada texto.

A tradução do oriki do Ioruba para o português é almejada por muitos; contudo, a repetição das palavras, seguindo uma rotina ancestre, já aufere a cada palavra um valor além do seu significado, embora seja consenso a função comunicadora entre o homem e o orixá.

O oriki é um texto digno, solene, expõe os princípios históricos da nação, ressalta as qualidades dos orixás.

Verdadeiramente, o oriki não é uma oração; contudo, em âmbito afro-brasileiro, passa a ocupar também o sentido de oração para o santo, para o orixá.

Amplia-se o valor litúrgico do oriki para os textos sagrados cantados publicamente nos terreiros. Há uma inter-relação de significados e funcionalmente revelam princípios dos orixás, seus patronatos e vinculações com os ancestrais, os homens e a própria trajetória iniciática do candomblé.

O SOM DA BOCA

O corpo é também tema de espaço sagrado, merecendo detalhada atenção. Tão importantes e significativos são a cabeça, as mamas, os órgãos genitais, os pêlos, as mãos; enfim, todo o corpo tem um sentido específico no conjunto das próprias religiões afro-brasileiras.[5]

As ações funcionais do corpo têm combinações expressas conforme o tipo de ritual, cargo exercido na hierarquia do terreiro e o modelo, nação, que é rememorizado no complexo das relações dos terreiros.

A boca do homem é espaço sacralizado e indicado para receber a comida. Aí inicia seu processo palatável. É ainda um ato biológico e também social e cultural.[6]

---
5 LODY, Raul. *Espaço, orixá, sociedade, arquitetura e liturgia do Candomblé*, 2ª ed., Salvador, Ianamá, 1988, p. 18.
6 LODY, Raul. *Tudo come e de tudo se come: em torno do conceito de comer nas religiões afro-brasileiras*, Rio de Janeiro (datilografado), 1992, p. 1.

Mais ainda, a boca nutrida pelo axé da alimentação, pelo hálito preparado, pelo obi, orobô, pimenta-da-Costa, entre outros ingredientes da Costa, africanos, dá a dimensão especial, qualificando a palavra e sua eficácia em dimensão litúrgica no candomblé.

Tanto no modelo de origem, muito valorizado pelo povo do santo, especialmente os de linhagem Nagô, há um sentido ancestre e de eficácia social e religiosa fixado na palavra. A palavra tem energia própria e é valorizada por quem profere, entoa, fala, produz em som uma logicidade reconhecida.

> Para os iorubas as palavras têm força. Assim os ofó (palavras mágicas, encantamentos) e os oriki detêm, em si mesmos, uma força mágica. O ofó possui uma mensagem mágica e, ao ser recitado, ativa o poder dos preparados mágicos ou medicinais. O oriki, por sua vez, serve para louvar o orixá como para facilitar o acesso do auxílio que nos pode ser prestado por sua força. Os àdúrà (reza) e oriki (evocações) visam a obter as graças dos orixás (...).[7]

Sim, a palavra tem axé. O hálito da vida, o som determinado. O que, como, quando falar. Falar com quem, para significar além do conteúdo da mensagem valores específicos dos sons. Há, sem dúvida, sofisticada formulação de signos que são atendidos nas sutilezas e nas revelações litúrgicas conquistadas pela vivência religiosa, iniciação e acesso ao mundo dos orixás e voduns, como também dos inquices e dos caboclos.

---

7 SÀLÁMÌ, Síkírù. *A mitologia dos orixás africanos*, São Paulo, Ed. Oduduwa, 1990, pp. 20-1.

Diagrama nº 1
A permanência do oriki

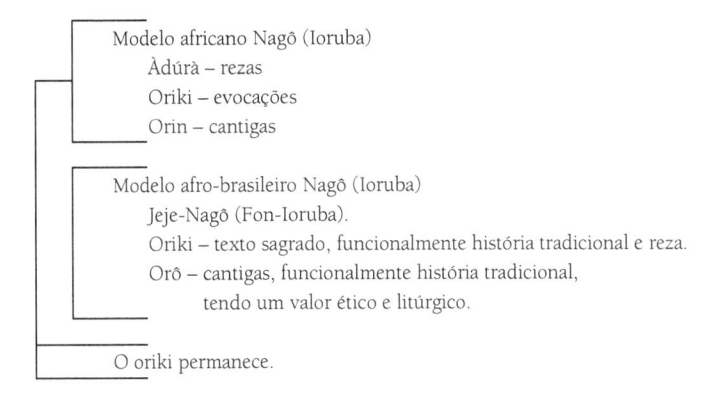

```
┌─── Modelo africano Nagô (Ioruba)
│       Àdúrà – rezas
│       Oriki – evocações
│       Orin – cantigas
│
├─── Modelo afro-brasileiro Nagô (Ioruba)
│       Jeje-Nagô (Fon-Ioruba).
│       Oriki – texto sagrado, funcionalmente história tradicional e reza.
│       Orõ – cantigas, funcionalmente história tradicional,
│           tendo um valor ético e litúrgico.
│
└─── O oriki permanece.
```

Casos afro-brasileiros

Modelo religioso	Nação	Texto falado e/ou cantado em língua	Oração
Candomblé	Nagô	Ioruba	Oriki
	Kêtu		
Candomblé	Jeje-Nagô	Ioruba Ewe	Oriki
Candomblé	Angola	Banto	Ingorõssi
	Angola-Congo		
Candomblé	Caboclo	Banto Português	Ingorõssi
			Reza
Umbanda	–	Português	Reza

Obs.: Para todos os modelos religiosos, reza é termo empregado coloquialmente na vida dos terreiros.

TERREIRO OBÁ OGUNTÉ
SEITA AFRICANA OBÁ OMIN[1]

O NAGÔ EM PERNAMBUCO

O terreiro como modelo sociorreligioso

O *Sítio, Terreiro Obá Ogunté*, é um conjunto de construções e de espaços sagrados destinados ao culto dos orixás, seguindo o modelo litúrgico Nagô, genericamente conhecido como Ioruba, mantendo um elenco de divindades que são perpetuadas pela ortodoxia dos rituais, onde se destaca, entre muitas cerimônias, o chamado *Presente de Iemanjá* ou a *Panela de Iemanjá*. O terreiro é consagrado a Iemanjá, divindade das águas, em especial das águas do mar. Une-se, assim, a realidade da cidade do Recife, entrecortada de rios e com um litoral atlântico, com o patronato de Iemanjá. As águas compartilham do cotidiano do recifense, e Iemanjá também está presente nesse cotidiano, indivisível do sagrado e do profano.

---

1 Esse texto fundamentou a solicitação de tombamento do Terreiro Obá Ogunté, Seita Africana Obá Omin. O processo recebeu o número 103, em 12 de janeiro de 1984, Fundarpe.
  O trabalho de tombamento de patrimônio cultural tradicionalmente não consagrado busca atingir manifestações culturais fora do sistema oficial de bens tombados que atestam a história e os fatos do poder estabelecido.
  Esse foi o primeiro terreiro tombado em âmbito estadual por intermédio do Decreto n.º 10.712, de 5 de setembro de 1985:
  "Art. 2.º Fica homologada a Resolução n.º 05/85, do Conselho Estadual de Cultura, de 14 de agosto de 1985, declaratória do tombamento do Terreiro Obá Ogunté, situado na Estrada Velha de Água Fria, n.º 1.644, nesta cidade do Recife."

O terreiro é o local das reuniões, é onde são reativados os laços de parentesco de santo, os laços de parentesco consangüíneo, onde são mantidos todos os elos necessários ao culto dos orixás, suas liturgias, suas festas, comidas, danças, música vocal, música instrumental, indumentárias, vocabulários, posturas hierárquicas, sistemas de poder, processos adivinhatórios, medicina, ludicidade; enfim, é local onde a memória afro-brasileira é aquecida através dos rituais, que podem ser diários e cíclicos.

O terreiro é ainda o espaço físico destinado à guarda das crianças e dos idosos; percebe-se a organização assistencial latente no próprio sistema de poder do terreiro. Tudo gira em torno da hierarquia. Os mais velhos, sabedores de rituais e conhecedores das histórias, são muito respeitados; por sua vez, as crianças são encaminhadas aos saberes da música, dança, brinquedos, histórias, tendo sempre a referência básica, o orixá, seu domínio, seu patronato, sua ação direta na vida do homem.

O espaço público, salão, barracão de festas, obedece ao rigor da arquitetura original, o mesmo acontecendo com os compartimentos geminados ao barracão, como a cozinha, a sala de visita e quartos. Também a capela, aos moldes católicos, e o *peji*, o local mais sagrado dos compartimentos, completam o conjunto de habitações do terreiro. Algumas casas de taipa existem afastadas do núcleo religioso; são moradias de pessoas do próprio terreiro.

Nesse amplo conjunto de espaços sagrados, destaca-se a fitolatria como outro significativo momento religioso do culto aos orixás. Aí se vê a gameleira ou o *pé de Iroco*. Iroco, divindade que habita o tempo, é o próprio tempo meteorológico e cronológico, é o senhor da gameleira, árvore de grande respeito por parte dos adeptos do terreiro. A gameleira é uma árvore sagrada e rara. No Recife, é este o único terreiro que a possui e que mantém os preceitos rituais do culto ao orixá Iroco. Ainda no campo da fitolatria, observam-se no terreiro as ervas litúrgicas, plantadas em jardim especial, contendo as principais folhas dos rituais, aquelas usadas nos *amas-*

sis, nos *abôs*, nos *banhos*, nos *sacudimentos*, nas feituras de Iaôs, para os remédios mais simples e para os adornos do peji e do barracão de festas.

Dessa maneira, cada elemento dos rituais tem um significado prescrito, há um conhecimento especial da comida, da música, das folhas, das passagens da iniciação; e para cada controle há um nível de conhecimento, há um cargo específico, determinado no complexo da hierarquia sociorreligiosa. Esses cargos têm iniciações específicas e são ocupados por pessoas escolhidas pelos orixás, e que também por vínculo famíliar têm uma tradição da ocupação de determinados cargos no terreiro. Isso é comum com os ogãs músicos, com os Olossães, sacerdotes de Ossãe, divindade das ervas litúrgicas e medicinais.

O terreiro é organizado para o culto aos diversos orixás, cada um deles com aspecto próprio, estabelecendo seus gostos e preferências por cores, materiais, formas, músicas, danças, alimentos.

Os objetos rituais carregam a marca dos orixás, e, para atender ao elenco de objetos que compõem a cultura material dos terreiros, existem aquelas pessoas que se dedicam ao artesanato de ferramentas de santo, objetos de assentamento; confecção de *ilus*, instrumentos musicais; costureiras que fazem as roupas dos santos; enfim, uma equipe de artífices, conhecedores dos rigores e gostos dos orixás, suas marcas visuais, texturas preferidas, objetos necessários. Aí se notam alguns artesãos-sacerdotes, visto o alto significado dos objetos para a religião, sua ocupação nos pejis, sua sacralidade por meio de rituais específicos.

O sincretismo religioso afro-católico é outro aspecto decisivo na organização modelar do terreiro. O santo católico e sua ligação com o deus africano é íntima no processo deculturativo da mitologia africana, no caso, a Ioruba. Assume, então, o santo católico lugar comum com o orixá, e, em muitos casos, no pensamento religioso dos terreiros, é indivisível o santo do orixá.

Notadamente no Terreiro Obá Ogunté, Nossa Senhora da Conceição é Iemanjá, passando a ser unificadamente uma divindade sincrética, a Nossa Senhora, a mãe, Iemanjá a mãe mítica, da qual nasceram os orixás, após o incesto de Orungã, seu filho, o ar. A presença unificadora da maternidade caracteriza a santa e o orixá; os domínios das águas, fonte da vida, fertilidade, tonificam a personalidade do novo personagem sincrético, havendo necessidade de revitalização dos rituais através dos cultos públicos às águas. Assim, é um constante voltar aos rios e às praias, é a íntima ligação vida e culto. É decisivamente o santo católico e o orixá, juntos se apresentando como uma única divindade. Dessa maneira, 8 de dezembro é festa de Iemanjá, dia de Nossa Senhora da Conceição. Culminam aí as comemorações com a festa pública no terreiro, quando é organizado o *presente, a panela de Iemanjá*, contendo perfumes, comidas, espelhos, fitas, sabonetes e muitas flores; o cortejo ritual sai do terreiro, indo até um local determinado para a entrega do presente nas águas.

Todos os pais e mães-de-santo antigos do Recife afirmam que o costume de oferecer a panela de Iemanjá foi iniciado por Pai Adão, Terreiro Obá Ogunté, daí seguindo todos os terreiros filiados nas gerações de filhos-de-santo que, após os períodos de iniciação, têm aptidão para *abrir sua Casa*, ou seja, o novo terreiro; no entanto, os vínculos com a matriz são eternos.

Dessa forma, no Recife, o Terreiro Obá Ogunté é o primeiro a fazer o seu presente, panela de Iemanjá, o que é seguido por ordem hierárquica dos terreiros filiados; não havendo coincidência de datas, há uma preparação de calendário; primeiro, o Sítio, depois, os terreiros filiados mais antigos, e assim sucessivamente.

Além das práticas públicas, como a panela de Iemanjá, destacam-se os rituais privados, quando tomam parte os iniciados e convidados de total confiança da casa; dessa forma, são mantidos os preceitos fundamentais, ou seja, são reativados os elos dos orixás com os iniciados e com o próprio terreiro. Os atos do *ossé*, limpeza, os sacrifícios de animais, as comidas, os preceitos sexuais, as abstinências de alimentos e bebidas, o uso de roupas brancas às sextas-feiras condicionam os comportamentos e os rigores do culto ortodoxo e da consciência dos significados de cada ato, de cada gesto, de cada postura diante do orixá, num verdadeiro estabelecimento de linguagens próprias, em que o deus tutelar patrocina os rituais no terreiro, estendendo-se à própria vida nas relações sociais comuns, no cotidiano das pessoas.

O terreiro e sua personalidade

O texto que se segue toma como base algumas informações e anotações do senhor Manuel Nascimento – Papai, atual líder religioso do Terreiro Obá Ogunté e um dos principais articuladores do movimento de tombamento do referido terreiro – e também informações por mim obtidas através de consultas a Gilberto Freyre e leituras dos trabalhos *Le Roi-Dieu au Benin*, de Paulu Marti.

O terreno do Sítio possui aproximadamente 5 mil metros quadrados, na localidade conhecida como Chapéu de Sol; no largo dessa localidade está o terreiro. Segundo depoimentos, na área do terreno havia plantações de cacau, oiti-coró, ingá, jaca, pitomba, manga e café. Os frutos serviam ao autoconsumo da comunidade, e o excedente tinha consumo na própria localidade. Importante observar que os primeiros frutos eram oferecidos aos orixás, que, no seu amplo e diversificado cardápio, incorporavam frutos tropicais, como alimentos que detinham preceito e rigor ritual.

A tradição oral se reporta a Maria Joaquina da Costa – *Ifátinoké* – como a fundadora do Terreiro Obá Ogunté, seguindo os fundamentos religiosos do Efan. O Efan é um grupo cultural integrante do sistema iorubano, juntamente com o Kêtu e o Ijexá, Nigéria, África Ocidental. O título Ifátinoké reporta-se ao cargo de sacerdotisa ligada ao Ifá, o que é totalmente raro, visto que os cargos masculinos de sacerdotes do Ifá são os prescritos pelos rigores dos rituais. Assim, Ifátinoké plantou o Axé, como dizem os adeptos dos Xangôs. Foi a responsável pela organização ritual do terreiro, que é dedicado a Iemanjá, mas tem no orixá Xangô um dos mais importantes motivos de culto e de uma unidade religiosa. Na realidade, predomina o culto ao orixá Xangô no Recife e no próprio Estado de Pernambuco. A importância de Xangô no Terreiro Obá Ogunté é notada pelos assentos rituais africanos e afro-brasileiros existentes no interior do peji, santuário que reúne todos os orixás do terreiro, indo de Exu a Oxalá, passando por todos os deuses de culto como Nanã, Omolu, Xangô e Oxum. Os objetos dedicados a Xangô são os de maior número: pilões, gamelas, oxês, otás, xeres, que compõem os locais onde moram as várias qualidades de Xangô, senhor das trovoadas e da justiça, terceiro rei de Oió, filho de Oranih, fundador da dinastia dos Alafins de Oió, Nigéria.

O culto a Iroco é outro importante tema para destacar o respeito aos modelos dos cultos tradicionais dos orixás. A árvore tinha a utilização de receber oferendas de Iansã ou Oiá, mulher mítica de Xangô e senhora dos ventos, das tempestades, sendo a única a lidar com os Eguns (mortos ancestrais). As pessoas mais antigas do terreiro dizem que os Ojés, sacerdotes exclusivos do culto aos Eguns, descansavam à sombra do Iroco, gameleira, em verdadeiras e importantes posturas rituais de guardiães dos ancestrais. Destaca-se aí que, no Brasil, o culto dos Eguns ou Egunguns é mister restrito à ilha de Itaparica, Bahia, na comunidade de Amoreiras, onde existe o *Terreiro do Ilé Agboula*, dedicado ao culto dos ancestrais, mortos divinizados ou também dos ancestrais próximos como pais, mães e filhos-de-santo.

Essa relação do Terreiro Obá Ogunté com o de Ilê Agboula reforça a intimidade dos terreiros mais voltados aos fundamentos religiosos do africano no Nordeste, num intercâmbio que marca a alta importância das duas comunidades do Recife e de Itaparica.

Nas diversas construções do Terreiro Obá Ogunté tem-se o *Balé*, ou quarto, ou peji dos Eguns, local da maior sacralidade e sigilo por parte dos sacerdotes.

Crê-se que o pé de Iroco, na atualidade, não mais se relacione aos ancestrais, pois há muito não se realizam cerimônias rituais na gameleira. A memória existe, segundo depoimentos de pessoas do terreiro: a árvore está exposta a invasões de vizinhos, dando inclusive para uma rua dos fundos do terreno, o que impossibilita a continuidade dos preceitos. O pé de Iroco, gameleira, já sofreu tombamento por parte da Prefeitura do Recife; no entanto, a árvore só assumirá o seu *status* real quando integrada ao sistema religioso do terreiro, visto que o bem natural, árvore, é um altar do culto a Iroco e que, por sua vez, na relação ritual dos orixás do terreiro, é Iroco divindade de culto altamente restrito aos mais velhos, e seus rituais têm de continuar com as gerações mais novas, como também afirmam as pessoas do terreiro.

Gonçalves Fernandes, no seu trabalho *Xangôs do Nordeste*, lista a seqüência ritual do Terreiro Obá Ogunté, na década de 20. Nota-se que este trabalho é um dos poucos que mencionam o Sítio, visto que a comunidade sempre foi muito privada dos seus adeptos, destacando-se como amigo da casa, na época, Gilberto Freyre, que conviveu com *Pai Adão*, o mesmo acontecendo com o psiquiatra Ulisses Pernambucano.

A listagem dos orixás, na época de Pai Adão, era a seguinte, obedecendo a esta ordem: Exu, Ogum, Odé, Otim, Oxumaré, Obaluaiê, Nanã Buruquê, Ewá, Obá, Oxum, Iemanjá, Iamassi, Dadá, Baianin, Oraminhã ou Oranim, Xerê, Xangô, Oiá ou Iemessã e Orixalá. Dentre os dirigentes do Terreiro Obá Ogunté, destaca-se Felipe Sabino da Costa, Pai Adão, Opêoatanan ou também conhecido como Oxirê Obá. Foi importante pai-de-santo que zelou com rigor e conhecimento sobre os orixás, seu culto e sua ética diante dos adeptos, e muito dignificou o terreiro, transferindo importantes informações religiosas aos seus auxiliares mais diretos. Nota-se que o pai de Felipe Sabino da Costa era *Alapinim*, ou seja, sacerdote dos Eguns, o que muito orientou no culto dos ancestrais, motivando seu filho a ir à África, em especial Lagos, Nigéria; isso aconteceu em 1906, viajando via Lisboa.

Pai Adão muito reanimou os cultos do Recife, tendo passado inclusive por Salvador e Maceió; assim, assumia, indiscutivelmente, liderança religiosa na região, sendo respeitado e tido como alto conhecedor dos orixás e dos fundamentos religiosos. Pai Adão foi tão importante para o Terreiro Obá Ogunté que popularmente esta comunidade é conhecida como o Terreiro do Pai Adão.

NOTA: No tocante ao vocabulário ritual e também de uso do cotidiano da comunidade do terreiro, tem-se uma listagem de 95 termos recolhidos por Gonçalves Fernandes, no seu livro *Xangôs do Nordeste* (pp. 66-7):

1. Céu – olorum
2. Terra – ilé
3. Mar – olocum
   Maré – ossá
4. Sol – ourum
5. Lua – oxú-pá
6. Rei – obá
7. Estrela – iraé
8. Arco-íris – oxum mari
9. Homem – ocurim
10. Mulher – ôubirim
11. Menino – ô-madê
12. Casa – ilê
13. Minha mulher (esposa) – obirimim
14. Mesa – tapacê-tafingueu
15. Gato – ôlôfú
16. Peru – telou-telou
17. Pato – péqueié
18. Roupa – achó
19. Chapéu – aqueté
20. Sapato – batá
21. Cabeça – ori

22. Olho – ejú
23. Nariz – imum
24. Boca – émon
25. Orelha – itú
26. Lábio – èétê
27. Queixo – iban
28. Nuca – i-pacó
29. Peito – aiá
30. Ombro – êigicáa
31. Braço – ápá
32. Mão – oúó
33. Pênis – ôquou
34. Testículo – cépan
35. Cabelo – irum
36. Dente – éfin
37. Unha – ê-cana
38. Coxa – itan
39. Perna – itan – essé
40. Pé – essé
41. Nádega – idí
42. Valina – êbeu
43. Coração – hó-can
44. Amor – ifé
45. Saudade – modá-rué
46. Burro – queté-queté
47. Cavalo – éxim
48. Boi – malú
49. Vaca – abou-malú
50. Cachorro – adi-iá
51. Cabra – êuré
52. Bode – oubi-có
53. Carneiro – abú
54. Ovelha – agutan

55. Porco – ledé
56. Macho – acó
57. Fêmea – abou
58. Bebida – ótí
59. Bebida de cor – otí-dudú
60. Bebida branca – otí-funfum
61. Café – êmi-dudú
62. Açúcar – ió
63. Sal – ió-obé
64. Faca – ó-obé
65. Faca de ponta – obé-muxo-inxó
66. Agulha – aberê
67. Linha – ôú
68. Coco – aban
69. Banana – óguedé
70. Árvore – iguí
71. Comida – ôuingúê
72. Bom dia – ôguirê
73. Como vai? – araré-colê?
74. Bem – adupé
75. Que fim levou? – oucuatidio?
76. Faz tempo que não lhe vejo – oupué-meti-rié
77. Como vai sua casa? – ilé-ré-un-có?
78. Como vão os meninos? – a uan madê?
79. Adeus – oucu-ou
80. Pai – babá
81. Mãe – iá
82. Filho – ô-man
83. Santo – orixá
84. Boa tarde – oquá-san
85. Boa noite – oquá-lé
86. Anoitecer – irolé
87. Madrugada – niforé

88. Noite – alé
89. Dia – ossan
90. Cadeira – idiôçou
91. Banco – aputí
92. Bigode ou barba – irum-ban
93. Mãe pequena – iá quequerê
94. Zelador – équéde
95. Tambor – ilú

As relações comunidade religiosa e sociedade geral

O terreiro, como complexo sociorreligioso, não se isola da sociedade não religiosa; muito pelo contrário, integra-se, participa, atua, estabelece ligações permanentes com a economia, com os padrões sociais, interferindo nos comportamentos e posturas das pessoas, nas suas famílias, nos seus trabalhos; enfim, na vida cotidiana.

O terreiro, como um pólo de elaboração e processamento cultural, reúne e transmite os conhecimentos da cultura religiosa por excelência, cultura esta fundamentada nos fazeres da vida, de maneira integrada, decidindo na fisionomia não apenas da comunidade, terreiro, mas da cidade do Recife.

São os maracatus, são os cortejos religiosos de Irmandades, são as festas populares em geral que congregam elementos rituais afro-brasileiros que muito se assentam no modelo do terreiro.

O espaço do terreiro é também o depósito de objetos religiosos, que, além de guardar, mantém a sacralidade dos utensílios, como as lanças, machados, zabumbas, calungas; objetos integrantes dos maracatus africanos, baque virado ou de nação, que encontram no Terreiro a unidade do culto, centro de reunião da ampla memória afro-brasileira.

Desvincular as manifestações tidas como festas católicas, em sua grande maioria aparentemente distantes do sistema africano, ou melhor, do afro-brasileiro, não é possível.

Assim, no caso do Terreiro Obá Ogunté, tem-se por tradição a procissão de São João Batista, no mês de junho, a novena de Santo Antônio e o Pastoril com o presépio, em dezembro. Dizem os antigos que também faziam roda de coco, batendo com as mãos, substituindo os ilus, instumentos musicais sagrados; pela pantomima, buscava-se a camuflagem dos rituais aos orixás, ressaltando-se aí a preocupação em ter a essência da religião, buscando no exterior da dança, marcada pelo sentido da ludicidade, a maneira fundamental de manter a identidade, o mais importante culto aos orixás. As festas católicas à maneira do terreiro começavam em janeiro, com a novena de São Sebastião, e continuavam em maio, com a Virgem da Conceição. Tudo acontecia na Capela de Santa Inês. A capela é um espaço sagrado, cultuado e tido como uma verdadeira reprodução da Igreja enquanto um prolongamento natural do pensamento sincrético do terreiro.

As igrejas da cidade do Recife têm íntima ligação com os tradicionais terreiros de Xangô da cidade, em especial com o Sítio, onde se destacam a Igreja de Nossa Senhora do Rosário dos Pretos e a Igreja do Terço. São as tradicionais *Irmandades de Negros, Homens Pardos* e *Homens de Cor*, que nas maneiras de reunir e congregar motivos sociorreligiosos transplantaram as organizações hierárquicas dos cortejos reais, Reinados do Congo (ver a importância das culturas Bantu no Recife, séculos XVII, XVIII e XIX). No século XVIII, essas irmandades religiosas atingiram seu esplendor, buscando conscientemente a coesão de grupos negros de uma mesma etnia, que reunidos mantinham de forma organizada padrões culturais próprios que buscavam a unidade da identidade.

Não se discute aqui a formação étnica da população da cidade do Recife, onde explicitamente a presença das etnias africanas se torna evidente nas pessoas, nos comportamentos, nos hábitos, nas predileções, nos gostos e escolhas do recifense. Latente à organização étnica, está o amalgamento de uma religiosidade católica recriativa, interpretativa, tropical, própria dos caminhos das populações urbanas, formada pelos rigores da Igreja Católica portuguesa, permissiva, aberta aos associativismos, organizações de escravos e seus descendentes, quando o assentamento do poder religioso está identificado nas trocas de favores, quando cada igreja e/ou irmandade possuía dinâmica própria nos interesses econômicos, de prestígio social; enfim, de poder.

Dominado economicamente, possuindo um espaço social limitado pela projeção natural do escravismo, o negro, em especial o negro recifense, foi marcado também pela família patriarcal, machista e repressora, na qual a mulher, a criança e o negro ocupavam seus lugares prescritos pelo sistema do poder familiar em que se nutria a expectativa do cumprimento do papel de cada um.

Vê-se na realidade das relações e das trocas interétnicas colonos, colonizados-reprimidos, especialmente negros, um caldeamento fascinante, já tão bem notado no magnífico estudo antropológico que é *Casa-grande e senzala*, de Gilberto Freyre.

Volta-se ao modelo do terreiro como o modelo impulsionador do processo co-participativo na formação sociocultural da cidade do Recife, mesmo tendo sofrido, ele, terreiro, como instituição, tantas perseguições nos anos do Estado Novo (1937-1945), quando os espaços foram invadidos, expoliados dos seus bens materiais e, mais ainda, maculados na sua ideologia religiosa, tão digna quanto qualquer outra, mais ainda por ser coerente com o próprio padrão do africano, indivisível na sua compreensão do sagrado e do humano.

Não se busca o exoticismo da magia ou do ritual para justificar ou tentar interpretar sistemas tão sofisticados de religiosidade, ora mais sincréticos, ora mais ortodoxos, próximos da memória remota africana, ou criativos e inovadores numa relação imediata com a memória próxima afro-brasileira.

Flui, nutre, está presente, determinando a própria personalidade cultural do recifense, essa africanidade adaptada às realidades tropicais da cidade, dos motivos do clima, das frutas, das festas, da ética e da moral, que são decisivos para compreender este homem afro-pernambucano, tão complexo e tão rico étnico-culturalmente, por reunir motivos tão distintos em sua formação.

    O terreiro está distribuído na sociedade em geral, como modelo comportamental do cotidiano da cidade; está presente de maneira explícita ou integrante em um fluente pensamento aculturativo. É comum, faz parte, é importante, é decisivo, é co-participante, é determinante; em suma, atua, aciona, inter-relaciona as pessoas, as instituições oficiais e privadas, os sistemas e os motivos, sociais, cíclicos e permanentes, nos planos do religioso e do não-religioso, do permitido e do marginal, formador, co-formador das interferências do homem no seu espaço: *cultura*.

PAGAMENTO
UM COMPROMISSO CERIMONIAL

Pagar a mão, pagar o chão, pagar a bandeira, pagar o estandarte, pagar a obrigação do santo, pagar os atabaques, pagar o ori daquele que está com o orixá constituem procedimentos e comprometimentos rotineiros por parte dos envolvidos nas práticas religiosas afro-brasileiras e de catolicismo popular.

O ato de pagar não está condicionado ao mecanismo de pagamento em si, nem na situação de pagador e objeto pagante, nem mesmo num compromisso moral e ético das duas partes envolvidas no processo. Muito além do que possamos conceber sobre pagamento, modalidades e comprometimentos, atua de forma significativa através de elos familiares e, mais ainda, quando norteia os motivos sócio-hierárquicos e de cunho religioso, mágico, sendo este último impulsionador dos grandes fundamentos das principais relações pagamento-objeto-resposta. O pagamento é também observável pela necessária fluidez da ascensão social, marca estatutária, resposta moral, devoção religiosa e necessidade de aceitação no grupo. Pagar com dinheiro, pagar com alimentação, pagar com sacrifício de animais, pagar com música e dança, pagar construindo templos, pagar ofertando ex-votos, pagar destinando atribuições são modalidades comuns e observáveis no imenso patrimônio que nos oferece a cultura popular. Ainda nesse período do nosso ensaio, de institucionalização temática, é importante assinalar o empenho moral do mercantilismo, negociações e cobranças às respostas desejadas pelos pagantes, gerando um verdadeiro dever de obtenção do desejável. Assim, interpretados em nível de profundo subjetivismo, os pagamentos têm focalização particularizada, abrangendo momentos cíclicos ou rotineiros, que podem ser lidos no processo trilinear:

> aquele que paga tem,
> pagar é necessário – meio,
> o pagamento em si não é o fim, necessariamente.

Entendemos também a grande dependência social por parte daqueles que pagam por dever, incumbência, necessidade ou mesmo prazer, querendo sempre uma resposta, necessariamente uma resposta.

Como tentativa consciente de análise, tomamos um elemento caracterizador – dinheiro – situando importância, valor e procedimentos quanto ao uso. O relacionamento do momento – o tempo –, o pagamento em si e suas projeções, lendo o fenômeno de forma vertical, em corte estrutural, e sabendo que ao mesmo tempo que há uma linearidade ingênua, seqüencial e com tônus conclusivo, não determina possibilidades e variedades da utilização do dinheiro como único agente do pagamento.

Assim, podemos iniciar os estudos a partir do que foi observado. É sem dúvida o dinheiro o instrumento normativo do poder, sendo interpretado sob dois aspectos:

O *dinheiro quantitativo* é leitura atualizada e evolucionista da importância; e o *dinheiro pictórico* é elemento visual, possuindo evidente carga motivacional através da formalização do objeto, disposição, intenção e também relação numérica. Uma terceira interpretação é também pertinente, quando unimos os dois aspectos mencionados, surgindo uma situação sincrética com maior ou menor tendência de um fator sobre o outro.

O grande desejo moral do pagamento é assentado nos grandes desejos do poder e da aceitação social.

O ato de pagar é um ato entendido por todos: aquele que paga, cumpre e agrada.

O dinheiro dentro das expressões dos cultos populares é observável periodicamente, não só pelos sentimentos de retribuição, chamamento e comunicação religiosa, mas também pela fixação dos elementos mágicos e de preceito.

Outro aspecto observado pelos agentes dos cultos populares é o da matéria-prima do dinheiro, dando maior hierarquização e valor fundamental ao dinheiro moeda. O dinheiro papel vale pela importância, não atuando com expressão mágica tão evidente e comum como a do dinheiro moeda, funcionando também pelas quantidades específicas e significados próprios.

O pagamento é sentido e notado como espécie de descomprometimento temporal, estando o pagante em boa relação social e religiosa quando cumprida sua ação – o pagamento. Esclareçamos, no entanto, que o pagamento é indireto se lemos o fenômeno sem suas metáforas éticas e morais, injuntórias da própria relação – pagante submisso/pagamento equilíbrio – receptor do pagamento dominador. A dependência de pagar situa-se em dois planos: o pagamento obrigação e o pagamento devocional.

Na segunda modalidade de pagamento, formalmente não há compromisso, mas a própria devoção implica uma manutenção, realimentação preceitual, que não deixa de ser uma obrigação, não tão rígida como a primeira, mas atuante e de alto significado diante do voto religioso.

Comumente aquele que paga cumpre um voto de fé, resgatando a imagem do divino presente na vida do homem. É então o pagamento a formalização do vínculo, é a mimese atualizada do fazer intemporal, imemorial; primordial função do próprio pagar.

Em nossa cultura popular, o significado de sentido devocional unido ao culto e suas expressões lega um patrimônio vivo e dinâmico.

O grande compromisso cerimonial – pagamento – é enfatizado na relação dinheiro/objeto pagante. Cada vez mais sentimos um distanciamento do pagamento simbólico, imagem pictórica do dinheiro, pelo pagamento equivalente, quantitativo, quando a importância passa a valer em sua leitura literal, realmente, o quanto é.

No ato de pagar o chão num terreiro de candomblé, quando da realização de uma obrigação ou mesmo na feitura de um Yaô, os gastos importam altos valores, visto o complexo aparato de objetos, animais, indumentárias, alimentos e pessoas especializadas que atuarão nos rituais específicos. Essa realidade está bem adequada ao mercado consumidor, necessitando, por parte daqueles que custearão as cerimônias, de investimentos em média de dez mil cruzeiros a trinta mil cruzeiros (1977-78 no Rio de Janeiro e em Salvador). Os demais gastos como os pagamentos das mãos ocorrem isolados. Isto é, aqueles participantes com funções específicas, como o dirigente do terreiro e seus auxiliares diretos, têm altos pagamentos que acontecerão pela maior ou menor importância social que possuírem no grupo. Assim, no terreiro, roça, casa de culto, o elenco de pessoas responsáveis e dedicadas aos preceitos terá oporturnidade de cumprir os fundamentos do culto. Aí o chão sagrado, espaço especial para os acontecimentos da feitura, passará também por um pagamento, espécie de aluguel. É um espaço que, consagrado e preparado por práticas propiciatórias, está realmente pronto para o cumprimento dos preceitos, garantindo, assim, as boas realizações dos fundamentos dos preceitos dos santos-deuses.

As pessoas envolvidas nas obrigações têm pelo pagamento a desvinculação do comprometimento moral e dependência sociorreligiosa.

Todos os pagamentos e gastos gerais ocorrem como dever do iniciado. O pagar do noviço vai além do acervo – objetos necessários à iniciação. Uma importância também é destinada à sua soltura, liberdade dos vínculos da iniciação; compreenda-se em parte, pois os comprometimentos são rígidos e fundamentais ao próprio estabelecimento da passagem da vida profana à religiosa.

Ampliando essas colocações, o ato do pagamento é também um ato da aceitação à dominação. O dominador assume o signo do divino, poderoso e santo; aquele que paga, depende, suas motivações instabilizam-se de acordo com os compromissos e votos assumidos. Observando aspectos do catolicismo popular, nas Folias de Reis e mesmo nas Folias do Divino Espírito Santo, no estado do Rio de Janeiro, saem as bandeiras em período inicial, quando os peditórios anunciam os ciclos das festas. As visitas acompanhadas por cantorias, salvas e loas são gratificadas com o chamado pagamento da bandeira, verdadeira obrigação de quem ouviu ou participou, recebendo as atenções do grupo através da *visita*, marca identificante da presença do divino e do próprio culto.

Enfeitar a bandeira com dinheiro é ato comum e as importâncias são divididas entre os foliões, ou destinam-se aos festejos de encerramento da folia. No entanto, as ofertas de pagamento não ficam restritas apenas ao dinheiro; tudo pode ser oferecido como pagamento. Oferta de animais, alimentos, objetos variados e a própria folia em si significam, diante da fé popular, formas de pagamento, assumindo em sua grande maioria o sentido nítido de ex-votos. A necessária forma de situar e entender o santo, aproximá-lo, mantê-lo presente, tê-lo na intimidade da relação de dominação, quando bem são definidos os papéis, as funções de ambas as partes.

O pagamento é, sem dúvida, o momento sublime de agradecer ao santo e de reforçar a submissão diante da fé.

SANTO SE CARREGA NA CABEÇA
O IAÔ É A CABEÇA E A CABEÇA É O ORIXÁ

Concluída a matança das aves, catam-se-lhes as penas mais finas e delicadas e as colocam úmidas do sangue do sacrifício, na fronte da iniciada.[1]

A cabeça é o espaço principal para a feitura e inclusão ritual do santo, do orixá. Contudo, o corpo do noviço, iaô, é transformado – rito de passagem – e ele nasce de novo após a feitura. Assim, ele é raspado, pintado e catulado. Sem pêlos, ele recebe pinturas de diferentes símbolos específicos da nação, do orixá, do estilo do terreiro e ainda se efetuando incisões (escarificações) em locais próprios que marcam definitivamente o iniciado. Estas marcas, embora já cristianizadas pela freqüente ocorrência de uma cruz encimando série de traços feitos por navalha na carne – lembranças de identificações étnicas –, são significativos elos visuais e morais com uma África idealizada.

Comuns são os três traços paralelos em cada face por pintura de *efum* que decisivamente identificam os Ioruba-Nagô. São marcas visíveis por escarificações nos rostos de africanos, por incisos e/ou pinturas em máscaras de madeira, especialmente nas *Gueledé* ou nos oxês e ibejis. Pinturas semelhantes são ainda realizadas nos

---
[1] QUERINO, Manuel. In: LODY, Raul (org.) *Costumes africanos no Brasil*, 2ª ed., Recife, Fundaj/Massangana; Rio de Janeiro, Funarte/INF, 1988, p. 44.

objetos novos e que formam os assentamentos que determinam a inclusão, o recém-nascido, o aceito e uterinamente gestado pela coletividade do terreiro, o iaô.

As iniciadas de Oxum têm a cabeça raspada e três círculos concêntricos pintados à volta do crânio. Círculos menores interceptam o maior dos três. Grandes manchas brancas foram também feitas no rosto, pescoço e nuca.[2]

A cabeça é o centro, é o pólo fundador e irradiador da iniciação, onde se carrega o santo, pois este mora na cabeça. Para chamar o santo tem-se de tocar próximo à cabeça o adjá ou adjari, ou um xeré, caxixi, entre outros.

É a cabeça uma criação de *Ajalá* – tipo de Oxalá construtor de cabeças humanas formadas com elementos do Orum. Ainda na cabeça do iaô está a pena vermelha – *ecodidé* –, lembrança do sangue menstrual de Oxum – o primeiro orixá a fazer um iaô, também lembrada como a primeira mãe-de-santo, ialaxé.

O *ipori* é o ritual do nascimento e novamente o ori – cabeça é local de destaque. Permanentemente a cabeça será protegida por oujá de tecido branco em forma de turbante. É a garantia de que a cabeça coberta está guardada e assim, por extensão, o santo nela é habitante.

A cabeça é o orixá, e o orixá é a cabeça – todas as práticas renovadoras do axé são centralizadas na cabeça, retomando os pontos da depilação e da pintura original, quando do período de iaô. Também na cabeça estão determinados os locais que remetem aos princípios geradores e ancestres.

A cabeça é mimese do mundo, do mundo simbolizado. Estão na cabeça os elementos da natureza e aí, após fixados, os princípios geradores do axé do corpo – individual –, conjugados com o *eu*

---

2 PIERSON, Donald. *Brancos e pretos na Bahia*, São Paulo, Nacional, 1945, p. 368.

coletivo do terreiro, funcionarão e ampliarão cada vez mais os vínculos sagrados, éticos, morais, sociais e culturais do indivíduo com o grupo. O indivíduo é essencialmente cabeça – a partir deste espaço se expandem os outros espaços do corpo. O indivíduo passa a ser visto na sua globalidade.

> O corpo preparado é de tal forma ordenado no conjunto iniciático, que não há processo retroativo e nem paralisador, o que aconteceu serve de marca definitiva.[3]

A cabeça é alimentada – obori ou bori – com diferentes comidas: obi, orobô e outros frutos africanos com sangue de animais sacrificados, e o corpo passa pelo *sundidé* – banho ritual do sangue dos animais da matança. Folhas, pembas, águas lustrais são substâncias incorporadas ao corpo e essencialmente à cabeça do iaô, reforçando o axé e confirmando cada vez mais o orixá – o santo feito.

O corpo e os elementos vindos da natureza são harmonicamente unidos e assim inseparáveis. O corpo materializado assume diferentes finalidades e, quando é admitido no espaço religioso, é inicialmente distinguido com marcas e acessórios que sinalizam e formalizam o noviço – iaô. Ele é especial, peculiar, diferente.

Os banhos do abô, os amassis, ariaxés ou o hábito matinal da maionga – banhos d'água ao ar livre –, que limpam o corpo, reativam no corpo do iniciado diferentes atribuições rituais, instaladas na feitura do santo.

Nem tudo o que passa no corpo deve ou pode passar na cabeça. A cabeça é o espaço mais delicado e tabu do corpo, é a fortaleza do axé individual do iniciado.

Fazer a cabeça, entregar a cabeça ao pai ou à mãe-de-santo, cumprimentar batendo a cabeça, saldar e cumprimentar a cabeça com dinheiro são algumas das designações comuns usadas pelo

---
3 LODY, Raul. *Espaço*, cit., p. 19.

povo do santo referente à parte mais comunicadora do corpo. Sobre a cabeça nas grandes festas nos terreiros, os assentamentos são conduzidos além do peji: são portados objetos sagrados em práticas públicas e privadas como alimentações coletivas e/ou de renovação do axé, como nos acarajés de Iansã, no pilão de Oxaguiã, no amalá de Xangô, no tabuleiro de Omolu; ainda sobre as cabeças as quartinhas de Oxóssi, ou ebós pessoais e coletivos; os presentes em balaios e talhas para Oxum e Iemanjá que são conduzidos ao rio e ao mar; nos tabuleiros e tabuletas com as comidas do ganho das quituteiras, quitandeiras, baianas de tabuleiro ou baianas de rua, nas feiras e mercados portando cestos, bolsas, balaios, peças variadas de louça de barro; conduzindo rodilhas de tecido ou qualquer outra coisa que, equilibrada pela arte do caminhar e do gingado em dengoso remelexo, aufere a essas práticas um valor fundado em estética de afro-brasilidade.

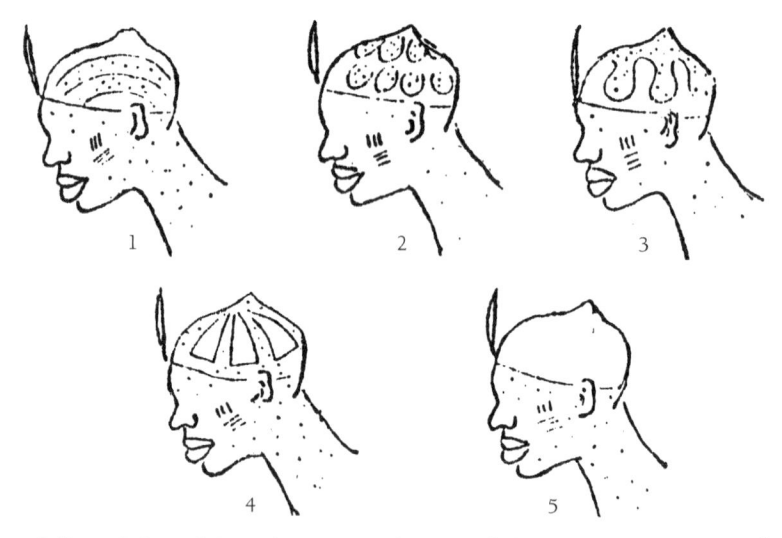

1. Xangô, 2. Ogum, 3. Iansã, 4. Nanã, 5. Oxalá. Iconografia baseada em desenhos de Carybé[4].

---

4 CARYBÉ. Iconografia dos deuses africanos no candomblé da Bahia, São Paulo, Raízes, 1960.

A cabeça referencia o iniciado, o orixá tutelar, a nação como modelo de união, o terreiro como um espaço eminentemente socializador e principalmente gerador do ciclo de ritualidade e de etnicidade.

A pintura branca de efum que indica a feitura é retomada e relativizada nos rituais fúnebres de axexê – o efum é um elemento dos rituais cíclicos.

A cabeça ostenta, sintetiza, comunica, revela o mundo. Nela o orum e o aiê estão representados.

Etnografia

Festas do nome – *oruncó* – em muitos candomblés do recôncavo da Bahia; obrigações nos pejis, outras nos barracões abasteceram de informações e orientaram a iconografia.

TUDO COME E DE TUDO SE COME
EM TORNO DO CONCEITO DE COMER
NAS RELIGIÕES AFRO-BRASILEIRAS

A boca do homem é um espaço culturalmente sacralizado e indicado para receber a comida. Aí se inicia um processamento palatável, que é precedido pelo visual, pelo olfativo, formando estéticas próprias para a compreensão dos alimentos. O alimentar-se implica um ato biológico e também social e cultural. A convencionalidade de comer nasce na necessidade da nutrição e da sobrevivência, o que não retira significados simbólicos próprios de cada prato, tipos de ingredientes, locais de feitura e de oferecimento. O ritual de comer sinaliza um dos mais marcantes momentos das diferenças étnicas e profundamente antropológicas.

É amplo o conceito de comer, até mesmo com os olhos. Comer com os olhos apresenta o desejo, manifestado por certa voracidade, precedente do comer na atitude mais formal, com a boca. As sensações do olfato, a emoção, a visão da comida são componentes que integram e predispõem o indivíduo e seu grupo a interpretar e se inteirar da comida, para, em seguida, comê-la. Assim, o corpo inteiro está pronto para comer. Comer fisicamente e comer espiritualmente, comer emblematicamente. A comida é antes de tudo um dos mais importantes marcos de uma cultura, de uma civilização, de um momento histórico, de um momento social, de um momento econômico.

Todos os sentidos são chamados para comer. Todos os códigos visuais, térmicos, olfativos funcionam diante da relação homem/

comida. Come-se por inteiro, com o corpo, com a ética, com a moral, com todos os códigos próprios do grupo e do estatuto social de que o indivíduo faz parte. E, assim, a comida intera-se, estabelece-se nas relações mais profundas entre o homem e a cultura.

Nos terreiros, especialmente nos de candomblés, xangô e mina, a comida ganha dimensão valorativa, sendo estendido o alimento do corpo e também do espírito. Comer, nos terreiros, é estabelecer vínculos e processos de comunicação entre homens, deuses, antepassados e a natureza.

Não há gratuidade na elaboração de uma comida em âmbito sociorreligioso. Cada ingrediente, as combinações de ingredientes, os processos do fazer e do servir assumem diferentes significados, todos integrantes do sofisticado sistema de poder e de crença que faz os princípios cognitivos do próprio terreiro – coerência com o tipo de nação, liturgias, morfologias particulares dos estilos, do crer e do representar.

As emoções diante de cada comida são fundadas, geralmente, no conhecimento peculiar de cada prato, sua intenção, seu uso, seu valor particular e, também, no conjunto de outros pratos do cardápio devocional do terreiro.

O dendê é, sem dúvida, uma das mais imediatas e eficazes marcas da África na mesa afro-brasileira. Funciona como uma espécie de síntese de todos os sabores africanos aqui preservados e relembrados nos terreiros e também na ampla e diversa culinária nas casas, nas feiras, nos mercados, marcando ciclos festivos, entre outros eventos sociais.

Se uma África geral é assumida no dendê, então comer dendê é comer um pouco da África, trazendo-a, assim, para a intimidade de um prato, de um ritual, de um gosto condicionado às civilizações e às histórias dos povos africanos. Reforçam-se laços e nutrem-se relações simbólicas a partir das gastronômicas.

Comer além da boca, contudo, é uma ampliação sobre o conceito de comer nas religiões afro-brasileiras. Tudo está na permanente lembrança e ação de que tudo come. Come o chão, come o ixé, come a cumeeira, come a porta, come o portão, comem os assentamentos, árvores comem; enfim, comer é contatar e estabelecer vínculos fundamentais com a existência da vida, do axé, dos princípios ancestres e religiosos do terreiro.

É amplo o conceito de comer – e nele está implícito o de beber, da água lustral à matança de determinados animais –, folhas, feijões, milhos, cebolas, camarões defumados, dendê, mel, cachaça, entre outros, fazem os cardápios votivos.

Comer é acionar o axé – energia e força fundamentais à vida religiosa do terreiro, à vida do homem.

A cabeça é alimentada no bori. Outras partes do corpo são também tocadas pelos materiais dessa obrigação – água, sal, mel, dendê, obi, orobô, sangue, folhas maceradas. Assim come e se nutre a cabeça, que é parte do corpo, espaço dos mais sagrados entre os demais que fazem o próprio terreiro.

Os instrumentos musicais também comem, e, entre eles, os atabaques.

> Sobre esteiras de fibra natural trançada são deitados os instrumentos na ordem: rum, rumpi e lé; em seguida, diante do atabaque, rum, o maior e, portanto, o mais importante do trio, uma quartinha contendo água lustral e um prato de louça com algum dinheiro são depositados. A cerimônia continua com o ato ritual de abrir um obi (*Cola acuminata*), fruto africano que é colocado naquele prato. O axogum (cargo masculino no terreiro e responsável pelos sacrifícios de animais) inicia a matança de um galo sobre os atabaques, seguindo-se o derramamento do sangue da ave pelos três instrumentos, do maior ao menor. Complementando o ritual, o axogum irá enfeitar as bordas dos couros com algumas penas e borrifar azeite-de-dendê sobre os instrumentos. O galo, então, é levado à cozinha para ser preparado, separando-se as vísceras, cabeça e pés – partes sagradas – que serão cozidos separadamente da carne. Estas partes sagradas são colocadas em outro prato sobre a esteira onde se encontram os atabaques. A carne é

dividida entre todos os participantes da cerimônia que compartilham o mesmo sacrifício, ligando assim os atabaques aos deuses e aos homens. É sem dúvida um ritual socializador.

Após um período de um a três dias, as oferendas são retiradas das esteiras e os atabaques são "levantados" em cerimônia que conclui a sacralização e poderão, agora, cumprir suas funções de cunho público e privado no terreiro. Não podem ser percutidos imediatamente, pois terão de permanecer por alguns dias "descansando", como num verdadeiro "resguardo ritual".

Na época das festas, cada atabaque é "vestido" com uma tira de pano, colocada no corpo do instrumento, arrematando com um laço. Essa faixa é chamada de oujá ou ojá – tira em qualquer tecido, com aproximadamente 2 m de comprimento por 30 cm de largura, nas cores votivas de divindades patronas do terreiro ou dos atabaques. Esse ato de "vestir o atabaque" é prerrogativa de pessoas iniciadas, podendo ter participação feminina, aliás uma das raras participações da mulher no âmbito da música do terreiro.[1]

Comer é, antes de tudo, se relacionar. O que é oferecido, é codificado na complexa organização do terreiro, assim circulando e se renutrindo. Há sentido e função em cada ingrediente e há significados nas quantidades, nos procedimentos, nos atos das oferendas, nos horários especiais e dias próprios, no som de cânticos, de toques de atabaques, agogô, cabaça e adjá ou do paô – bater palmas seguindo ritmos específicos.

Objetos pessoais e outros coletivos, para manterem suas propriedades, têm de comer. São os fios-de-contas, símbolos particulares dos indivíduos, que também relatam histórias iniciáticas e têm, obrigatoriamente, de comer junto com o corpo e os implementos sacralizados dos assentamentos nos pejis.

Pode-se afirmar que comer, nessa concepção abrangente do conceito litúrgico do terreiro, equivale a cultuar, zelar, manter os

---

1 LODY, Raul. *O atabaque no candomblé baiano*, Rio de Janeiro, Funarte (Série Instrumentos Musicais Afro-Brasileiros, 1), 1989, pp. 26-7.

princípios que fazem o próprio axé enquanto a grande unidade, a grande conquista do ser religioso do terreiro.

Os espaços da natureza também comem. Mar, rios, matas, estradas, pedreiras e outros, que têm sinalização por monumentos naturais ou vindos da intervenção do homem, da marca de um orixá, de um vodum, de um inquice, de um caboclo.

É preciso alimentar a natureza, os deuses, os antepassados, que representam patronalmente os elementos ou são expressos nas atividades de transformação do mundo. São guerreiros, caçadores, ferreiros, reis, entre outros, que desejam a garantia da harmonia entre hoje/vida e história/antepassado na temporalidade vigente nos terreiros.

Há uma espécie de boca geral, de grande boca do mundo, simbolizada. Tudo e todos comem. Todos querem comer. Comer para existir e manter propriedades.

Os atos públicos do ajeum nos terreiros de candomblé são dos mais significativos momentos da socialização pela comida. Comida, geralmente, é originária do cardápio dos deuses, fortalecendo relações entre homem/deus patrono.

Assim, o ajeum é uma festa do comer, do beber, do falar sobre os rituais precedentes – música, dança, obrigações dos santos; é ainda um ritual de alimentação física, geralmente culminando em samba de roda. Pode-se dizer que comer é festejar, vivenciar o mundo.

Compartilhar da comida sagrada, do banquete cerimonial dos deuses é ato democrático. Todos são convidados. Todos participam do ajeum público.

> É de tradição que as pessoas de terreiros de candomblé sejam as últimas a se servir, dando preferência às visitas, em geral. Depois dessa primeira leva de alimentos é formada a mesa dos Ogãs, quando os dirigentes de terreiros, Equédis e outras pessoas possuidoras de cargos importantes na hierarquia religiosa do candomblé ocupam a mesa, que é a mais bem tratada em produtos comestíveis e em atenções, havendo

certa fartura de bebidas, incluindo cerveja. Não é de hábito e nem ligado às origens gastronômicas dos terreiros o uso de bebidas alcoólicas. Os refrescos fermentados de frutas e raízes sempre tiveram lugar nas cerimônias privadas e públicas. A cachaça, a cerveja e raramente o vinho poderão ser servidos em ocasiões festivas, após as práticas rituais, já quando o dia amanhece e ao ar livre como é de costume.[2]

Tão dinâmico na ação biológica e convencional de comer é o conceito de comer no âmbito das religiões afro-brasileiras. Comer equivale a viver, a manter, a ter, a preservar, a iniciar, a comunicar, a reforçar memórias individuais e coletivas. Assim, fundada nesse princípio, a vida é a grande celebração realizada entre os homens e seus deuses. Isso se dará preferencialmente por meio da comida. Isso se dará na compreensão diversa e complexa do ato de comer, quando tudo come, até o homem.

---

[2] LODY, Raul. *Santo também come*, Rio de Janeiro, Artenova; Recife, Instituto Joaquim Nabuco de Pesquisas Sociais, 1979, p. 27.

BABÁ
O ARQUÉTIPO DA PROTEÇÃO

A figura maternal, protetora por excelência, personagem quase que exclusivamente urbano é a da mulher, geralmente negra ou mulata, envergando uniforme, condutora do lazer infantil da classe média brasileira. Atualizada sua leitura, a babá é a concentrada mistura da negra que amamentava os sinhozinhos e em muitos casos os introduzia nos saberes da vida sexual. Hoje, a imagem da babá é a da empregada doméstica, cujos afazeres se estendem à proteção materna e ao cuidado de cão vigilante.

A palavra "babá" é de emprego múltiplo, determinando funções, cargos hierárquicos e papéis sociais que irão evidenciar uma plural leitura do próprio termo.

A especialidade do babá (pai), independente de sexo ou determinação espacial-regional, é a daquele que controla, designa e atua; interfere nos procedimentos e atitudes individuais ou no grupo social.

Derivativos do termo babá, tão comuns nas tradições orais, tidas e definidas como afro-brasileiras, são assim observados: Babalaô, Babalorixá, Babalô, Babalau, Babaloxá e outros.

Babá é Oxalá-Orixá Babá – divindade da fertilidade, criador do homem, acionador da fecundação do próprio homem. Babá, o Egum, morto ancestral. É o estado de culto aos valores tradicionais do grupo; verdadeira forma de preservar a memória comunal.

Babá, o pai, dirigente de terreiro. Babá, a mulher, aquela que comanda as práticas da umbanda urbana. Babá, a mulher que cuida da criança. Babá, imagem de paternidade e maternidade unidas pelas necessidades sociais.

Assim, a babá é pluralizada em sua leitura, onde a proteção é tônica predominante. Tem sua característica fundamental a vigilância, que por sua vez é comprometida com o certo, o verdadeiro social, fixando sempre imagens de obediência e respeito aos códigos do grupo. Parece-nos bem mais amplo o uso do termo babá, bem como seu emprego em muitas situações; no entanto, todas as presenças e usos de babá têm elo comum. Assume, em grande maioria, os mesmos papéis, adaptáveis e moldáveis à subjetividade e operacionalidade do que se queira ou se possa apresentar sob o signo da proteção-poder. Também parece muito interessante a grande carga de conteúdo-proteção que tonifica as funções da empregada que cuida das crianças. Isso quando bem compreendemos o significado *paternidade-maternidade-proteção-poder*, os grandes fundamentos do que possa significar o termo babá.

Quando observado pelos sentidos normalizadores e critérios tradicionais de ancestral, este que vem para manter os preceitos e ditar os códigos morais e éticos, o babá assume a ação direta do religioso, aquilo que deve ser seguido e respeitado.

Quando o babá é o cargo hierárquico – Babalorixá, detentor de poder sociorreligioso –, também deve ser acatado e respeitado pelo elenco de adeptos de terreiros ou comunidades de preceito, detendo também aquele dirigente o sentido normalizador, que muitas vezes é orientado pelo babá (ancestral ou Egum). É a injunção do poder divino sobre o social.

Como sacerdote específico do Ifá, o babá – Babalaô – é o conhecedor dos mistérios e vaticínios do *opelê-ifá*, decodificando todas as leituras dos orixás, estabelecendo a comunicação entre os deuses e os homens. Por sua vez, o Babalaô-Babá, que trata dos búzios, tem o poder de interpretar o Babá-Egum, e também pode acumular o cargo de Babalorixá, podendo ampliar seu campo de controle e poder religioso.

Sendo Babá-Oxalá – o pai criador –, tem determinação e ação específica nos preceitos dos cultos afro-brasileiros. É orixá da fertilidade, como já sabemos, possuindo ainda certa hierarquia no conjunto mitológico (observar grande variação), assumindo também a paternidade dos orixás. Oduduá, a terra, une-se a Iemanjá, as águas; nasce Orangã, o ar – assim, a genealogia dos santos-orixás é interpretada.

O poder-proteção, tido como arquétipo comum, aparece nitidamente em todos os usos do termo babá, instabilizado por maior ou menor conteúdo religioso, social, funcional e outros.

Parece-nos de grande atualidade levantar a imagem social do babá, diferente do orixá, ancestral, dirigente, empregada e pai. Isolado, compartimentabilizadas as ações descritivas, incrivelmente fluem entre si; decodificada a marca constante do poder-proteção, sentimos a unidade comum.

A desvinculação aparente do complexo religioso não é verdadeira, o que leva o termo babá, diretamente ou por derivação, a designar sempre paternidade-maternidade com intencionalidade nas ações daqueles que possuem o título de babá, ocupando seus papéis com cargas próprias de hierarquia social e de poder.

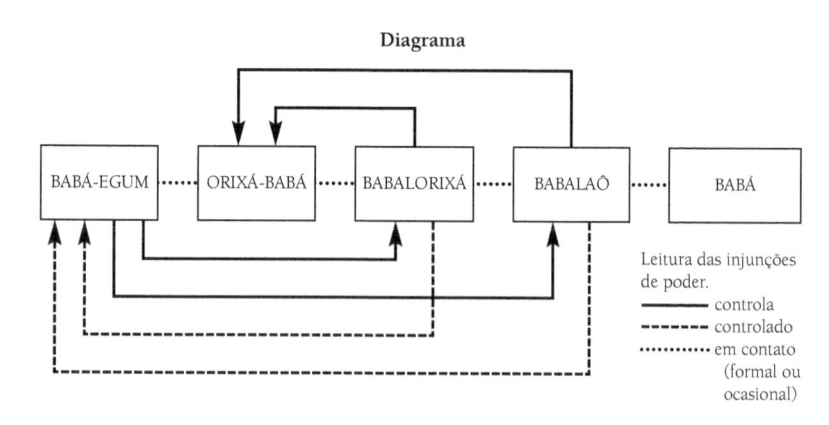

Diagrama

| BABÁ-EGUM | ORIXÁ-BABÁ | BABALORIXÁ | BABALAÔ | BABÁ |

Leitura das injunções de poder.
——— controla
- - - - - controlado
·········· em contato
(formal ou ocasional)

PANELA DE IEMANJÁ

Identificada com o Recife é Iemanjá, vida e mãe das águas – senhora que se inclui nas comemorações da Conceição, a 8 de dezembro. Também nos rios – ressalto os mais importantes, Capibaribe e Beberibe – está Oxum, associada à padroeira da cidade do Recife, Nossa Senhora do Carmo. Oxum e Iemanjá são mães ciosas dos seus filhos, talvez por isso muito ciumentas e sempre esperando o cumprimento dos preceitos religiosos.

As relações do poder materno com o poder social são fortalecidas com o grande número de iniciados de Iemanjá e de Oxum.

Muitas vezes vi o presente-obrigação chamado *panela* – grande oferta anual das centenas de xangôs existentes na cidade. A oferta é depositada na maré alta, nas ondas ou na confluência do rio com o mar.

A água, sêmen eterno, é caminho de chegada dos africanos, nostalgia de inconscientemente retornar pelas mesmas pegadas, ganhando os rios, o oceano e a costa d'África. O encontro nas águas reforça a lembrança da volta, volta ao continente africano, de onde vieram, em número e distintos grupos étnicos, africanos para povoar e construir a civilização brasileira.

O braço africano foi decisivo na edificação social e econômica de Pernambuco, notadamente na cultura do açúcar.

Os grandes cortejos de automóveis marcam, na cidade do Recife, a homenagem à mãe das águas, com cantos, palmas, buzinas, fogos e percussão dos ilus, quando todos juntos dizem que a panela está saindo para a praia, chamando assim Iemanjá para ver e receber tudo de bom e bonito que contém o presente.

Iemanjá está em todo o mar, é o próprio mar, ou qualquer elemento que habite ou esteja no mar, convivendo com a vida marinha de peixes, conchas, plantas e sereias.

Iemanjá gosta das noites de céu estrelado, lua cheia e grande, prateando as águas, para assim aparecer calmamente e pentear seus longos cabelos, exibir seu corpo e atrair, pelo canto, os pescadores que já conhecem sua fama de mulher fatal.

Iemanjá é vista na maioria dos casos como uma mulher branca, loura e de olhos azuis – metade peixe e metade humana. O ideal africano na imagem de Iemanjá se reforça nos rituais dos terreiros, destacando-se os assentamentos nos pejis e nas iniciações religiosas.

A panela, o presente, é repleta de bilhetes, perfumes, fitas, talcos, sabonetes, bebidas, alimentos que vieram dos pejis, tais como carneiro, galinha, pata, milho cozido, entre outros, vendo-se ainda bijuterias e até algumas jóias de ouro. Tudo isso vem de dentro da panela de barro, ampla, gorda como uma grande barriga, grávida, pronta para dar à luz e continuar vivificando o homem e seus descendentes.

Além dessas oferendas, a panela também recebe flores brancas e algumas tinturadas de azul, pois são essas as cores que identificam Iemanjá. Ainda tecidos especiais como cetim e brocado enfeitam a panela, que assume um tom de escultura comunal, em que todos participaram acrescentando suas ofertas ou sugerindo detalhes na decoração.

A panela é colocada nas águas e conduzida por um ou mais homens, iniciados, especialmente escolhidos para tão grande honraria. Eles vão a nado ou ocupando um barco, e somente bem distante da praia o presente deve ser entregue. Ao tocar as águas, a panela já pertence a Iemanjá e os adeptos que formam o cortejo esperam na praia. Sabem que Iemanjá está contente, pronta a atender a todos os recados escritos, falados ou simplesmente pensados. Os filhos de Iemanjá entram em estado de santo e essa é a melhor resposta.

Os terreiros de Xangô seguem uma hierarquia nas datas escolhidas para a Panela de Iemanjá. O início das obrigações acontece nas casas mais tradicionais, como, por exemplo, o Terreiro Obá Ogunté – Seita Africana Obá Omin, tombado pelo Governo do Estado de Pernambuco –, num reconhecimento do valor e importância do Xangô na sociedade e cultura do povo pernambucano.

Esse terreiro é uma espécie de centro de referências da história religiosa do Recife, estando nele guardados valiosos símbolos da presença construtiva do homem africano.

Diz o costume que a primeira panela de Iemanjá deverá sair desse terreiro, abrindo assim o ciclo de festas dedicadas à dona do mar.

Em 1979, tive oportunidade de acompanhar uma panela que saiu do tradicional Xangô de Lídia, mãe-de-santo vinda da iniciação Nagô do Terreiro Obá Ogunté – popularmente chamado Sítio ou Terreiro do Pai Adão. Lídia, grande líder religiosa, infelizmente já falecida, coordenava do peji todos os momentos que antecediam a saída da *panela*. Grande cerimônia e ansiedade fortaleciam a espera da obrigação que culminaria na praia do Pina.

Cheguei ao terreiro e o toque já havia sido iniciado, e mesmo assim tive acesso ao peji, graças à intervenção de alguns amigos e à bondade da própria Lídia.

Lá, centralizando todas as atenções, estava a grande panela, pronta, para a qualquer momento ser conduzida em cortejo solene pela cidade. Todos sabiam que Iemanjá queria aquela oferta e aguardava que chegassem tantas coisas do seu agrado pessoal.

Do peji sentia-se o forte odor da matança, animais sacrificados para Iemanjá e dispostos segundo os preceitos nos assentos rituais do Orixá das águas. Certamente liturgias precederam a organização da panela, contando com obrigações endereçadas a Exu, Ogum e Orixalá.

Finalmente saiu o cortejo até o Pina, onde um barco esperava o povo do Xangô. Muitos carros seguiram a Brasília, que de mala aberta ostentava como um troféu aquela imensidão de flores que quase impossibilitava ver a panela propriamente dita.

Entram no barco os mais graduados na hierarquia do terreiro e cantando vão avisando Iemanjá que o momento de receber seu presente está chegando.

Tudo acontece. Volta o barco e a confraternização é geral. Todos festejam a obrigação cumprida e certamente começam a pensar no próximo ano, com a outra panela de Iemanjá.

Contudo, o abrangente e diverso culto às águas estende-se por outras cidades e regiões marcadas pelos rituais coletivos de obsequiar Iemanjá ou ora Iemanjá e Oxum, juntas, especialmente quando dos encontros do mar com o rio – água salgada e água doce. Ambas assumem visualidades de mulheres, morena ou loura, contudo, exibindo seios e quadris bem destacados, cabelos longos, ou ainda na figura de sereia, meio mulher, meio peixe. Ainda no imaginário tradicional dos terreiros de candomblé, as iás – mulheres ancestres – são vistas e interpretadas como pássaros, minhas mães passaros, *iamis oxorongás*, assumindo distinção de culto controlador da vida e da morte. Pode-se também buscar uma imagem de mulher negra, destacando-se biotipia própria, numa evidente revalorização estética e principalmente ideológica da figura da mulher negra, sintetizando, dessa maneira, um dos mais significativos mitos da criação na cosmogonia africana, no caso, pela vertente Ioruba, aí, sim, sempre presentes as águas maternas de Iemanjá.

Assim, cada forma devocional tenta traduzir um conteúdo de fé, de atividade profissional, como, no caso, os pecadores, os trabalhadores do porto, aqueles que comercializam produtos do mar – peixeiros, varinas nacionais, entre tantos outros.

Milho de Iaiá, milho da Vovó, presente de Inaiá, mãe Dandá, dandalunda, balaio, botar nas águas, dar um agrado à sereia, levar flor ao mar, entregar barquinho, *dar de comer às águas* são algumas das muitas maneiras de tratar e de traduzir os chamados *presentes*, sempre vinculados às trocas, aos cumprimentos de promessas, sendo verdadeiros rituais ex-votivos.

Mesmo nas festas urbanas no Rio de Janeiro, quando as práticas concentram-se nos objetos depositados nas areias da praia e alguns são depositados no mar, há uma comoção muito expressiva, coletivizada, em fé partilhada, própria das cidades, do turismo também voltado à religiosidade. É um misto de devoção, festa carnavalizada, moda, apelos aos sentimentos inerentes de magia, de relação para com o sagrado.

Os bilhetes, as jóias, hoje mais bijuterias, compunham os tradicionais balaios que, oferecidos em 2 de fevereiro, marcam e identificam a festa do Rio Vermelho, Salvador, Bahia. É a festa da Mãe-d'água. São centenas de balaios repletos de flores, contendo alguns fuxicos, como fala o povo do santo – quartinha, obi, alguma comida, parte de alguma matança –, além de perfumes, pó-de-arroz, fitas, espelhos, sabonete e, quem sabe, até cremes de beleza, xampu, pois a dinâmica das religiões convive com muitos dos seus aspectos tradicionais.

Nessa grande festa há sempre o balaio principal, chamado generosamente de *presente*. Este inicia o cortejo que segue pelo mar em saveiros, lanchas, canoas, iates, catamarãs, e muitos outros.

Tudo é depositado no mar, nas águas, como se fosse uma grande boca pronta para receber, interpretar e tratar cada pedido com um carinho todo especial, como se o anônimo ramo de flores tivesse uma marca, um distintivo do ofertante, revelando uma fatal intimidade com o orixá.

Além dos balaios são lançados ao mar alguns *porrões* de barro, também repletos de presentes, destacando-se bonecas cuidadosamente vestidas nas cores rituais de Iemanjá e de Oxum – verde, azul, amarelo e dourado.

Outra festa no mar, em Salvador, marcada por procissão, é a do Bom Jesus, no dia 1º de janeiro. Vale lembrar que *Olokum*, o senhor dos mares, foi também introduzido nos nossos costumes religiosos do candomblé, permanecendo, contudo, Iemanjá como a dona inconteste do mar.

Nesse culto eminentemente feminino, sensual e maternal, vê-se um componente masculino, certamente uma lembrança ancestre de Olokum, para os Ioruba, o dono dos mares.

O culto a Olokum permanece na memória dos terreiros, e é tocado numa relação com a África-matriz; contudo, é Iemanjá, nas suas concepções de maternidade-sexualidade, que é lembrada pelas águas que jorraram dos seus enormes seios após o incesto de Orungan, pelo ar e pelas alturas. Águas como fontes de vida, relacionando também Oxalá, Oxum, Oxumaré e tantos outros deuses promotores da fertilidade do homem e de tudo o que existe no mundo.

EBÓ PÓS-MODERNO

Pôr o feijão fradinho de molho por um dia, descascar feijão por feijão, passá-los na pedra – pilão de pedra formado por base, geralmente retangular, e mão-de-pilão ovalada –, para conseguir a textura ideal da massa que frita em azeite-de-dendê resulta no acarajé. Acarajés pequenos e tradicionais como manda o costume dos terreiros de candomblé Kêtu, Angola, Jeje ou de outra nação africana.

Os acarajés para o comércio de rua – bancas, vendas, tabuleiros, baianas de rua, baianas do acarajé – são, há algum tempo, a partir da década de 40, acarajés avantajados, verdadeiros superacarajés que viraram funcionalmente sanduíches recheados de salada ou verdura – cebola, tomate verde e vermelho e algum condimento – ou ainda vatapá, camarão defumado com ou sem pimenta e o molho Nagô.

O processo inicial da pedra passou para a máquina de moer ou o moinho manual, resultando ainda na massa para o acarajé; contudo, o liquidificador, a batedeira, o mixer entraram para valer na parafernália da cozinha e estão nos terreiros e nas casas das vendedeiras de rua, facilitando e muito a faina artesanal, característica da culinária afro-brasileira.

Os panelões de ferro ou de barro nos fogões amplos de alvenaria ou de taipa, ambos a lenha, geralmente protegidos por cobertas ou mesmo ao ar livre, vão dando lugar aos fogões a gás, elétrico e mesmo ao microondas, para facilitar o preparo de diferentes alimentos de uso cerimonial ou mesmo para o cardápio dos adeptos e visitantes dos terreiros.

Certos alimentos que consomem horas nos fogões ortodoxos dos terreiros são preparados em panelas de pressão ou com o uso de outros recursos para apressar o cozimento, garantindo também a qualidade do que será consumido pelo deus ou pelo homem.

Mesmo com modernismos, como situam os diretamente envolvidos nos muitos procedimentos artesanais dos terreiros, mantém-se nos rituais de oferecimento o emprego de utensílios de barro, madeira, entre outros materiais, que seguem um rigor ritualmente prescrito em tempo religioso e que, se transgredido, transgredirá a própria reação homem e santo – orixá, vodum, inquice, antepassado.

A crise econômica e a pressa urbana têm agido diretamente sobre os comportamentos do cotidiano dos terreiros e especialmente os comportamentos dirigidos pelos valores sagrados. Eles exercem controle moral e ético, que são altamente flexíveis e adaptáveis a uma não-ortodoxia. Certamente muitos e muitos terreiros mantêm precisamente etapas, procedimentos do artesanato gastronômico, incluindo-se instrumentos e tecnologias que expressam relações assentadas nos ideais de memória e principalmente de identidade étnica. Sou Nagô, sou Jeje, sou Angola – e assim se preservam dos modernismos facilmente aceitos por boa quantidade de terreiros. Uma espécie de orgulho étnico ou de nação tem campo na comida, na música, na dança, na roupa para manifestar conhecimento e respeito à tradição, entendida como fundamentação religiosa, como domínio do sagrado.

No anedotário popular, já corre o caso de um pai-de-santo que substituiu a galinha para um ebó por uma caixinha de caldo de galinha. Esse exemplo dá dimensão e apóia a mudança, que é defendida por muitos dirigentes de terreiros que costumam dizer: "Candomblé tem de evoluir com o mundo". Por exemplo, iaô que ficava confinada um mês pode fazer santo em um final de semana; equédi que ficava vinte e um dias para "confirmar" pode fazer obrigação de três dias.

O comércio crescente das "fábricas de ebós", terreiros de candomblé perfeitamente situados como pós-modernos, tem uma flexibilidade adaptativa muito maior do que os outros terreiros que se impõem como comunidades religiosas e de relações íntimas com diferentes segmentos sociais que compõem e fortalecem esses terreiros.

Além dos terreiros adaptados ao mundo urbano, outros, antigos ou recentes, têm um verdadeiro fascínio pelas retomadas nostálgicas ou de relações historicamente comprovadas com cidades, grupos, famílias africanas, destacando os Ioruba e os Fon. Aí transitam retomadas e sonhos de africanitude explícitos.

Os meios materiais e tecnológicos, sem dúvida, invadem os terreiros, transformam os rituais, há uma convivência evidente do terreiro com a sociedade complexa e total. O terreiro, uma lembrança da África ou mesmo a própria África representada em tradição e em histórias particulares se incluem nas muitas formas de sobrevivência. E cada terreiro realiza particularmente suas adaptações.

Convivem o modelo tradicional, ideologicamente comprometido com a vida religiosa e seus princípios de identidade, e o modelo moderno, diria melhor, pós-moderno. São verdadeiras essas relações, que de qualquer maneira se influenciam e se doam em motivos, críticas, modismos, motivações econômicas, buscas pelo prestígio social e político, pelo poder, entre muitas outras.

O termo "ebó" possui um significado para a ortodoxia e o processamento das liturgias afro-brasileiras e, ao mesmo tempo, com o mesmo significado, o termo "ebó" ganha uma amplitude popular e imediatista comum no povo do santo, como um oferecimento, geralmente em ruas, matas e em outros locais públicos, sendo um "trabalho" uma "coisa feita", mais popularmente ainda uma *macumba*. Relativizo o termo *macumba*, aqui empregado em conteúdo genérico, sem contudo aceitá-lo como designador ou mesmo autenticador das manifestações vindas dos terreiros. Assim, flui um pensamento por parte dos cultuadores dos santos e das demais pessoas não envolvidas com a ética e a moral dos terreiros, especialmente os de candomblé Xangô, embora a umbanda candombleizada também tenha incluído o ebó nos seus rituais religiosos.

Ebó-akoso – para os primeiros frutos; ebó-alafia – para a paz; ebó-opé – para o agradecimento, entre outras categorias distintas e caracterizadas por materiais, quantidades, formas de preparar e oferecer, dando conteúdos diferenciados a cada ato ritual e votivo e que faz conceitualmente o próprio ebó enquanto um oferecimento, uma relação entre o homem e o santo – orixá, vodum, inquice, antepassado.

Os ebós antigos, os novos ebós, ebós emergentes, transitam entre si em significados utilizados, expondo o conhecimento e o poder do pai ou mãe-de-santo. O poder é também auferido pela capacitação de fazer ebós, ebós funcionais e que atendam hoje ao homem pós-moderno.

Assim, numa convivência e mesmo conivência, os cultos religiosos, seus rigores, obrigações e principalmente o atendimento aos iniciados, visitantes e simpatizantes vão gerando, criando novos e adequados ebós à vida contemporânea – exemplos da ação e intervenção dos terreiros na sociedade, no cotidiano, no trabalho, nas relações amorosas, na sexualidade e noutros componentes instáveis e novos.

Novos são também os ebós que estão nas matas, nas águas, nos aparelhos eletroeletrônicos. Ebós que ganharam a cibernética e, assim, atuais, contemporâneos, acompanhantes da vida pós-moderna.

EXU
O AGENTE MERCURIAL DO CULTO

A divina imagem contemporânea do que representa Exu distancia-se muito do que possamos imaginar sobre esse incrível personagem, atuante e necessário na intimidade das práticas religiosas afro-brasileiras.

É Exu, sem dúvida, visto através de uma montagem do Diabo, intencionalmente vermelho, com chifres e tridente, pulsando em seu interior uma africanidade tão duvidosa como a ortodoxia do seu culto atual. Dos olhos de búzios e modelados em argila, verdadeiras esculturas assentadas em alguidares, onde regados de ervas e sangue assumem seu dinâmico papel religioso.

Esculpidos em madeira ou forjados em ferro batido, recebem votos e práticas similares, ocorrendo maior ou menor identidade aos modelos originais de Exu, o mensageiro, e não de Exu, o diabólico personagem, voraz em seu mercenarismo ritual. A crescente e marcante caracterização e aparecimento na iconografia religiosa afro-brasileira coloca Exu com todos os caracteres do Diabo dos católicos.

As imagens mais freqüentes, aquelas em gesso, produção industrializada, e pintadas de vermelho, são jogadas ao consumo comum das muitas lojas especializadas no comércio de objetos e utensílios necessários aos cultos ditos e tidos como afro-brasileiros, atendendo predominantemente à umbanda urbana.

Esse fenômeno de consumo torna-se cada vez maior, com distanciamento de uma memória comunal, responsável pela manutenção de uma identidade cultural e religiosa, ao entendermos que a ausência de um artesanato específico à produção dos implementos do culto ocorre na mesma intensidade de uma ausência de conhecimentos de uma ortodoxia fundamental à própria identidade cultural. Isso significa uma descaracterização da marca cultural, projetando com expressão e força no significado do mito em seu universo patronal. Assim, Exu, o mensageiro, não essencialmente mau ou essencialmente bom, desempenha seus papéis e funções no espaço destinado ao culto. Ao retomarmos qualquer colocação diante da dialética bem e mal num panorama mitológico afro-brasileiro, voltaremos a observar uma ausência original dos grandes fundamentos bem e mal como marcas específicas de uma ou outra divindade. Então, na real ausência do mal e do bem do discurso religioso, Exu é lançado como síntese de um pensamento social, voltado aos sentimentos mais humanos, proximidade e identidade com o próprio homem, sem, no entanto, colocá-lo num distanciamento do elenco místico.

A necessidade de Exu é vital. E isso é constatado em qualquer ato de cerimônia, quando inicialmente as atenções são voltadas ao mensageiro, ao Mercúrio afro-negro, com velocidade de vento e sagacidade de fera.

O axé, sua dinamicidade e latenticidade em todos os santos-deuses, só aciona seus mecanismos através da ação do Exu. Assim, possibilita ao agente mercurial do culto uma multiplicidade funcional e comprometimentos com o espaço sagrado, sendo leitor atento e conhecedor de todos os signos do axé. Numa realidade de ortodoxia dos cultos afro-negros no Brasil, algumas interessantes situações são constatadas na Casa das Minas, Culto Mina Jeje, São Luís, Maranhão, onde Exu ou Legba foi praticamente esquecido. Suas práticas não são mais lembradas na memória das dançantes e recebe apenas menções, sendo tabu, inclusive, pronunciar o seu nome. Creio que agora Exu está muito mais aproximado do Diabo dos católicos do que do elemento comunicador entre os deuses e os homens, em suas primordiais funções no espaço afro-negro.

Assim, as expectativas do seu culto se distanciam, ao mesmo tempo que os voduns vão desaparecendo na calada ausência de maior motivação comunal e memória religiosa, como ocorre na Casa das Minas.

Exu, o agente mercurial, voa com a velocidade da água depositada na quartinha e da farofa de dendê, que constituem basicamente seu padê essencial. Mesmo no sangue dos animais, nos preceitos de assentamentos ou alimentações cerimoniais, está Exu sendo impulsionado, animado pelas ofertas e situações votivas. No trabalho, exigência primordial ao funcionamento do dínamo do axé, Exu, aquele que gera o ciclo patronal dos orixás, estará acionando o próprio fundamento de tudo o que se possa entender de sagrado e significativo aos vínculos dos orixás e seus adeptos.

Particularizado na individualidade de cada orixá, Exu não se contrapõe ou contesta o signo da divindade; muito se infiltra nela, muito se situa na dualidade do bem – poder e do mal – ausência do poder, ou aquilo que ameaça o poder.

O controle do culto e a ação de axé indiscutivelmente estão assentados na imagem patronal, uterina e viril do Exu com seus falos à mostra, geralmente desproporcionais ao corpo, língua em caricatura, cara feia ou gaiata, envergando uma lança, tridente ou facão, que estão expostos na diversificada imaginária dos terreiros. Exu, nadando no dendê, aceso pelas velas, sendo incessantemente acordado pelo paô e a pimenta. Bebe da cachaça à água lustral. Seus pejis têm feitura nas porteiras ou nas entradas dos templos. Sua marca de guardião, cão de fila, atento e pronto a latir, avisando e alertando e, se preciso for, mordendo, protegendo, paternalmente protegendo.

É Exu o compadre, amigo íntimo do terreiro. Possui tantos nomes próprios quantos santuários, ampliando e diversificando sua própria imagem.

No vermelho e no fogo se assentam seus signos de trabalhador mágico e divino agente do axé.

Sem dúvida, na velocidade dos seus caminhos, incomensuráveis pelo espaço cronológico, ocorre e corre sua fluidez mercurial. Pé de asa, boca de fogo, dente de ponta, cornos e cheiro que marcam.

EXU
O SIGNO DA RESISTÊNCIA

Por excelência, é Exu a versão totalizadora do mal, enveredando pelos sentidos do bem duvidoso, pautado no mercantilismo do fazer.

Assim concebem e pensam os agentes dos cultos afro-brasileiros, diversificando na subjetividade ritualística aspectos peculiares, próprios da diversidade do culto e de crença religiosa. Exu, o mensageiro entre os deuses e os homens, é o atuante dínamo dos básicos elementos patronais dos orixás, sendo o único conhecedor da leitura dos códigos, mensagens e desígnios das ações e funções dos santos-deuses.

O signo da resistência marca a imagem mítica de Exu. É a submissão não aceita, é a projeção da busca pela liberdade do negro africano. É a presença descomprometida com a rigidez formal e imposição da colonização européia, implantando estereótipos culturais, sufocando e castrando a identidade negro-africana em seus elementos fundamentais de memória e patrimônio cultural.

É forte e contundente o papel desempenhado pelo personagem Exu. Ele é capaz de agir em todos os planos e níveis da concepção mágica, nos espaços e tempos, nos mundos dos deuses e dos homens.

Personagem – marca da contestadora forma de lutar e agir pelos impulsos originais –, Exu é a imagem modelar da liberdade religiosa, da não-padronização de costumes, posturas e atitudes, verdadeira resistência cultural. Guardião da identidade geral africana. Não sincretizado com nenhum santo católico, adquiriu maior mobilidade e descomprometimento com os comportamentos preconizados pela intencionalidade dos santos e santas que a Igreja derramou no Olimpo dos orixás, criando a fantástica união de valores estéticos e litúrgicos entre as forças da natureza em seus elementos mais significativos, com a concepção ocidental de padrões éticos, morais e religiosos.

É Exu a imagem modelar da liberdade religiosa, muito bem evidenciada pelo seu caráter de agilidade mítica e de presença pluralizada em todas as ações dos orixás. Sem dúvida, nos valores religiosos, estão assentados os grandes princípios da identidade do homem, naquilo que podemos considerar elemento primordial da existência, explicando e procurando uma localização no tempo e espaço e também buscando preservar uma memória individual, verdadeira síntese de uma memória comunal, entendendo nesse complexo sua identidade na intimização com seus deuses. Assim, assume Exu papel de personagem essencial à própria concepção de identidade.

O arquétipo da não-submissão, da coragem, da resistência tonifica o personagem, enveredando na leitura de um discurso heróico do protetor, libertador, contestador da dominação, verdadeira fidelidade à memória original.

Exu, o germe do quilombo cultural, é o que podemos interpretar como o incômodo, como aquela presença contestatória ao bem constituído pelo poder. O personagem Exu acumula sentidos bélicos e de fertilidade. Comum, sua marca na verticalidade contundente e força estão caracterizadas no ímpeto dos seus elementos essenciais, ou seja, a mobilidade mítica e a consciência de uma memória original.

Ao lermos esse personagem no tempo histórico, situando-o no espaço brasileiro, na multiplicidade de suas conotações regionais, ou particularizando-o nos redutos dos terreiros, detectaremos sempre a projeção da coragem, valentia e agressividade próprias daqueles que detêm uma carga dinâmica, atendendo à grande expectativa dos agentes praticantes dos cultos afro-brasileiros.

A manutenção de uma certa unidade nacional nas práticas religiosas dos terreiros deve-se, em boa parte, ao rigor cultural dedicado ao Exu ou conjunto de Exus, atuantes na subjetividade de cada templo. Muito além se estendem seus domínios observados nos momentos litúrgicos, vivificando seus valores nas posturas sociais dos praticantes em todo um complexo que possamos entender, dentro dos templos ou na vida cotidiana.

Invariavelmente, nas ruas, esquinas e estradas, domínios de Exu, o comunicador, e de Ogum, irmão mítico e senhor do ferro e da luta, as ofertas, em cumprimento aos preceitos, são endereçadas ao orixá protetor, defensor, controlador e acionador do próprio axé. Ogum muito se dilui e se projeta na figura de Exu, ocorrendo verdadeiras sínteses funcionais e patronais quando, na diversidade das práticas, encontramos Ogum Xoroquê, mistura de Exu e de Ogum.

Assim se interpenetram os valores e se completam as ações no plano do sagrado e do tabu.

A consciência fundamental do sagrado, objeto descrito pelas injunções do plano religioso e do plano social, dá a Exu a inegável marca do domínio, em ação constante a cada momento de invocação e contato com os orixás. Nessa salvaguarda dos pilares dos preceitos afro-negros no Brasil, Exu constitui-se na polarização de uma consciência sociorreligiosa. Importante observar que as comunidades dos terreiros não incorrem num isolacionismo social como forma de defesa; muito pelo contrário, há uma fluidez perfeita, em que os vínculos ditos profanos buscam uma identificação cada vez maior com os valores religiosos. Assim, o grande momento do fazer no espaço destinado, o terreiro, o peji, os implementos sagrados dos próprios assentos cerimoniais de Exu atuam num conjunto e num posicionamento de respeitável ortodoxia diante da dinamicidade das demais práticas. Uma resistência cerimonial acontece em função do respeito pelos códigos e fundamentos do terreiro e do elenco de divindades. Sempre marcado pela irreverência, coragem e ação em todos os planos da leitura mítica, Exu, Legba, Elebara, Bara, ou qualquer das demais designações que possui o mito, é indiscutivelmente o concentrado poder da defesa, fidelidade aos princípios de uma história comunal carregada de africanidade e de posicionamentos sociais.

O pólo cultural afro-negro que bem marca os terreiros subsiste da necessidade de preservar o divino – único e possível elo com o passado nostálgico das origens e da etnia. Assim, é a própria identidade que se mantém. É a maneira necessária de encontrar, na contactação mágica, o vínculo da continuidade, tentativa de assegurar a unidade sociorreligiosa dos grupos através do controle dos santos-deuses.

BAMBOGIRA
A MARCA DO PROIBIDO

A mística, mágica e mundana situação dos deuses afro-negros, em seus papéis patronais e sociais, tem sempre um posicionamento característico no apoiar e promover seus eleitos, diletos assistentes do culto.

Assim, muito se projeta o deus em seu enviado, e os deveres do humano se ampliam na concepção do seu deus patrono auxiliar. O aceitável diante do culto, o certo, preconização das regras preceituais, sempre colocam os deuses em posição maternal ou paternal. E o cumprimento dos deveres já esperados e cobrados, e, dessa maneira, a relação é estabelecida e mantida pelas renovações das obrigações do santo. No entanto, para todo esse vínculo perdurar no complexo do terreiro, os Exus têm a função básica de interpretar e acionar os mecanismos do axé, os mecanismos das liturgias específicas de cada divindade. A consciência da importância do Exu é evidente. Exu, aquele que faz quando ganha; Exu, aquele que é a medida do bem e do mal; Exu, aquele que joga e conhece os poderes dos deuses e dos homens.

Ao mesmo tempo ocupando a seriedade dos preceitos dos santos, todo um elenco de Exus exerce seus papéis, agindo à medida que são estimulados pelos agrados e votos rituais.

No entanto, o domínio do Exu e seu controle muito escapam da vontade dos dirigentes dos terreiros. Nem sempre o proibido e seus prolongamentos de ordem ritual e social constituem um espaço abrangente do seu domínio fundamental. A dinamização e atualidade renovadora do personagem Exu funcionam na aquisição de elementos e procedimentos vindos do *modus vivendi* das cidades ou dos campos. Sem dúvida, Exu terá sempre a carga atualizada da informação do grupo social em que atua e lega sua imagem mítica e de modelo. É um amplo processo de alimentação mútua, estimulante contato à ocupação do universo patronal dos deuses e suas identificações com os homens, chegando na maioria das vezes a uma identidade tão próxima e comprometida, resultando na indivisível leitura do mesmo objeto, ou seja, homem-orixá, no caso homem e seu Exu particular.

O malandro, a prostituta, o vendedor, o motorista, os liberais, enfim, todos aqueles que em seus procedimentos sociais têm marca identificadora bem aparente, em que são depositados motivos *folk*, contribuem para a imaginária dos Exus, legando elementos estéticos.

Outro importante aspecto que nos assegura a dinamicidade dos deuses afro-negros no universo do culto popular é a necessidade de sexualizar os deuses.

Inicialmente o Exu, como os demais deuses afro-negros, assume uma bissexualidade que se apresenta na própria concepção do mito e também em sua abrangência patronal. O Exu mulher, predominância dos aspectos femininos em um mito bissexual, leva a uma mudança de papéis e funções intimamente comprometidas com as funções originais do agente mercurial do culto. É então *Bambogira*, que a própria tradição oral se encarregou de chamar *Pombagira*, assumindo variantes em nomes, formas e cultos. *Bambogira* é a síntese social da mulher que, por excelência, se rebela contra os padrões e normas convencionais. É a impulsividade da comunicação outro aspecto marcante ao entendimento do mito Exu.

É Bambogira a mulher bacante, poderosa e sabedora da magia. Ora é uma espanhola, ora uma cigana, ora uma dançarina da Praça Mauá, ora uma mulher da zona de baixo meretrício, e por aí vão as especulações do personagem. O proibitivo, impossível aos padrões modelares da sociedade, não tem limites éticos e morais.

Assim, a construção do mito e sua expansão de ordem cultural não se prendem à ortodoxia dos afro-negros nem aos rigores preceituais e fudamentais dos terreiros. Muito de acordo com a impulsividade do crente e sua projeção em maior ou menor nível de liberdade religiosa que marcam a própria existência do personagem, quando o proibido passa a ser o permissível, por incorporar o novo modelo a partir da liberdade cultual, ocorre desvinculação do preceito rigor e da história dos deuses. Surgem a cada momento novas formas de representar visualmente o personagem Bambogira, adquirindo, na variedade da linguagem imagística, a incorporação dos valores contemporâneos da sociedade. Ora loura, ora morena, ora mulata, rarissimamente negra, são as expressões iconológicas de Bambogira; portando adereços de ordem comum, cetins em vermelho e preto, roupas de cigana e demais detalhamentos de indumentárias insinuantes e eróticas, quase sempre lembrando uma dançarina oriental com tônus latino. Cigarros, bebidas alcoólicas completam um aparato no contexto ritual, sendo a identificante forma de ler sua mensagem. A síntese do proibido, o culto ao não permissível, o apelo sexual, a erotização exacerbada do mito contribuem para uma popularização cada vez maior, fixando seus fundamentos religiosos na complexidade estrutural dos terreiros afro-brasileiros, numa ampla permissividade ao novo.

Na realidade, é Bambogira verdadeiro personagem de aceitação urbana, situando com especificidade toda a sociedade de consumo. É atual e contemporânea na própria evolução de sua aceitação. Em sua leitura a marginalidade empreende força social e religiosa. Sua duplicidade e cumplicidade com a ordem num estabelecimento formal do culto criam ao mesmo tempo seus próprios comprometimentos rituais.

É, na realidade, uma mística marginal que se normatiza na ocupação do seu universo de culto. Projeta-se nos padrões de uma nova ética e de um novo conjunto litúrgico.

IANSÃ
O VENTO E SEU ALFANJE DE FOGO

Valente, guerreira, sensual, senhora do tempo e das lutas, mulher de Xangô, aquela que amedronta os Eguns, aquela que compartilha da mesa de Exu.

É Iansã, popularizada, intimizada pelas identificações fundamentais da mulher simples, aquela da feira, do mercado, dos trabalhos mais ingênuos do fazer diário, ao mesmo tempo convivência com misterioso lado da figura erótica, mágica e terrível.

Regida pelo signo do vermelho, do cobre e do alfanje, é personagem lembrado e situado no furor das tempestades, regente dos raios, sabedor da vida e da morte. É um misto de macho e fêmea, de carinho e luta. Iansã deusa, orixá, Iabá do fogo e dos ventos. É aquela que espana com as mãos separando do ar o bem e o mal. Empunhando o eruexim, afugenta os mortos, purificando os caminhos para os deuses, santos-orixás.

Sua marca identificadora de mulher vibrante é significativo elemento de projeção social, relacionamento de um complexo de comportamentos das mulheres ditas e tidas como "quentes". E é também nas expressões mais descompromissadas de um vínculo religioso que a mulher-Iansã nos sambas de roda do mercado de Santa Bárbara, na Cidade Baixa, Salvador, Bahia, acontece a 4 de dezembro, onde corre a cerveja e um grande caruru público. Também nessa festa há procissão popular aos moldes das oficiais, em que desfilam em charolas os santos mais comuns e freqüentes da devoção local. Santa Bárbara, Santo Antônio, São Cosme e São Damião e São Lázaro visitam ruas e ladeiras próximas. No entanto, não somente na Bahia, mas de cunho nacional, ocorrem os votos e cultos populares endereçados a Santa Bárbara, ou, na versão mais imediata da fé, a Iansã, indivisíveis personagens de uma só ação patronal e ritual.

Bamburucema, Matamba, Iansã, Oyá são nomes que se multiplicam pelo fervorismo com que os cultos afro-negros se integram e se esfacelam nos espaços destinados ao religioso e ao profano de cada dia, de cada grupo social.

Essa santa guerreira de devoção tão evidente, principalmente das mulheres e homossexuais, pode também situar a liberação de atitudes geralmente reprimidas pelos próprios padrões culturais. Santa Bárbara–Iansã, unidas numa única leitura, também se apresentam como verdadeiras heroínas das lendas dos orixás, arquétipos da valentia projetada em todas as situações em que a cultura popular localiza com especificidade o ritual dos terreiros. Nesse espaço dedicado aos cultos afro-brasileiros, predominantemente nos candomblés, é que sentimos o vínculo, o fundamento original do orixá que, quando se apresenta nas danças cerimoniais, irrompe no salão com a velocidade do vento e a dignidade de rainha.

Iansã, mulher de Xangô, terceiro rei de Oyó, que juntamente com Oxum e Obá regiam as terras de Ioruba. Dada a precisa, incrível identidade de Xangô com Iansã, tornaram-se senhores dominadores do tempo meteorológico: quando do ronco da trovoada, coriscos e tempestades apresentam seu incrível poderio. Tão próximas e unidas são as imagens dos orixás Xangô e Iansã que, em muitos casos, interpenetram os mesmos campos patronais e os momentos do culto, fundindo-se em um só personagem mitológico.

Da fervura do dendê em que se deitam a massa de feijão fradinho e a cebola, cresce o acarajé, alimento característico de Iansã. Dessa fritura resultam os bolos que, depositados em gamelas, alimentarão, no peji, a fome do orixá, compreendendo também o sangue dos sacrifícios e as carnes e os miúdos devidamente repartidos e dispostos no rigor dos preceitos. A gamela acesa com os acarás ao som do *ilu* ou *aguerê* culmina com as aparições públicas dos iniciados tomados por Iansã, figura híbrida dos aspectos sensuais femininos e de valentia guerreira masculina. No fogo, signo da virilidade, bem evidencia o sentido fálico que marca e caracteriza o orixá. Nitidamente protetora das mulheres, Iansã, quando comanda seus iniciados homens, estes geralmente são vistos e tidos por homossexuais. Por excelência é Iansã uma quebra de padrões, modelos sociais, morais e outros. Seu cunho intempestivo e bravio contribui para uma mais ampla e forte fixação de um arquétipo irreverente. A dinâmica da leitura do orixá evolui e adapta-se com a fluidez dos próprios estratos sociais. A sua atualidade é marcante, a sua identificação com os heróis e heroínas se mescla na própria sabedoria popular. Incrivelmente pautado numa ortodoxia, resultante dos modelos afro-negros e interpretações de um catolicismo bem ao nosso modo, é que se torna cada vez mais contemporâneo seu papel de fácil e imediata aceitação nas muitas camadas da sociedade.

É Iansã a patrona do rio Níger ou Oyá, Nigéria, África, incorporando seus domínios mitológicos também às águas.

Esse orixá afro-negro bem coloca o universo cultural dos deuses humanos tão próximos das atitudes e ações comuns, com certeza; graças a isso é que a identidade e intimidade do culto a Iansã tem tanta força e continuidade garantida.

XANGÔ
MITO E ORIXÁ-HERÓI

Ele ri quando vai à casa de Oxum
Ele fica bastante tempo em casa de Oyá
Ele usa um grande pano vermelho.
Elefante que anda com dignidade.
Meu senhor, que cozinha o inhame
com o ar que escapa de suas narinas.
Meu senhor, que mata seis pessoas com
uma só pedra do raio.
Se franze o nariz, o mentiroso tem
medo e foge.
(Trecho de oriki)

QUEM É XANGÔ?

Oranyan, fundador de Oyó (Old Oyo), teria tido como sucessor um dos seus filhos, chamado Xangô. Este último era tão fogoso que, quando falava, lhe saíam chamas pela boca e fumo pelas narinas. Tendo tentado atrair e dominar os raios por processos mágicos, acabou por consegui-lo, para infelicidade da sua casa, e acabou por se enforcar. Xangô, que se tornou deus dos raios, é ainda hoje venerado em toda a Costa do Benin.[1]

---
1 KI-ZERBO, Joseph. *Histoire de l'Afrique Noire*, Paris, Hatier, 1972, p. 27.

Antes de Xangô, na mitologia Ioruba, Oranfé ou Aranfé, deus celeste dono do raio e ligado às origens da criação do mundo, foi incumbido por Oduduá de tomar conta de alguns fenômenos meteorológicos.

A tradicional lenda Ioruba recolhida por Ellis (século XIX) diz da genealogia dos orixás a partir do incesto de Orungã – o ar e as alturas – espaço mimético ao de Xangô, com sua mãe Iemanjá – as águas –, o que resultou numa gravidez de deuses, paridos num jorrar de águas, cujo primeiro nascimento foi de Exu. Ainda nessa lenda, Xangô é também filho desse casal de mitos fundadores.

Outras fontes, de referenciação histórica, atribuem a origem de Xangô à união de Oranyan com Torossi – filha de Elempe, rei dos Tapa. Isso fez com que Xangô vivesse primeiro em Kosô, no reino de Tapa, seguindo mais tarde para Oyó, estabelecendo-se num bairro que recebeu o nome de Kosô, daí um dos títulos de Xangô: *Obá Kossô*.

> Característica dos países Ioruba é a organização em base municipal, com cidades que a partir da época pré-colonial atingiram várias centenas de milhares de habitantes. Um reino Ioruba é, portanto, uma espécie de federação de cidades. À cabeça do reino de Oyó, por exemplo, estava o Alafim (rei). Era chamado companheiro dos deuses, mas a duração do seu reinado parece ter sido inicialmente limitada a quatorze anos.[2]

Segundo uma pesquisa do Institut Français d'Afrique Noir (Dacar), os 37 primeiros Alafins de Oyó foram os seguintes, compreendendo desde a fundação de Oyó até 1850:

---

2 CARNEIRO, Edison. "Xangô", in: *Novos estudos afro-brasileiros*, Rio de Janeiro, Civilização Brasileira, 1937, p. 212.

1. Oduduwa
2. Oranyan
3. Ajaká (1ª vez)
4. Xangô
5. Ajaká (2ª vez)
6. Aganju
7. Kori
8. Oluaxo
9. Onigbogi
10. Ofiran
11. Egunoja
12. Orompoto
13. Ajiboyede
14. Abipa
15. Obalokun
16. Ajagbo
17. Odaraw
18. Kara
19. Jayin
20. Ayibi
21. Osiyniago
22. Ojigi
23. Gberu
24. Amuniwaiye
25. Onisile
26. Labisi
27. Awonbioju
28. Agboluaje
29. Majeogbe
30. Abiodun
31. Aolé
32. Adébo
33. Maku
34. Majotu
35. Amodo
36. Oluew
37. Atiba

O poder do quarto Alafim se fez com o apoio de um conselho de doze Magbás – Obás, sendo seis à direita e seis à esquerda, todos descendentes de Alafins.

Os ministros da direita:
    Obá Abiodun
    Onikoyi – rei de Ikoyi
    Aresá – rei de Iresá
    Onanxokun
    Obatela
    Olugbon – rei de Ogbon
Os ministros da esquerda:
    Arè ou Arè Onankakanfo
    Otun Onikoyi – braço direito de Xangô e segunda pessoa

Otun Onanxokun
Oji Onikoyi – braço esquerdo de Xangô
Eko
Kankafo – general de armada, chefe das tropas

Chega Xangô ao poder após destronar seu irmão Ajaká, que se refugiou em Igboho por sete anos, período em que Xangô ocupou o cargo de Alafim de Oyó. Após Xangô, Ajaká retoma o poder, voltando ao seu cargo original.

Enquanto orixá, Xangô domina o fogo, o vento, o raio, o trovão, a justiça, sendo também um símbolo viril e da potência masculina. Essas características são as mesmas em área Ioruba na África e no território brasileiro.

Xangô na visualidade africana e de projeção afro-brasileira

Pantera

É um animal real por excelência. A pantera representa o rei. Exemplificando: para os Fon do Benin, um ancestral fundador de um clã real – Agasu – é uma pantera, como também Xangô é uma pantera.

Elefante

O elefante precede a pantera nas representações dos primeiros alafins de Oyó. O elefante é o rei depois da morte. É a metamorfose do rei para o animal.

O pilão, por exemplo, é a encarnação do elefante – é o objeto que significa o elefante.

As presas do elefante, segundo Pierre Verger, estão nos altares de Obatalá em Ifé e de Xangô em Oyó.

Cavalo

Nesta área geográfica – Costa do Benin, África Ocidental – o cavalo é um animal raro, diferente da ocorrência da pantera e do elefante.

O Alafim montado a cavalo é figura que reflete mando e poder. Xangô é também representado como um Alafim-cavaleiro.

Burro

Só representa o décimo primeiro Alafim – Ofiram.

Segundo Pierre Verger, nos orikis – textos sagrados específicos de cada orixá –, no caso do de Xangô, os animais totêmicos aparecem com a seguinte freqüência:
pantera – 24 vezes
elefante – 7 vezes
cavalo – 2 vezes
burro – 1 vez

Número

Segundo informa Rascoe, Xangô possui doze ministros – seis à direita e seis à esquerda. O número 12 está associado ao poder real, conforme ocorre em outras regiões da África. Os reis de Gana possuem doze chefes; nos funerais dos reis do Congo, doze virgens vivas eram acompanhantes dos funerais – o número 12 equivale ao equilíbrio de Xangô, também um orixá da justiça.

O cobre

É o metal consagrado a Xangô. O rei habita um palácio de cobre sobre um milhão de nuvens – diz a tradição oral.

O cobre aparece no *adê* – coroa-capacete com franjas de contas que cobre o rosto do rei. Também aparece no *okinki* – longa trompa que anuncia o rei ou, no caso afro-brasileiro, com o *xerê* – chocalho também de cobre usado para chamar o orixá, lembrando mimeticamente o som das chuvas e das trovoadas. Na África, o xerê é uma cabaça (cabaceiro-amargoso) de cabo alongado, ou ainda recoberta de couro e com detalhes em metal.

Iruqueré

Cauda de vaca branca – representa a barba do rei. A peça é um tipo de espanador, portado na mão direita.

Batá

É um instrumento membranofone dedicado a Xangô. O batá é formado por uma caixa de ressonância em madeira, encouramento du-plo retesado por cordas. Próximo às bocas do instrumento estão guizos em latão e cobre. A percussão é obtida com o uso de baquetas de madeira.

Sandálias

Feitas de pele de pantera.

Édum ará

É a pedra do raio – nítida referência aos machados neolíticos. No caso afro-brasileiro é o *otá* de Xangô, continuando a ser a pedra do raio, geralmente alongada.

Na origem, o édum ará foi a base formal para o *oxê* – machado de Xangô.

Odô

Pilão de Xangô. Peça geralmente entalhada, retratando cenas da vida de Xangô – nos planos de Alafim e de orixá, juntamente com as suas três mulheres: Obá, Oyá e Oxum, aparecendo também Exu e Ogum.

Aké

Machado de Xangô, outra versão do *oxê*.

Idé

Corrente, elos, círculos, tipo de pulseira feita de cobre, que representa o orixá e sua vinculação com o iniciado.

Oxê

Machado que é formado por *gume duplo*, *asa dupla*, tradicionalmente feito em madeira, sendo alguns antropomórficos; outros são feitos em folha-de-flandres, cobre, latão dourado, bronze e até *metalóide*. Esse símbolo é também chamado de *ferramenta de Xangô*, *arma de Xangô*, *adamaché* e *machado da justiça*.

Ajeré

Panela de barro que contém o *acará* – mechas de algodão embebidas em dendê que, acesas, lembram o fogo de Xangô.

Durante as festas do orixá, os acarás são comidos pelos orixás, principalmente Oyá, sendo essa uma prova de força e poder da mulher de Xangô.

Tonibobé e alujá

Polirritmos executados pelos batás, atabaques, agogô e xeré que invocam o orixá, sendo base musical para as danças vigorosas e rápidas executadas por Xangô. Em determinado momento da dança, o gestual lembra o jogar dos édum ará sobre a terra, riscando o céu com os coriscos, como se retirassem as pedras do *labá* (bolsa).

Labá

Bolsa de couro com gravações a fogo e enfeites em franjas, búzios, latão e cobre.
Serve para conduzir os oxês, xeré, édum ará e outros objetos peculiares a Xangô.
Quem porta o *labá* é a *alabá* – mulher que tem cargo hierárquico no caso de Xangô.

Adê Bayne

É a coroa de Xangô, identificando o rei que virou o orixá de todos os Alafins depois de Ajaká.
É também chamada de *coroa de Dadá*. Essa coroa está presente nos rituais do Candomblé Axé Omin Yamassê – Gantois, com a festa de Dadá, lembrando a tomada do poder por Xangô do seu irmão Ajaká. Por isso, a coroa é também chamada de *Dadá Ajaká*.

Cor

Vermelho é a cor básica de Xangô. Está nas roupas, na pintura dos oxês, gamelas, nos ilekês – fios-de-contas, e também nos instrumentos musicais.
O vermelho é o fogo e o sangue, significando purificação e fertilidade.

Também reflete o aspecto sexualizado de Xangô, o que é louvado nas tradições orais que falam das qualidades de marido insaciável.

Agutã – Carneiro

É animal votivo de Xangô e de oferecimento como matança do orixá.

A chifrada do agutã é mimese da velocidade com que Xangô arremessa os oxês e o édum ará.

Também as formas dos chifres do agutã orientaram e determinaram o desenho do oxê.

Ajapá – Cágado

É animal votivo de Xangô e de oferecimento como matança do orixá. Representa o ajapá, o juízo e a calma com que os julgamentos devem acontecer, em contraste com a velocidade e o ímpeto do agutã.

Comida

A raiz do inhame é símbolo de diferentes clãs na Costa do Benin. É alimento básico de Oduduá e Xangô. E está presente na composição do amalá, que é pirão de inhame coberto por quiabos cozidos.

Gamela

Convencionalmente de dois tipos: redonda para as comidas, no caso o *amalá*, e ovalada para os assentamentos. São feitas sempre de madeira, de preferência gameleira (*ficus doliaria*) e jaqueira (*artocarpus integra*).

Xangô: o popular deus africano no Brasil

Os africanos de Oyó foram certamente vendidos como escravos para o Brasil depois da tomada da antiga capital do reino Ioruba pelos *fulani* no final do século XVIII. A guerra muçulmana – expansão religiosa do Islã – continuou até as três primeiras décadas do século XIX.[3]

Xangô espraiou-se pelo país, notadamente na região Nordeste, nominando inclusive um modelo ritual religioso que compreende os estados de Sergipe, Alagoas e Pernambuco. É quase sempre o patrono em Alagoas e Pernambuco. Nos candomblés baianos é quase sempre o patrono das roças ou a ele são consagrados monumentos especiais, como o que aparece no barracão do terreiro Axé Ilé Nassô – Casa Branca. Aí o ixé, mastro ou coluna central – espécie de umbigo da casa –, é encimado por coroa monumental em madeira, de onde se vêem alguns oxês e damatás de Oxóssi, além de outros símbolos referentes aos orixás da nação Kêtu.

Xangô é o orixá mais popular da Bahia. Para isso, aliás, concorreu grandemente o fato de a desorganização do tráfico ter localizado aqui grande número de nagôs (iorubas) e jejes, nações que o cultuavam e que dominam numericamente a massa da população negra.[4]

Xangô ainda representa a síntese da liberdade, altivez e realeza dos dignitários africanos, além de dominar e controlar as forças da natureza.

Para o homem africano em condição escrava, Xangô encarnou o ideal e desejo de liberdade, juntamente com Exu e Ogum.

Xangô vive mesclado à vida de milhares de negros e mestiços, mesmo de brancos. As suas estrepolias divinas na África e no Brasil,

---

3 KI-ZERBO, Joseph. Op. cit., p. 98.
4 MORTON, Williams. *The Oyo Yoruba and the Atlantic Slave Trade – 1670-1830*, Londres, 1961, p. 34.

ora rei destronado de Oyó, capital de Ioruba, ora soltando labaredas pela boca, perseguindo Oyá, ora semeando a morte e a devastação, ora sumindo-se terra adentro, ora desencadeando terremotos ou produzindo descargas elétricas, andam na boca de todos, quase sempre adulteradas pela fantasia fácil dos negros, dando-lhes maior dramaticidade.[5]

Ainda o culto particular a Xangô é fortalecido na Sociedade dos Obás – ministros de Xangô – instalada no terreiro baiano do Axé Opô Afonjá.

Essa tradição religiosa foi trazida da África para a Bahia pela ialorixá Aninha (Eugênia Ana dos Santos) em 1937, que possuía o título de *Obá Bii*, filha de Xangô Ogodô, sendo mais tarde consagrada a Xangô Afonjá em novos rituais presididos por *Bamboxê Obiticô* (Rodolfo Martins de Andrade), Tia Teófila e Tio Joaquim Vieira.

No Axé Opô Afonjá, os 12 obás são representados por 36 homens, sendo 12 titulares e 24 acólitos substitutos.

A hierarquia da Sociedade dos Obás na Bahia fixou-se com os seguintes cargos:

Ossi Obá – à esquerda de Xangô:

   Onansocum

   Aresá

   Elrin

   Olugbom

   Oni Coi

   Xoruia

Otum Obá – à direita de Xangô:

   Abiodum

   Aré

   Arolu

   Telá

---

5 CARNEIRO, Edison. Op. cit., p. 37.

Odofim
Cancanfô

OXÊ: ICONOGRAFIA/SIGNIFICADO

Dualismo
Equilíbrio
Símbolo da justiça

Bem   Mal

Poder de Alafim   Poder de orixá
Poder temporal   Poder religioso

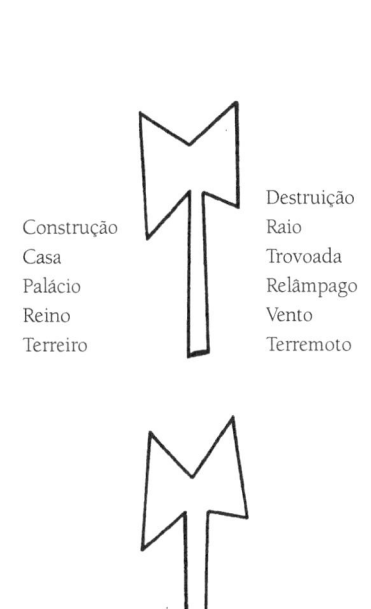

Construção   Destruição
Casa   Raio
Palácio   Trovoada
Reino   Relâmpago
                  Vento
Terreiro   Terremoto

Vermelho   Branco
Sangue   Aiê
Esun   Efum

Paz   Guerra

Ossi Obá   Ofum Obá
Seis obás   Seis obás

Símbolo do poder africano
Logomarca da liberdade do homem africano

Símbolo geral de um imaginário africano no Brasil

Proposta de classificação tipológica dos oxês

A. Antropomórficos
B. Simples
  B.1 – Quanto à sustentação:
    B.1.1 – de base

    B.1.2 – de cabo

B.2 – Quanto ao tipo de lâmina:
    B.2.1 – lâminas convencionais

    B.2.2 – lâminas longas

    B.2.3 – lâminas em formato de chifres de carneiro

    B.2.4 – lâminas de base horizontal

    B.2.5 – lâminas curvas

AOBOBOI DÃ

> *Se a cobra morder,*
> *Não estando encantada,*
> *Então remédio nenhum*
> *Se espera do encantador,*
> *Por mais hábil que seja.*
> (Eclesiastes, Cap. 10, v. 11)

A SERPENTE AFRICANA NA CONCEPÇÃO FON

A serpente sagrada, em especial dos Fon, como também nos rituais religiosos afro-americanos e caribenhos, não assume caráter demoníaco.

A serpente poderá, sim, emblematicamente, marcar um significado defensivo do homem africano no seu continente e o amplo processo da diáspora.

A serpente é a mobilidade, um ser fálico, fertilizador, atuante e transformador na natureza.

A serpente é também o arco-íris e os rios, num desenho que o próprio curso das águas fará nos campos, sendo a própria Dã, Oxumaré, entre outros nomes.

Dã é o pênis do homem, o esperma é a água de Dã;
Dã é o cordão umbilical.[1]

A criação do mundo, segundo a mitologia Fon, enfatiza o caráter propício da serpente, Dã, enquanto um ser integrado ao casal fundador Mawu-Lissa.

São esses os principais elementos da cosmogonia dos Fon. Das obras grandiosas, a ordenação do mundo natural e a do mundo dos homens. A das pessoas e a divindade dual Mawu-Lissa têm funções especiais no processo.

A tarefa primeira é principalmente a obra de Mawu, o fecundador, ajudado por Dã; a segunda é de Lissa, força e fogo, ajudado por Gu.

Mas como se assegura a conservação do mundo? Aí aparecem os outros voduns, os filhos de Mawu-Lissa, governando cada um seu próprio domínio.[2]

Amplo imaginário religioso remete à serpente e esta ganha novas e criativas interpretações quando integrada ao mundo afro-americano, notadamente no Brasil e no Haiti, em Cuba, na Venezuela e outros lugares.

A SERPENTE NO BRASIL

As diferentes tradições religiosas afro-brasileiras – candomblé, xangô, mina, batuque, umbanda – têm nos cultos à serpente compreensões míticas, ecológicas, estéticas, sociais e eminentemente litúrgicas. O condicionamento cristão sobre a serpente é visão exógena a essas tradições que se estabelecem em postulados éticos e morais próprios, peculiares aos padrões etnoculturais.

---
1 MERCIER, P. *Mundos africanos: estudios sobre las ideas cosmológicas y los valores sociales de algunos pueblos de África*, México, Fondo de Cultura Económica, 1975, 328 pp.
2 MERCIER, P. Op. cit., p. 64.

A androgenia é uma característica geral dos deuses-serpentes nesse mundo religioso afro-brasileiro. Diz a tradição oral que Oxumaré é uma serpente que é seis meses macho e seis meses fêmea. Dá ainda um caráter de autocomplementação, de autofecundação, uma bissexualidade geradora e de continuidade àquele que é o símbolo da mobilidade, das representações dos momentos do dia – a serpente branca; da tarde – a serpente vermelha; e da noite – a serpente preta.

Sabe-se, geralmente, que entre os vários povos de raça negra introduzidos no Brasil – nas províncias de Minas, Bahia, Pernambuco e Maranhão –, aparecem os Minas: Minas achantis, Minas nagôs, Minas cavalos, Minas santés, Minas mahys que Nina Rodrigues quer que sejam os Jejes mahys. Com a denominação de Mina-Jeje (ou Ewe ou Eoué, da grafia inglesa e francesa, respectivamente) só no Maranhão me apareceram eles.[3]

Certamente há uma fixação de tradições religiosas fundadas nos voduns – representantes muitas vezes zoomorfizados enquanto serpentes – no Recôncavo da Bahia e no Maranhão, especialmente São Luís.

Genericamente conhecidos por Minas e Jeje – designações dos colonos e dos Iorubas para os Fon –, ainda se incluem Achanti e outros grupos.

A família dos voduns do Maranhão reunidos sob a designação geral de Dambira é certamente alusiva a Dã dos Fon. Na Casa das Minas em São Luís pertencem a essa família *Aboju, Acoss, Alôgue, Arrôeêju, Azile, Atone, Bogolo, Boçucó, Bôrôtoi, Lepon, Póli-Boji, Doçalabê, Euá.*[4]

No vodum do Maranhão, ressalta-se um valor mantenedor dos rituais originários dos Fon do Benin; contados, os diferentes meios

---
3 NUNES PEREIRA. *A Casa das Minas*, Petrópolis, Vozes, 1979, p. 24.
4 NUNES PEREIRA. Op. cit., p. 88.

de incursão das serpentes em rituais emergentes fazem um estilo afro-brasileiro de ver, entender e cultuar a serpente sagrada.

A nacionalização da Dã africana se dá no contato e exuberância de espécies brasileiras de serpentes. Há um conteúdo ecológico e nativo evidente. Há também uma ampliação e também apropriação simbólica da serpente original, da fonte de fertilidade, da vida, segundo o ideário mitológico dos Fon e dos Ioruba. Essa apropriação é visível nos candomblés de caboclos, insistentemente brasileiros, embora de ética africana, melhor ainda, afro-brasileira. A umbanda com os seus caboclos têm relacionamentos funcionais com serpentes, entre outras divindades.

Em área amazônica ocorrem, segundo algumas tradições populares, descendências de indivíduos que vêm de serpentes das florestas.

Além de tudo isso, transita um conteúdo bíblico sobre a serpente e que é acrescido, transformado e recriado conforme as diferentes fontes etnoculturais, especialmente de civilizações indígenas e africanas.

Na Bahia, são também seguidos em terreiros de candomblé da Nação Jeje os princípios dos voduns, contudo, com características próprias e em muitos casos com identificações com o vodum do Maranhão. No Rio de Janeiro, Pernambuco, Alagoas, Sergipe, Rio Grande do Sul, São Paulo, permanecem terreiros e filiações do Jeje em variados estilos regionais e principalmente com acréscimos de outros modelos etnoculturais como o Nagô, por exemplo, resultando no Nagô-Vodum, ao qual seguem muitos terreiros da Bahia.

Nos terreiros ao som do *bravum* acontecem as danças da serpente; como tal, apresenta-se em plástica lânguida e sinuosa ou em saltos combinados com certo erotismo próprio do orixá e/ou do vodum que está expondo suas características perante os homens e os outros deuses.

A LITURGIA DA DANÇA

A CONSTRUÇÃO DA DANÇA

As danças são formas expressivas de manifestar vivências e situações de indivíduos, de grupos, de coletividades. As danças têm, fundamentalmente, correlações com festas, ciclos, festivais agrários, devoções religiosas, compondo ainda diferentes rituais reveladores de poder, sexualidade, economia, papéis sociais de homens, mulheres, crianças, jovens e velhos, entre outros.

Sem dúvida, há um sentido de socialização no ato de dançar. Há desejo manifesto de dar a cada gesto um significado, traduzindo vocações de pessoas e expressões de personagens. Há também em âmbito religioso, no caso específico das tradições afro-brasileiras, uma fusão de linguagens entre roupas, acessórios, com o teatro. O que ocorre publicamente nos terreiros de candomblé, xangô, mina, batuque são danças que cumprem enredos, histórias, acontecimentos míticos, relatos sagrados, quase sempre impregnados de moral, de ética, de hierarquia e também de fé religiosa.

O deus, o herói, o animal ancestre, uma força da natureza em especial encarnam ou são mimeticamente reelaborados nas intenções dos gestos, dos olhares, do uso do corpo, da realização dos passos – bases coreográficas – intencionalmente organizados em busca de respostas, quase sempre unindo ludicidade ao prazer, gozo estético que não se isola do que é mágico e profundo nas sutilezas interditas, somente compreendidas pelos intérpretes vivenciais da própria dança. Também a dança é dirigida para um foco – seja divino, seja aliado ao mando social, seja à procura de uma relação, de uma conversa que se dá coreograficamente interdançarinos ou entre os que dançam com os que assistem.

O papel de quem dança é marcado pelo momento ritual, não sendo necessariamente obrigatórias aptidões para dançar ou bem dançar, segundo os padrões de uma estética peculiar dos terreiros. O valor qualitativo do bem dançar é um conceito circunstancial ou de formação sistemática na iniciação. Amplia-se o conceito da dança sem a perspectiva do espetáculo. Dançar, falar, cantar, gestualizar são ações integradas e integradoras do homem no seu grupo, do homem ao seu sistema mágico-ritual, do homem consigo mesmo na aquisição plena do seu papel social no mundo do sagrado. O ato de dançar é muitas vezes indissociável dos demais atos do cotidiano ou outros aliados dos afazeres profissionais. Há verdadeiros repertórios vivenciais associados às coreografias. O corpo e suas possibilidades expressivas, sem dúvida, ampliam o conceito de dança para os terreiros.

As danças apóiam os indivíduos nas suas atividades básicas. Contribuem também para representar, sintetizar momentos de trabalhos como do plantio, da colheita, da pesca, da caça, das preparações para lutas, guerras ou ainda com procedimentos imitativos de animais, de seres fantásticos nascentes nas mitologias. Assim, as danças são momentos integradores e tradutores de fatos culturais marcantes na vida dos grupos sociais.

No âmbito específico das danças litúrgicas dos terreiros de candomblé, ou de xangô, das Casas Mina-Jeje e Mina-Nagô, há ênfase nos momentos das festas, ressaltando-se também momentos internos e privados que não se isolam do complexo aparato ético que individualiza e normatiza a própria manifestação religiosa. A dança não se isola das demais formas expressivas e comunicativas das muitas situações rituais religiosas. Fazer dança não é um momento especial ou mesmo excepcional no conjunto da vida do terreiro. A dança é relacional, socializadora e estabelecedora de vínculos que encarnam a hierarquia, o deus, o antepassado, o herói e também o próprio indivíduo que se expõe com maior ou menor habilidade ou mesmo refletindo suas condições sociais, sexuais, morais – limites e padrões que decisivamente atuam e compõem os meios propagadores da própria dança.

Convencionalmente, o espaço social da dança para os deuses, ou mesmo aquelas realizadas pelos próprios deuses ou ainda as de inspiração religiosa, concentra-se em papel e tarefa feminina. A mulher ocupou tradicionalmente a dança dos terreiros, como o homem ocupou a música instrumental, algumas tecnologias artesanais. Na definição de ações e habilidades sexualmente prescritas pelos costumes vigentes nos terreiros, passou a dança a ser prerrogativa, mas não exclusiva da mulher. Dançar para os deuses é um ato de fêmea, de mulher e que a qualquer momento poderá ser *possuída* – *montada* pelo seu deus tutelar e com isso não ser mais ela – ser o deus. Dessa forma se comporta, age, estabelece novas relações para com os que assistem, dançam, tocam os instrumentos e também com os outros deuses presentes e assim com toda a comunidade.

A mulher, ao ser montada como cavalo do santo, assume situação de submissão, de posse quase sexualizada e de dominação – independe de quem montar, santo ou santa. Assim, um dos comportamentos esperados para a chegada do deus-tutelar se fará pela imediata mudança comportamental, novas atitudes, expressões faciais, entre outros. Nesse momento, auxiliares dos rituais como as *equédis* ou iniciadas mais antigas recompõem a mulher montada e lhe arranjam *oujás*, panos-da-Costa, retiram os calçados, jóias e outros acessórios que possam intervir no estado de santo, construindo assim nova estética peculiar ao estado de santo.

A passagem da pessoa para o personagem é clara e definitiva na ação ocupadora do corpo, dos sentidos, da personalidade mudada pelo caráter do deus, pelas vontades e desígnios desse mesmo deus.

Para chegar ao estado de santo, como é comum chamar a pessoa tomada pelo seu deus, seu orixá, seu vodum, seu inquice, há necessidade de um processo iniciático que possibilitará a inclusão da noviça em condição de abiã para em seguida ser iaô – passando da vida comum à vida de *feita* – de iniciada e, assim, corporificada à sociedade do terreiro.

Essa passagem, esse novo momento perenizado pelas injunções da própria iniciação possibilitará ao santo chegar e estabelecer comunicação principalmente pela dança. A dança do santo é atestadora do papel e função do próprio santo.

As danças são também distinguíveis por etno-estilos próprios das nações. Cada nação terá repertório coreográfico e teatral próprio. Exemplarmente, situo a Nação Kêtu com o xirê, ou seja, o conjunto de cânticos, toques e danças obrigatórias que são iniciadas com Exu e concluídas com Oxalá. Nessa seqüência, destacam-se algumas intervenções vindas dos próprios orixás que, chegando aos seus iaôs, fazem ocorrer novas situações, inclusive de músicas e danças, que serão incluídas conforme o orixá. Ocorrendo a chegada do orixá, realizam-se danças teatralizadas a que se dá o nome de orô. São coreografias exclusivas do santo, quando justamente ele mostrará suas características como de caçador, de guerreiro, de rei, entre outros. São geralmente danças descritivas que seguem rigorosos princípios coreográficos.

Nos terreiros, música vocal, música instrumental e dança são manifestações rigorosamente compreendidas em modelos que se repetem e, assim, notabilizam nações e deuses. O termo coreografia, neste texto, atinge dimensão especialíssima, significando um complexo predeterminado de atitudes, gestos, passos, olhares, volteios de cabeça e posturas corporais.

O aleatório, o improviso não compõem a dança, a música e outras formas expressivas dos terreiros. Os saberes têm na repetição e na realização ritualizada princípios imemoriais, que revelam identidades e transmissões iniciáticas.

O santo será permanentemente testado pela aptidão e desenvoltura da dança, pois dançar bem é uma comprovação da iniciação adequada e manifesta ainda o prazer do próprio santo em participar dos rituais.

O guia sonoro é a polirritmia dos atabaques, agogô ou gã – toques –, ocorrendo também o adjá – instrumento, tipo de sineta, marca do poder religioso do terreiro.

Assim, os meios condutores das danças vêm dos atabaques, do adjá, dos cânticos e também, em casos especiais, da vontade própria do orixá. Neste último caso, podem-se exemplificar situações públicas no barracão em que o santo, no caso o vodum, determina as danças que quer dançar. No caso da Nação Jeje, os voduns têm maior iniciativa, inclusive dançando de olhos abertos, o que vem a ser uma importante característica para a compreensão da dança como seqüência comportamental segundo modelos e morfologias corporais.

O vodum também pode falar e agir sem aquela obrigação acólita de um iniciado mais velho ou do dirigente com o uso do adjá "puxar" a dança, ou especificamente "puxar" o santo, que invariavelmente é conduzido de uma maneira condicionada por aquele que orienta a dança e dessa maneira os comportamentos gerais no barracão.

Uma ordem hierárquica é observada na dança: primeiro os iniciados mais antigos – ou, como chamam, os santos mais velhos – qualificados pelo tempo de feitura, expondo valor que é respeitado pela ética do candomblé como nos demais sistemas religiosos afro-brasileiros. A quantidade de danças será definida pelo tipo de festa, pelo desejo do orixá de dançar muito ou não. Há também uma vontade expressa pelo número de danças e como estas deverão ocorrer, tomando como roteiro os toques e as cantigas que por sua vez obedecem a um número ritual de três, sete ou mais, conforme a orientação específica daquele xirê ou orô. A ordem mítica é a ordem de todo processo ritual religioso do candomblé, garantindo basicamente unidade e correspondência de tudo o que acontece em espaço sagrado. Cor, textura, cheiro, gesto, som, imagem isolam-se de determinados princípios vitais ao culto dos orixás, voduns e inquices. Essa ordem está no controle e poder dos dirigentes e elenco de auxiliares diretos – especialistas na música, na comida, na roupa, nas folhas, nas tecnologias artesanais –, quando tudo é gerado por princípios fundamentais, simbolicamente identificados na natureza e na ancestralidade – são linguagens em torno do sagrado. Desse universo poliformal vigora um conjunto de comportamentos harmônicos à ética religiosa. A dança é uma expressão ética.

Os diferentes estilos de gestualidades marcadas por características regionais, embutindo-se aí aspectos étnicos, culturais e ecológicos, dão feições locais às danças, que por sua vez não se isolam dos ritmos e posturas corporais biossocialmente experimentados e manifestados cotidianamente.

Mesmo seguidor de rígidos padrões, o terreiro de candomblé, como um pólo referencial da história e da cultura de grupos africanos no Brasil, abre-se e imbui-se do dinâmico processo transformador da sociedade complexa. Isso se transmite aos diferentes ensinamentos formais, entre eles o da dança, ganhando dimensões próprias em estilos pessoais ou regionais, como se algumas marcas pessoais destacassem coreografias ou outras fossem sutilmente modificadas, respeitando-se uma base que identifica a nação.

Certos deuses têm maior apelo coreográfico e, por isso, suas danças são aguardadas com ansiedade e principalmente suas festas, quando o homenageado invariavelmente dança em torno de catorze a vinte e uma cantigas. Águas de Oxalá, Peté da Oxum, Olubajé, Acarajé de Iansã, Caruru de Cosme, Feijão de Ogum, Festa das Iabás são alguns dos acontecimentos públicos dos candomblés e que exigem grandes preparativos, culminando em cerimônias nos barracões com participação popular, membros do terreiro, convidados, curiosos que, além de participar das comidas servidas no final das festas, têm oportunidade de assistir a verdadeiros e monumentais espetáculos de música e dança.

A situação de espetáculo não é pejorativa à ocorrência ritual-religiosa e sim uma maneira de situar como a festa é culminância e momento social que traz a vida ritualizada do terreiro.

Os orixás Ogum, Omolu, Oxóssi, Xangô, Iansã têm um repertório variado de danças e que ao mesmo tempo são de forte envolvimento para com o público assistente. Os títulos de *pé-de-ouro*, *pé-lavado*, *pé-de-pincel* ou *pé-de-dança* são honrarias que qualificam o iniciado e seu orixá, quando as danças são executadas com brilho e respeito aos atos específicos para cada toque ou cantiga. Isso situa a boa dança no terreiro; o orixá que dança bem é por conseguinte identificado como bem feito ou de muito axé, detentor de muita sabedoria religiosa.

O público aplaude, bate palmas, acompanhando o ritmo dos agogôs ou mesmo de alguns assentos de dinâmica do atabaque rum, criando ambiente propício para a própria dança.

São renomadas as filhas-de-santo que dançam bem e cujos orixás têm comunicação imediata com as pessoas do terreiro e com os visitantes.

Independente do valor auferido à dança e da atenção prestada ao ato de dançar, estão alguns orixás dos mais populares e que conseguem empolgar o público. Assim é Oxóssi, o patrono da Nação Kêtu; Bessem, patrono da dança Jeje; Oxum, patrona da Nação Gexá, entre outros que mobilizam fiéis e admiradores que vão aos terreiros para ver esses deuses e acompanhar com prazer votivo suas danças nos barracões.

Quando as danças ocorrem com exageros coreográficos ou com exibições que vão além dos limites rituais do dançar bem, é comum ouvir-se "fulano dança espalhando brasas" ou "fulano é um espalha-brasas". Essa figura bem situa quase que grotescamente atitudes de vocação acrobática em detrimento do conceito de dançar bem que implica fundamentalmente uma união do corpo de quem dança ao comando do atabaque rum, respondendo a cada assento, à dinâmica, ao que dizem as cantigas cujas respostas são gestuais ou sutilmente respondidas por olhares, meneios de cabeça ou em aproximações aos atabaques, às cadeiras de mando, ao ixé, às portas ou mesmo saindo do barracão e ganhando o espaço exterior, conforme o momento específico do orô. Isso sim é o dançar bem, ou seja: cumprir com rigor as ordens da música e da palavra litúrgica.

Ser discreto no dançar e cumprir o que indicam os instrumentos, o comando do dirigente e até mesmo atender ao entusiasmo do público, retribuindo com oferecimentos de abraços, são atitudes esperadas e valorizadas pela ética dos terreiros, seja o de candomblé, o de xangô ou as Casas Mina-Jeje e Mina-Nagô.

Como já vimos, a dança é prerrogativa das mulheres, segundo o costume dos terreiros onde estas funcionam como verdadeiras esposas dos deuses. A mulher na vida religiosa do candomblé sempre ocupou um lugar privilegiado, a partir do mando, pois é comum os terreiros serem dirigidos por mulheres e as funções coadjuvantes ao poder central serem também ocupadas por mulheres. Tudo isso reforça o espaço destinado à mulher no âmbito da dança. Tudo isso também aufere a ela a honra de homenagear e principalmente receber diretamente no seu corpo a entrada do deus, fazendo com que este deus aja, se expresse com desenvoltura e, para que tudo aconteça, o entrosamento da música com a dança é indispensável.

No entanto, a entrada de homens, na sua maioria homossexuais, vem ocupando funções tradicionalmente femininas, como a cozinha, a feitura das roupas e principalmente a dança, que é uma linguagem manifestada publicamente. A cozinha, o artesanato das roupas, dos fios-de-conta, trançados em palha-da-Costa, adornos com búzios, miçangas, entre outros, constituem tarefas privadas e por isso internas, secretas.[1] O ato de dançar é ainda hoje, em mui-

---

[1] Contudo, nem todos os homens iniciados e que dançam para os seus deuses serão necessariamente homossexuais.

tos terreiros, sobretudo nos mais antigos, um mister feminino. Mesmo para os iniciados homens que atingem o estado de santo, são discretamente dispostos nos barracões e muitas vezes não compõem a chamada "roda" – situação hierarquizada dos iniciados e que segue a ordem do xirê, para os da Nação Kêtu.

Contudo, os terreiros mais novos, na maioria filiais das grandes casas-matrizes, dinamizaram algumas cerimônias como as danças públicas, fazendo parte da roda homens que também participam integralmente do ato chamado "tomar rum". O tomar rum é a série de cânticos e toques que o orixá fará de posse de seu iaô. Ainda o termo usual no vocabulário dos candomblés – tomar rum – vincula a dança ao atabaque principal do trio, o rum, sendo este o maior, o cabeça do conjunto, aquele que coordena a música instrumental e dá base para os cânticos e principalmente para as coreografias.

A ordem dos que vão dançar segue critério hierárquico, como já vimos, e os cumprimentos com os pedidos de bênção são consecutivos dos menos graduados aos mais graduados. Geralmente, o xirê público é aberto cantando-se e dançando-se para Ogum, quando também o centro do salão onde está plantado o ixé é reverenciado, a porta de entrada, o dirigente do terreiro e grupo acólito e os atabaques. Neste misto de cumprimentos e danças são cerimonialmente iniciadas as festas públicas ou simplesmente o toque, entende-se que a denominação "toque" enfatiza a música instrumental que assim nomina o ritual – *toque de Oxum, toque pela obrigação de sete anos de fulana, toque de Aleluia, toque do acarajé de Iansã*, entre outros.

Há muito de dança no *Jicá* e no *adobale* – formas de cumprimentar os pontos focais importantes no espaço do terreiro, quando da abertura das cerimônias públicas. O ato de se jogar ao chão para os cumprimentos conforme o tipo de santo – santo macho e santo fêmea –, além de identificar um modelo sexualizado do orixá, é um comportamento coreografado, solene, é um momento da rotina ritual religiosa.

Na maioria dos terreiros, antes da festa que é franqueada ao público, em geral ocorre a obrigação do padê de Exu, que consiste em despachar e alimentar o mensageiro dos orixás com o oferecimento de farofas de dendê, cachaça, acaçá, entre outros objetos que cumprem o voto de inaugurar o xirê. O padê de Exu exige danças especiais daquelas iniciadas que farão os oferecimentos dos alimentos e das bebidas na rua em frente ao terreiro, compreendendo seqüências de cumprimentos e atos cerimoniais que fazem com que o padê seja um dos rituais de maior fundamentação para o candomblé.

Exu obsequiado e tratado no padê irá possibilitar uma boa festa e chegada dos orixás que terão de comparecer para serem vestidos com roupas e insígnias – ferramentas – especiais para, assim caracterizados, dançar o que for necessário para a eficácia e o cumprimento da festa.

São distintas certas danças que marcam o xirê com a roda de iniciados num *continuum* de gestualidades e passos sempre os mais discretos, pois a exuberância das danças deverá ser a do orixá, do vodum ou do inquice.

Nos terreiros Kêtu, um momento usual para a chamada dos orixás ocorre com a roda de Xangô – como o nome diz, é uma roda em que os iniciados dançam e gesticulam conforme os cânticos especiais sob comando de um xeré geralmente tocado por um homem, que na própria roda vai "puxando" os cânticos sobre Xangô e sua família mítica.

A EXPRESSÃO DA DANÇA

Por ser a dança ritual do candomblé concentrada na mulher, com isso se destaca um traje básico, usual e que compõe a visualidade do que é geralmente conhecido por *saia*. Fulana está de saia ou fulana vai botar a saia. A saia não é a princípio apenas o uso de uma saia, mas certamente esta peça do vestuário é fundamental na composicão do traje que na linguagem cotidiana tem esse nome. O ato de estar de saia incorre em estar de camisa ou camisa de crioula ou ainda camisa de rapariga, anáguas, invariavelmente engomadas, e saia em torno dos tornozelos ou ainda um pouco mais curta. Ainda compõe pano-da-Costa, oujá de cabeça, chinela e, conforme o grau de iniciação, bata. Tudo isso significa estar de saia. Esse traje é um importante suporte para a realização das danças rituais. O auxílio da saia para rodadas ou para certos passos que exigem volume de corpo, graça ou mesmo impetuosidade será garantido com o uso de repuxar saia e anáguas, levantar sensualmente a barra da saia ou displicentemente, com intenção charmosa, deixar um dos ombros à mostra para realizar um gingado miúdo e dengoso como, por exemplo, é característico no passo básico do toque gexá. Esse toque é a fundamentação coreográfica das danças do orixá Oxum, como também para o Afoxé, embora este amplie os passos em dimensão de desfile para assim poder caminhar dançando pelas ruas no período do carnaval.

Os recursos oferecidos pelo traje básico ou pelo "estar de saia" dão à mulher possibilidades plásticas conforme cada dança ou a inventiva ou vocação particular ditada pela própria dança. Apesar de as coreografias serem rígidas, o corpo está em comunicação integrada aos ensinamentos litúrgicos e numa co-invenção por parte de quem dança.

A mulher dança de saia ou de roupa comum, contudo com o pano-da-Costa, peça indispensável na composição daquela que se integra ao xirê de um terreiro. O homem, ao dançar sem traje de apoio como o da mulher, geralmente executa danças mais vigorosas e de movimentos mais contundentes. Isso em virtude da condição de estar o homem ocupando um papel prescrito convencionalmente para a mulher. Dançar nessas condições, para quase a ortodoxia do candomblé, é atitude transgressora ao equilíbrio ético. O homem teve inicialmente acesso às danças privadas nos terreiros, em momentos exclusivos, intermembros da comunidade, ganhando mais tarde o barracão e assim o convívio público.

Para as festas, a roupa da mulher é enriquecida com maior número de anáguas, ampliando-se as rodas das saias, e algumas usam chinelas de salto, o que determina mudanças de comportamento para alguns passos. Também a solenidade que impõe o uso de trajes mais elaborados e sofisticados faz com que o xirê na sua seqüência formal ganhe maior exuberância e solenidade. De uso de roupa de santo e ferramentas, o orô será o momento mais importante para dizer quem é o santo. Assim, o orixá da caça – Oxóssi – assumirá um papel destemido de estar nas matas caçando e convivendo com os animais e outros caçadores. O dedo indicador da mão esquerda aponta para o espaço como se nele estivesse buscando um animal a ser atingido pela flecha que é representada pelo próprio dedo indicador e que é complementado pelo polegar da mesma mão que se une ao da mão direita. Assim, Oxóssi, orixá destemido e provedor de alimentos, embrenha-se pelas matas caçando, trazendo a fartura que é a recompensa da sua habilidade e sabedoria de um santo fundamental à vida e à continuidade dessa vida que é garantida pelo alimento – a caça simbolizada – e pela projeção natural dos conceitos de fertilidade e manutenção do terreiro, dos iniciados, dos homens.

O conceito de fazer o ato assume declaradamente um papel teatral do fato ou da história que é relatada pela coreografia. Contudo, os critérios de ser teatro ou ser dança fundem-se numa mesma mundovisão de cena, do momento ritual em que o santo se expressa plenamente, visto que na maioria dos rituais públicos o santo não fala verbalmente, fala sim pelos códigos dos gestos – pelos atos – e principalmente pela dança. O santo comunica-se com seus fiéis e com o público pela cena do ritual em que a experiência desse santo é transmitida pela dança, dando ênfase a certos atos conforme o seu desejo ou mesmo pela característica da festa ou de um dia em particular.

A roupa complementada com ferramentas possibilita muitas cenas expressivas peculiares a cada santo. Ogum, por exemplo, destaca-se em coreografias de guerreiro, empreendendo lutas, usando facão e espada, o que apóia seu imaginário e amplia em recursos a própria dança. Oxalufã, Oxalá velho, distingue-se em coreografias próprias de um velho que caminha apoiado em um cajado emblematizado, o opaxorô; já Oxaguiã, Oxalá jovem, porta como ferramentas mão-de-pilão, escudo e espada, realizando coreografias mais dinâmicas e que lembram também um tipo de guerreiro; contudo, não tão marcante como o orixá Ogum ou Iansã, entre outros.

Nas danças dos terreiros, as zoocoreografias situam certos santos afetos em comportamentos com animais deificados e totemizados, como a serpente sagrada – Oxumaré, para os Nagô, e Bessem, para os Jeje.

São situações imitativas e de reconhecimento imediato nos terreiros, quando Dã, a serpente dos Fon, princípio da vida para os adeptos da Nação Jeje, vem dançar publicamente ou então realizar atos secretos em momentos privados das obrigações religiosas dos candomblés.

A languidez sexualizada da serpente se faz sentir pelos movimentos imitativos à imagem de Dã, tanto em comportamento como em morfologia, de uma cobra que manifesta seus movimentos básicos arrastando-se pelo chão. Com essa postura, os deslocamentos de certas danças se dão no solo e o acompanhamento de acólitos se faz na segurança de que a cobra não volte para o mato ou para o rio. Nessas danças de solo, destaca-se uma em especial, aquela em que a cobra vai beber água, conforme referem as pessoas do terreiro. Bessem arrasta-se pelo chão em busca da água que é depositada numa bacia. Com o auxílio de uma equede, a bacia é colocada no centro do salão, no local específico do ixé para onde se dirige Bessem. Lá chegando, vai beber a água e em seguida asperge para o alto como se buscasse o céu – a cumeeira da casa; esse borrifar é um ato solene de fertilidade, e ser atingido pela água de Bessem é uma bênção, um favor divino. Continuando a seqüência, a serpente busca novamente a água e a equede coloca a bacia diante dos atabaques, e aquele ato se repete, e por último à porta, concluindo-se assim o ritual. Dando prosseguimento, uma cantiga é entoada por todos convocando Bessem a ficar de pé – a cobra muda de postura –, buscando assim novos espaços para ser um misto de arco-íris e de serpente. A transmutação de certos santos se dá conforme o apelo da música, tanto vocal como instrumental. Bessem na seqüência de danças permitidas para o estado de santo, é rico em variações coreográficas, sendo um dos santos de melhor decodificação sobre gestualidade.

O *bravum* é um toque característico da Nação Jeje e é composto de duas partes distintas: a primeira, o *toque* simples, e a segunda, o *dobrado* – nesta etapa ocorre uma variação rítmica a partir do atabaque rum. Neste momento, a serpente prepara-se e dá o bote, lança-se no espaço, ocupa magnificamente o salão – um vigor de beleza e ao mesmo tempo de aptidão de dança e de força transformadora fazem dessa etapa do *bravum* inegavelmente um dos momentos mais solenes e de forte comoção entre as diferentes coreografias que fazem a liturgia da dança do candomblé.

As danças de Xangô atingem maior vigor no toque do alujá, quando o orixá exibe com maior expressão sua realeza, atirando coriscos com as mãos, caminhando em passos especiais e rodando com as mãos espalmadas olhando para o céu, olhando para Olorum. Em outras danças, Xangô teatraliza o uso do pilão, podendo também dançar com suas esposas míticas Oxum, Iansã e Obá.

Omolu é um orixá que representa a transformação do homem, do mundo, e suas danças comunicam esses princípios, especialmente no *toque do* opanijé, podendo também dançar com santos que formam sua família mítica, como Nanã e Oxumaré, entre outros.

Outras manifestações coreográficas que fazem os conjuntos das danças afro-brasileiras têm relações formais com a liturgia dançada e representada nos terreiros.

Os contextos intercoreográficos fazem acontecer doações mútuas de passos, posturas, jeitos, gingados, morfologias do corpo em ações consagradas no amplo repertório afro-brasileiro.

Samba, capoeira, chula, congada, afoxé, maracatu, taieira, cucumbi, entre outras, são expressões da etnodança afro, sendo maneiras de vivificar diferentes rituais e auferir motivos e significados marcadamente lúdicos e religiosos.

No caso das danças dos terreiros, há um sentido de valorização do sagrado e de um acervo patrimonial que é recorrente na história social e cultural do homem africano no Brasil.

Os gestos do sagrado intercambiam rituais cotidianos e de festas comunicando deuses, homens, ancestrais expressos em verdadeiro teatro-dança nos terreiros.

CAZUMBÁ
A MÁSCARA AFRICANA NO BUMBA BOI DO MARANHÃO

Cazumbi–Zumbi–Nzumbi, originário do Kibundo Nzumbi (macrogrupo etnolingüístico Bantu).

Espírito que se supõe estar pelo mundo participando com os vivos – "Nzumbi, nzumbi Jinhunga-nhunga mu ngongo pala Kutalesa hadi atu atu ala ni meunhu".[1]

Cazumbá – espírito dos animais, remetendo aos rituais dos caçadores nas florestas. Espírito que veio do outro mundo. Fusão dos espíritos dos homens e dos animais.

No caso específico do auto do Bumba-meu-boi, notadamente no Bumbá do Maranhão, diferentes máscaras compõem o elenco de figuras que são vividas pelos *brincantes* no desenvolver do enredo básico que trata do mundo rural, girando sobre boi, amo, animais, como a ema e a burrinha, vaqueiros e seres fantásticos – nem homem, nem bicho, como o Cazumbá. A categoria fantástica para os folguedos e/ou autos dramáticos populares é muito bem situada por Mário de Andrade no seu livro *Danças dramáticas*.

---

1 MAIA, Antonio da Silva. *Dicionário complementar português – Kimbundu-Kikongo*, Luanda, Editorial Missões Cacujães, 1964, p. 67.

Cazumbá, figura híbrida

Nem macho, nem fêmea, o cazumbá é personagem híbrido, talvez o mais misterioso de todos os que fazem o elenco do Boi do Maranhão[2].

Cazumbá mantém incógnito o homem que conduz o *focinho*, a bata e seus complementos. Alguns, durante as danças, tocam chocalho – cincerro em ferro –, porém essa característica é exclusividade do Boi do seu Apolônio, em São Luís (sotaque de Viana). Para ser um cazumbá é preciso saber dançar, ganhar boa mobilidade por todo o grupo e manter papel entre o público e os brincantes.

O Cazumbá, aquele que encarna o personagem, tem de ser homem, pois a tradição impede que seja mulher, como, aliás, também ocorria com os outros brincantes do Boi. Os papéis tipificados como femininos, Catirina, por exemplo, são ainda feitos por homens travestidos de mulher.

Sobre a sexualização do Cazumbá, quando esta pergunta é feita pelos próprios brincantes, predomina o lado macho da figura.

Alguns grupos de Boi fundiram o personagem Pai Francisco e Cazumbá – o *mascarado* – e, sob essa alcunha, o marido de Catarina e o espírito misterioso passam a exercer dupla função no desenrolar do auto.

O Cazumbá assume o papo de sacrificador do Boi, quando dos rituais da matança – a morte do Boi. O próprio Cazumbá, que é um espírito, um personagem eminentemente incógnito, toma posse do Boi e realiza teatralmente o ritual de sangrar, recorrendo ao artifício de um garrafão de vinho tinto que é derramado sobre uma bacia e compartilhado por todos os brincantes. Esse sangue-vinho assume sentido de comunhão coletiva e de comprometimentos

---

2 O Boi do Maranhão, *Bumba, Bumbá, o Bumba Boi*. Boi é expressão marcante do povo, da religiosidade do maranhense, culminando o ciclo devocional a São João, São Pedro e São Marçal. Fazer o Boi é cumprir promessa, é cultuar santos da Igreja, voduns e caboclos dos terreiros Mina.
 O Boi é a fé encarnada em dança dramática, em rituais que mobilizam milhares de pessoas.
 O Boi é, sem dúvida, um dos mais fortes exemplos da cultura afro-maranhense.

morais e éticos. Todos, bebendo do sangue do boi, terão um pouco do Boi em si, todos serão também o Boi, todos compartilharão o mistério da vida, da morte e da ressurreição do Boi. O mito passa a se dividir no homem, o homem passa a ser o mito, adquirindo sua força, propriedades de vida, de fertilidade, de poder viril, e também fixa diferentes histórias do saber africano importantes para a expansão do pastoreio de gado bovino na região. Também o Pai Francisco sacrifica o Boi. Ele e o Cazumbá são os únicos mascarados do auto do Boi e os responsáveis pelo sacrifício social.

O Cazumbá também convive com o espírito do Boi, pois todos são espíritos e estão representados naquele momento alusivo à morte do mito. Diga-se, morte simbólica, reinventada ciclicamente em forma de vida, no próximo batismo do Boi, diante do altar de São João, diante dos símbolos do fogo, da vela, da água, da palavra, dos cânticos, da retomada de permanente *continuum* do cotidiano afro-maranhense.

MÁSCARAS E MASCARADOS: INTERPRETAÇÕES DE PESSOAS, PERSONAGENS E INCÓGNITOS

Usar máscara é ato-divisa entre pelo menos duas categorias distintas – pessoa e personagem É ritualizado e funcional o colocar máscara, atributo que evidencia um animal, um outro homem, um deus, um sonho, um tema fantástico, uma estrela, um vegetal – enfim, a máscara incorpora cada um desses elementos ou compõe com eles novos motivos que estarão presentes nas montagens em papel, madeira, couro, tecido, diferentes fibras, metal, entre tantos outros materiais que têm propriedades específicas, acrescidos de cores, formas, quantidades de uso, de valor social, cultural, religioso, político, econômico, sexual, artístico, com componentes do rastro de outros motivos funcionais que podem ser retirados da própria máscara.

A máscara é essencialmente fundada na mudança, na transformação do homem, naquele personagem que passa a falar, a dançar, a dirigir, a sugerir regras, a divertir, a impor normas, a controlar situações, a propiciar cerimônias de fertilidade ou fúnebres, na tomada de novas situações sociais e religiosas. Sem dúvida, uma nova situação é orientada pela máscara que, animada pelo homem, poderá exibir acessórios especiais, como bastões, cetros, abanos, diferentes objetos complementares que apóiam o personagem, dando voz ao deus, ao antepassado, ao animal, vegetal ou astro que fomentou a gênese do grupo ou, ainda, controlando diferentes rituais de passagem, tendo sempre função bem determinada, conhecida, reconhecida pelas pessoas do grupo afeto.

A máscara não envelhece, não morre, não apresenta as mudanças do tempo, as transformações materiais da pessoa – o personagem é eterno, enquanto os seus usuários – vivificadores do símbolo – darão continuidade em bases de uso e de necessidade próprias ao grupo no qual a máscara ou conjunto de máscaras atuará – por tradição, por função econômica, por culto religioso, por lembranças ao cumprimento de regras e normas da sociedade. A máscara encarna uma síntese de base histórica, política e religiosa. E, nesse conceito antropológico e sociológico da máscara, pode-se interpretar o objeto ou acessórios combinados com pintura corporal e também adornos da joalheria étnica como uma viagem aos fundamentos da estrutura do grupo, aos princípios elementares da criação do mundo, das percepções filtradas pelo olhar da cultura, do momento imposto pelo ritual – festa, iniciação, teatro, cortejo, liturgia –, comportando drama, comédia, crítica, força vital, fertilidade, comunicação entre os planos dos homens e dos deuses, formas de se estabelecerem diálogos entre homens, homens e antepassados.

A máscara permanece enquanto símbolo visual de que o momento, o tempo, é outro; são retomadas as fontes dos mitos, dos antepassados, de deuses fundadores, de animais totemizados nas diferentes manifestações de um *eu coletivo*, essencialmente não-humano, nãoreal, um eu de *ethos* abrangente, de expressão conivente de um fato passado ou de um outro em geração. A máscara é eminentemente narrativa e catalisadora por ser complexa – podendo, acima da função de dar voz ao personagem, introjetar valores de culto; por isso, muitas são guardadas em locais especiais, bem como portadas e tratadas por pessoas também especiais.

A confirmação ética da máscara é emanente a outras máscaras, implicando ainda expressões faciais, gestuais, corporais, de pessoas não mascaradas, estabelecendo diálogos e processos distributivos de um mesmo *eu emanador*, um centro temático.

Certamente, a área de ocorrência da máscara é maior e mais relacionada aos padrões sociais e culturais de bases na tradição e no arraigamento a modelos mágico-produtivos.

Para os rituais agrários, de fertilidade das mulheres, de sacralização de certos alimentos, de consagrações de reis, contatos com antepassados, com deuses, com as árvores da floresta, com o inhame visto enquanto mito fundador ou a serpente, princípio da mobilidade, no caso dos Fon (África) respondem as máscaras como delegadas da vida, dos contatos com as fontes primordiais, das maneiras de entrar em contato com outros sistemas, estar com o outro, no caso um outro carregado de divindade e magia, e finalmente em ser o outro, quando, de posse, uso e representação social por meio da máscara, o personagem tenha harmonizado e se integrado ao grupo que o acolhe, em tempo e espaço determinados pela história cultural.

CAZUMBÁS: OS ÚLTIMOS MASCARADOS AFRO-BRASILEIROS

A imaginária geral africana transculturada, incluída e reelaborada em espaço afro-brasileiro dispersou-se numa visualidade não menos geral e co-participada nas roupas, penteados, formas de variados elencos de objetos do dia-a-dia, como também naqueles de finalidade ritual religiosa para os candomblés, xangôs, ou nos exvotos, como manifestações de um catolicismo à moda – interpretação de um olhar africano perante um universo oficial da Igreja.

O olhar africano no Brasil, combinado com o fazer e o representar em novas condições de espaço e tempo, aí incluídos os motivos e os significados de diferentes matrizes étnicas e culturais de africanos do ocidente e região austral da África, sem dúvida regionalizou-se em maneiras de agregação defensiva quando combinadas aos motivos europeus.

Casos expressivos comprovam a fixação de um imaginário africano/afro-brasileiro, ora mais próximo dos ideais de origem, ora mais adequado às respostas adaptativas de um longo processo construtivo e simbolizador de ação e uso no Brasil.

A amplitude do conceito do que é mascarar um indivíduo vai além da organização e montagem do que convencionalmente se chama de máscara – feitura artesanal/artística em diferentes materiais e colocada sobre o rosto, sobre a cabeça como máscara – elmo, entre outras.

Ainda acessórios, como máscaras – toucado, máscara-capacete, combinados ou não com pintura facial ou, mais abrangentes, com pinturas para o corpo – joalheria e as indumentárias acopladas às máscaras ou simples tapagens, deixando o corpo desvendado, porém marcado pelas cores e traços, vestem com símbolos a pessoa, agora um personagem.

A simples aplicação de papel de seda vermelho diluído em água no rosto das mulheres-damas prostitutas no Nordeste, combinada com sobrancelhas arqueadas com lápis preto e cabelo untado de pasta de banha ou brilhantina, desenha um colorido e contorno que mascaravam aqueles rostos tão diferentes quando lavados. A pintura determinada para a função profissional mudava o rosto, mascarava e dava visualidade-padrão para a época (décadas de 40 e 50) de uma categoria profissional determinada e, assim, reconhecida por todos.

A própria pintura corporal do noviço no candomblé, combinada com algumas escarificações – chamadas de "catulagem" ou "curas" –, monta um conjunto funcional e de transformação do não-iniciado para o iniciado. Para o candomblé Kêtu, a cerimônia do efum, ou quando se pinta o iaô, confere-lhe uma série de símbolos, principalmente na cabeça depilada, no tronco, nos braços e mãos, seguindo pintas e traços conforme o orixá que esteja sendo feito, prevalecendo o branco e o azul como cores básicas, podendo ainda incluir o vermelho em diferentes combinações visuais. Em alguns casos, a depilação da cabeça não é completa, sendo desenhada por tufos de cabelos.

As incisões sobre as costas, braços, nádegas e outras partes do corpo seguem fórmulas que simplificadamente remontam às escarificações étnicas. Porém, o emprego usual da cruz nesses conjuntos de traços, uns paralelos, outros perpendiculares, feitos com navalha, confirmam a inclusão definitiva de um elemento estranho à origem, ainda que co-participante dos códigos do noviciado no terreiro. Fios de palha-da-Costa e penas de *ecodidé* (papagaio africano), como testeira, compõem o distintivo do iaô. Em outros casos, como no da Nação Efan (ainda Ioruba), o noviço apresenta-se publicamente com penas na cabeça sobre sangue sacrificial de alguma ave; sempre sobre a cabeça depilada. Os capacetes chamados adês, feitos em papel e tecido e outros em diferentes folhas metálicas, quando compostos por chorões em miçanga, vidrilhos e contas diversas, funcionam como tapagens do rosto, um tipo de máscara.

Usuais nos terreiros são os adês com chorões para Oxum, Iansã, Oxalufã, Iemanjá e Nanã. O azé ou filá em palha-da-Costa, búzios e contas, que complementa a indumentária de Omolu, pode tipificar num tipo de máscara. Neste amplo e complexo conjunto de diferentes maneiras de mascarar e determinar mudanças de pessoas e personagens em âmbito religioso afro-brasileiro, pode-se ainda exemplificar a ocorrência, até as primeiras décadas do século passado, das máscaras Gueledés, especialmente na Bahia.

A CONSTRUÇÃO MATERIAL DO CAZUMBÁ

O *focinho* ou *careta* é a parte em madeira da máscara, sendo outras denominações para a própria máscara. O focinho é entalhe em pinho, de preferência, ou com outras madeiras disponíveis, seguindo o formato de um focinho de porco ou de outros animais.

O focinho deve ser *bem feio*, com bocarra e acompanhado de cabeleira de cerdas naturais (de cavalo), astracã, pêlo de carneiro tinturado, geralmente nas cores vermelho, amarelo ou laranja forte. Para pintar o focinho, emprega-se corante industrializado, seguindo-se as cores vermelho, verde, preto e branco, como cores principais, além do azul e do amarelo.

Para que um focinho desempenhe sua função no personagem Cazumbá, é necessário que os complementos transbordem em profusa cabeleira, misto de leão e espírito, pois a máscara não representa um animal em especial; ela sugere pistas que estão no sonho ou no surreal, síntese que possa motivar a ação do próprio condutor da máscara.

A máscara apresenta boca articulada e é montada num chapéu de palha onde são colocados os adereços e a cabeleira. Além da madeira, vê-se couro e alumínio, facilitando a articulação da bocarra dentada, num tipo de sorriso de fundo aterrador ou mesmo cômico, induzindo voracidade de espíritos combinada com animais.

A categoria "focinho" aproxima-se do ideal zoomorfo, enquanto a categoria "careta" aproxima-se do antropomorfo, embora o Cazumbá encarne o bicho e o homem, e ainda um terceiro elemento, que é o fantástico, todos fundados em arquétipos da própria história de vida do homem africano no Maranhão.

Para compor o personagem Cazumbá, além da máscara de focinho, é necessária a bata e outros acessórios. A bata é confeccionada em tecido pintado com motivos que contrastam uma temática visualmente afro-maranhense e outra católica, pelas figuras de santos da Igreja. Na parte frontal da bata estão grafismos, pássaros e outros animais que, retratados em síntese, conferem liberdade de expressão aos artistas; na parte posterior, com as figuras de santos, está uma busca quase fatal do retratismo, tendo como base as imagens das igrejas, entre outras fontes da farta iconografia católica.

A bata é longa, lembrando o hábito dos padres, provavelmente uma inspiração para a montagem daquele personagem tão complexo e sincrético como o próprio auto dramático do Boi.

Pés descalços ou com qualquer tipo de calçado e, para armar a bata e posto na cintura, fazendo as vezes de anquinhas, um cofo trançado com folha de babaçu. O cofo é usado no Maranhão para transportar e vender camarões secos, farinha, frutas, aves e tantas outras presenças nas feiras, mercados e nas casas.

O cofo dá mobilidade e graça ao personagem, aumentando o volume da figura, esteticamente adequado para as coreografias rápidas e volteios freqüentes como são exigidos de um bom Cazumbá. Volta-se à questão da máscara e de como ela é o mais importante distintivo formal na identificação e na simbolização do próprio Cazumbá.

As máscaras feitas de pano, tipo saco com orifícios para os olhos, ventas e boca, são ainda acrescidas de narizes, também de pano com enchimento, pendentes e volumosos. Predominam cores como o branco, vermelho e preto. Algumas exibem cabeleira de diferentes materiais, como agave, tecido e outras fibras.

Essas máscaras ajudam a caracterizar os personagens Pai Francisco e Catirina ou, para aquela outra versão do Cazumbá, ora Cazumbá propriamente dito, ora o personagem misto de Cazumbá e Pai Francisco.

Alguns informantes situavam essas máscaras em pano como precedentes das de madeira do tipo focinho, porém a solidez formal do Cazumbá de madeira remete a vertentes mais próximas de um imaginário africano em que, sem dúvida, a força e o sentido cultural de um *ethos* já maranhense tornaram-se orientadores e identificadores de uma visualidade de maior referência na estrutura do auto do Boi.

As máscaras Cazumbá são de três tipos: a de *tecido*, a de *focinho* ou *cabeleira*, e a do *tipo igreja*, que é formada por focinho em madeira como a anterior, porém exibindo monumental igreja, como capacete propriamente dito. Também orelhas em tecido e cerdas naturais complementam o conjunto.

Algumas máscaras Cazumbá, tipo igreja, incluem iluminação a pilha, acrescentando pequenas imagens em gesso policromado de santos católicos – tudo remete ao ideal de um altar, de uma igreja de sentido católico que se une a uma base formal nitidamente afro-maranhense.

Vê-se ainda ampla utilização de materiais reciclados – tecido, diferentes fibras, material plástico, folhas metálicas –, apoiando e oferecendo ao artesão construtor do Cazumbá maiores possibilidades de trabalho e de inventiva no ato da própria construção da máscara.

As máscaras Cazumbá tipo igreja são comuns nos grupos ocorrentes no bairro da Madre de Deus, na ilha de São Luís do Maranhão.

O Cazumbá é ser eminente fantástico, misterioso, figura peculiar e de expressão da cultura afro-maranhense.

SAMBA DE CABOCLO

O Samba de Caboclo tem na alegria de suas cantigas e na sua eloqüente movimentação coreográfica seus principais aspectos.

Permissível nos terreiros Angola-Congo e Moxicongo, o Samba de Caboclo e o culto dos Caboclos são temas de difícil separação.

Os adeptos e cultores do Samba de Caboclo determinam um calendário festivo aberto às muitas interpretações subjetivas sobre as lendas e acontecimentos relacionados com os Caboclos e sua vida nas matas, histórias de valentia, caçadas, animais das florestas, belezas da natureza e a presença dos santos católicos e suas atuações nos acontecimentos da vida.

Podemos observar uma letra do Samba de Caboclo que se refere ao Deus criador:

> Oi vice
> que não vice
> Falasse que não falasse
> É meu, é meu
> Foi Tata quem me deu
> É meu, é meu
> Foi Tata quem me deu.

(Tata, em quimbundo, quer dizer Pai, e a significação da palavra Pai é criador, pai de todos, Deus.)

O enorme respeito aos mandamentos da Igreja, a assimilação dos símbolos católicos, em especial a cruz, são importantes elementos que ajudam a compreensão das práticas de Caboclo, nas quais o sincretismo religioso é evidente, e, lado a lado, outras práticas são desenvolvidas e aceitas.

Exemplo disso é o uso de muitos preceitos africanos, incluído o uso de um vocabulário base formado, entre outras, pelas seguintes palavras: *Axé*, *Ogã*, *Ialorixá*, *Iaô*, *Adjá* e nomes gerais dos orixás, saudações e nomes de comidas.

Dentro dessa realidade, o Samba de Caboclo se apresenta como importante elo em que as cantigas e danças servem de elementos propiciatórios que colocarão os adeptos em contato com seus Caboclos ou Encantados que vêm participar das festas, contando seus feitos e puxando as melodias de sua predileção. Os Caboclos cantam publicamente e conversam com a assistência; geralmente são alegres e sambam animadamente, mostrando suas habilidades. Verdadeiros desafios são realizados pelo ato de sambar, e os Caboclos, de acordo com suas habilidades de dançarinos, realizam passos, volteios e gingados diversos.

Nos barracões de festas, onde o samba é desenvolvido, os Caboclos fumam e bebem suas bebidas especiais, como o *Aluá*, a *Jurema* ou o *Cauim*.

Fumando em cachimbos de barro, ou cigarros de palha de fumo de corda, os Caboclos velhos criam o clima festivo das cerimônias, respeitando os ensinamentos da Igreja Católica e os orixás africanos. Essas colocações podem parecer difíceis, mas, na realidade, são observados um bom entrosamento e equilíbrio de idéias.

Os Caboclos, de acordo com sua origem ou *linha*, *nação* ou *tribo*, devem realizar atos pertinentes às suas características de grupo, ou seja:

Os *Caboclos de Pena* geralmente dançam como se estivessem também caçando com o arco e a flecha.

Já os *Caboclos capangueiros* se apresentam no samba como se estivessem tangendo suas boiadas e, inclusive, soltam alguns aboios e utilizam termos próprios dos vaqueiros quando tratam dos bois.

Essas características irão determinar a freqüência de certos ritmos e cantigas que, aliados às coreografias do Samba de Caboclo, completam os atos das rodas.

Além das cerimônias intramuros, dos terreiros, as práticas do Samba de Caboclo aparecem nas cerimônias de oferendas de frutos e comidas nas matas, nas festas da Mesa de Jurema, na data de 2 de julho – dia da independência da Bahia – e em vasto calendário, quando são solicitados à dança os Caboclos, que também desempenham as funções de conselheiros, desenvolvendo, na maioria das vezes, a farmacopéia popular e a medicina mágica, através de banhos, defumadores, pós e outros preparados.

O estreito laço que une a imagem do Caboclo à de Ossãe Dono do Mato ou Caipora é muito grande; inclusive, existem Caboclos verdadeiros especialistas em folhas e conhecedores dos seus mistérios. *Rei das Ervas* é um deles.

Em todos os momentos, o vínculo da música instrumental e vocal, aliado às danças do samba, é da maior importância na realidade dos cultos aos Caboclos, que encontram, nesses estímulos, maneiras de realizar seus preceitos, louvando os santos, os homens e a terra.

O Caboclo

Imagem do indígena, nativo da terra, também significando mestiçagem entre branco e índio, mestiço que mora no mato, mulato de cabelo liso.

É comum observarmos a utilização do termo Caboclo significando *cabra*, homem de trabalho arrojado, morador das roças e sertões. No entanto, o Caboclo significa e representa muito mais:

ele é, na concepção dos terreiros, o caçado livre, verdadeiro protótipo daquele que não se deixou escravizar, símbolo de altivez e liberdade, assumindo, assim, o papel de defensor da terra.

Grandes e complexos preceitos encobrem a figura do Caboclo, criando os enredos desenvolvidos nas práticas dos Candomblés de Caboclos e lembrados nas letras dos Sambas de Caboclo.

No folclore brasileiro, o Caboclo é um personagem que aparece com certa freqüência, sempre desempenhando as funções do nativo, que preserva sua origem e mostra, com orgulho, o que é.

Autos populares, cortejos dramatizados, danças e outras manifestações têm no Caboclo expressivo elemento necessário ao desenvolvimento da temática proposta pelos grupos.

No campo das tradições orais, incluindo lendas, contos, provérbios, ditos e outras criações do povo, a figura do Caboclo é tema central, quando são desenvolvidos os assuntos em torno da sua imagem.

A história nos focaliza o Caboclo como sinônimo de indígena, isso ocorrendo até fins do século XVIII. Quanto à etimologia do termo Caboclo, hipóteses e discussões ainda ocorrem, não se sabendo ao certo se a origem é africana ou indígena.

Vasto vocabulário é utilizado para designar Caboclo: *Curiboca, Cariboca, Caburé, Matuto, Caipira, Cabra, Cafuz, Capiau, Tapuia, Restingueiro, Sertanejo* e outros termos são utilizados genericamente para significar o índio ou aquele que mora e vive nas matas.

Concepção mitológica

Assumindo as funções de divindade, o Caboclo é encarado e interpretado pelo povo como um semideus que veio ajudar e aliviar as pessoas dos seus problemas, tornando o dia-a-dia mais ameno, humano e melhor. Intimamente relacionado com os inquices cultuados nos terreiros Angola-Congo e Moxicongo, o Caboclo assimilou valores pertinentes às divindades africanas, estabelecendo intercâmbio de influências quando as divindades dos terreiros também foram transformadas em função da imagem do Caboclo e sua forte penetração.

Relacionados aos fenômenos e aos elementos constituintes da natureza, foram estabelecidos os campos de ação relativos aos Caboclos, fixando seus domínios ligados ao fogo, vento, terra, rios, cachoeiras, chuvas e outros fenômenos meteorológicos. O condicionamento se fez, e os crentes e adeptos estabeleceram um vínculo que liga a realidade desses fenômenos à ação e vontade dos Caboclos.

Dentro desse processo de deificação, a origem do Caboclo foi dimensionada e adequada às necessidades dos cultos. Grande gama de Caboclos pode ser observada, e os processos de criação continuam atualmente.

As interpenetrações, assimilações e fusões de Caboclos são observadas de acordo com o nível de maior ou menor grau de aculturação. O processo contrário também é sentido quando o desmembramento da imagem de um Caboclo resulta no aparecimento de outros "Caboclos" ligados entre si por laços comuns. A ordenação dos Caboclos em *linhas, famílias* ou *tribos* serve para agregar aqueles que têm as mesmas funções ou mantêm elos familiares.

Para o expressivo número de adeptos, o Caboclo – mito, herói, imagem representativa da nacionalidade – atua não só no campo religioso, tendo incursões nas manifestações lúdicas, mostrando sempre um relacionamento entre o sacro e o profano, assim norteando a vida e as ações de seus seguidores.

O MITO-HERÓI

O Caboclo arquétipo da valentia e coragem sobrevive na memória popular, fixando os valores da nacionalidade e da defesa do patrimônio nativo.

A concepção do Caboclo como mito-herói é facilmente observada na produção do lendário popular, nas práticas dos terreiros de Candomblés de Caboclo, nas letras dos Sambas de Caboclo e em outras tradições orais pertinentes à divulgação da imagem do Caboclo como aquele que veio para defender, lutar e vencer.

A idéia de herói é importante para o mito conseguir sua penetração e real assimilação por parte daqueles que crêem e cultuam as divindades da terra.

Nas mitologias, geralmente encontramos personagens que, para o povo, ocupam o papel de herói. No Brasil, podemos observar o exemplo de Xangô, Orixá iorubano que passou a representar muitos outros valores além dos relativos às suas funções de senhor dos raios e trovoadas.

Sua popularidade no Brasil foi tão grande que chegou a designar formas de culto popular comuns no Nordeste, quando os terreiros são conhecidos por Xangôs, mantendo as características das práticas africanistas.

Na origem – Nigéria –, Xangô foi o terceiro rei da cidade de Oió, quando pela sua valentia de guerreiro deixou entre o povo sua imagem de defensor e destemido, tornando-se tema do novelário iorubano, como aquele que foi rei, virou orixá, transformando-se em herói para o seu povo.

O Caboclo não especifica sua ação heróica como no caso de Xangô. Acontecimentos históricos, no entanto, serviram para ampliar sua concepção heróica. A data de 2 de julho, na Bahia, apresenta a ação guerreira e brava do Caboclo que luta pela independência do Brasil.

Os cortejos do Caboclo e da Cabocla tiveram sua origem, segundo Manuel Querino, no primeiro aniversário da data de 2 de julho, em Salvador, quando lançaram mão de uma carreta tomada aos lusitanos, nos combates de Pirajá, enfeitaram-na com ramos de café, fumo, cana e folhas brasileiras e sobre ela colocaram um velho mestiço descendente de indígenas. E, assim, conduziram do Largo da Lapinha ao Terreiro de Jesus o carro com o emblema da ocasião, ao som de pandeiros, violas e outros instrumentos de percussão.

No ano de 1826, as imagens do Caboclo e da Cabocla foram esculpidas, simbolizando o Brasil livre, e, no mesmo carro alegórico, armas e flores completavam o motivo-tema, além dos letreiros que assinalavam os locais das batalhas decisivas da independência, como: Cachoeira, Santo Amaro, Pirajá e outros.

Assim, foram fixados os costumes de relembrar o heroísmo da figura do Caboclo para a terra brasileira. Paralelamente, nos terreiros, os rituais endereçados aos Caboclos são desenvolvidos, atuando como continuidade dos festejos públicos do dia.

A permanência do *Dia do Caboclo* no calendário religioso dos Candomblés é uma realidade que se amplia de ano para ano.

As oferendas, sacrifícios e bebidas correm toda a noite. Dançam, comem e falam os Caboclos, dizendo seus feitos e contando seus enredos. Dessa maneira, alegres e sambando, os Caboclos estão vivos, presentes e atuantes no meio do povo brasileiro.

Os valores éticos, morais e religiosos

A concepção que predomina sobre o Caboclo é do gentio adaptado às realidades do branco, desempenhando atitudes coerentes com os dogmas da Igreja Católica. Essa colocação, à primeira vista, pode parecer difícil de ser aceita, mas, na realidade, os Caboclos que aparecem nos rituais são ditos batizados e representantes das leis de Deus – talvez uma projeção muito forte da imagem da catequese. Isso não quer dizer que não existam os *Caboclos rebeldes*, que fogem às normas comuns. No entanto, é fixada a imagem do Caboclo como o impetuoso, bravo e guerreiro.

Ampliando esses conceitos, podemos estabelecer estudos sobre os Caboclos, observando as características aliadas às técnicas de subsistência, ou seja:

• *Caboclos capangueiros* – são aqueles voltados ao pastoreio do gado bovino, desempenhando todas as funções correntes dessa atividade econômica. Sua maneira de ser, seus hábitos e atitudes lembram, realmente, o vaqueiro do Nordeste, trajando sua indumentária em couro, levando chicote, laço e a montana, que é o cavalo. Baseando-se nessas características, vêm aos terreiros os Caboclos boiadeiros e capangueiros que mantêm elos comuns. Geralmente, esses Caboclos são conhecidos por sua valentia e adestramento em conduzir as boiadas, girando, obrigatoriamente, em torno deles, um folclore típico das zonas de pastoreio: vocabulário próprio, lendas, alimentos, músicas e danças.

• *Caboclos de pena* – são ditos mais livres, não estando presos às atividades econômicas padronizadas, desempenhando seus trabalhos nas matas, tendo a caça e a pesca como principais fontes de subsistência. Por isso, seus procedimentos diferem dos capangueiros, que estão condicionados a normas, regras e valores dos civilizados, procurando adequar as duas modalidades de vida em um todo harmonioso e coerente.

Esses dois tipos distintos de Caboclos são encarados nas práticas dos terreiros como enviados de *Zaniapombo*, prontos a praticar o bem, desempenhando papéis de curandeiros, conselheiros, além de nortear as vidas de seus seguidores. Paralelamente, o culto aos inquices é desenvolvido, havendo correlacionamento entre as divindades africanas e os Caboclos divindades nacionais, que ocupam, no panorama da mitologia afro-brasileira, papéis de divindades auxiliares, não possuindo o status de um deus.

Para melhor situar o relacionamento entre os elementos da natureza, as divindades africanas e os Caboclos, temos o seguinte quadro:

Elementos da natureza e domínios	Caboclos	Orixás – Concepção iorubana
Sol	Guaraci	Orun
Ervas e animais	Caapora e Curupira	Ossãe ou Ossanha
Montes	Imboitata	Oquê
Guerra	Urubatão	Ogum
Regatos	Jurema	Oxum
Ventos	Jandira	Iansã
Caça	Aimoré	Oxóssi
Doenças	Anhangá	Omolu
Trovão e fogo	Caramuru	Xangô
Águas (doces e salgadas)	Iara	Iemanjá

O Terreiro e o Samba de Caboclo

Pagode, batucada, de roda, de umbigada, de Caboclo e muitas outras maneiras de se apresentar, possuindo características coreográficas próprias, instrumentos musicais, formas, ritmos e detalhes de indumentárias. As evidências do samba se mesclam no elo comum da percussão, sapateados e umbigadas.

Evidentes e marcantes são as peculiaridades de cada variação, de cada grupo ou de cada sambista, e grande também é a velocidade do dinamismo cultural, que implica grandes ou pequenas transformações no tocante à música ou à dança.

Os motivos lúdicos realmente impulsionam as realizações do samba puxado pela batucada de latas, panelas ou frigideiras, ou mesmo pela fricção da faca na borda do prato de louça, até observarmos os instrumentos de percussão artesanal como os tambores escavados em tronco de árvore, as cabaças, e até mesmo chegamos a encontrar instrumentos sofisticados, feitos com material industrializado, perdendo, e muito, a originalidade e os elos de africanidade que personalizam suas manifestações.

Os sentidos religiosos ou mágicos, ou mesmo sobrevivências isoladas em cantigas ou palavras, raramente são constatados nas muitas formas de samba que povoam as regiões do Brasil.

No Samba de Caboclo, o elo motivador que o liga ao ritual e aos preceitos dos Candomblés de Caboclo é muito forte. A imagem, as funções e os enredos desenvolvidos em torno do Caboclo têm, no Samba de Caboclo, o elemento de fixação e divulgação dos preceitos, fundamentos e histórias que compõem o panorama mitológico e mágico dos cultos dos Caboclos e dos seus Candomblés.

O Samba é estabelecido dentro da animação crescente dos festejos, levando assistência e adeptos a cantar as melodias e dançar junto com os Caboclos quando estes vão "tomar rum".

As adesões e o crescente aumento de Terreiros de Caboclo levam a observações no campo da liturgia, culinária, música, dança, indumentária, vocabulário e outros aspectos concernentes a esse fenômeno sociocultural. Na realidade, a defesa dos terreiros africanistas, ou seja, aqueles de origem Ioruba, como o Kêtu, Gexá e Efon, e os de influência Jeje determinava um controle da proliferação das Casas de Caboclos, que ainda hoje sentem fortes restrições das casas ditas "puristas", que tentam conservar os rigores e os valores africanistas na estrutura e organização dos terreiros, implicando, também, muitas manifestações próprias que acompanham as projeções dos rituais.

Tudo isso leva também a um controle especial da modalidade Samba de Caboclo e sua expansão e divulgação, determinando uma colocação inferior àqueles que se dedicam às práticas indianistas.

É evidente toda uma base africana na estruturação dos Candomblés de Caboclos não só pelo posicionamento hierárquico dos adeptos e dirigentes, códigos, moral, valores religiosos, culinária e apresentação física dos terreiros.

O processo de nacionalização e adequação, a partir das interpretações e observações sobre a vida dos indígenas, seus procedimentos e hábitos culturais causou uma verdadeira simplificação nos complexos rituais dos Candomblés africanos e de sua música religiosa, sentida nos terreiros de Caboclo, que buscam nos motivos nacionais e na figura do Caboclo o símbolo da liberdade e da terra.

O terreno de Candomblé de Caboclo

As roças onde são construídas as casas de cultos, santuários e demais habitações necessárias ao desenvolvimento das práticas dos Caboclos procuram manter as características dos terreiros afro-brasileiros.

As árvores, ervas e demais folhas têm papel de destaque nessas roças onde a fitolatria é muito importante, pois está intimamente relacionada às funções dos Caboclos.

O salão de danças, local das festas e cerimônias públicas, é conhecido por *Abaçá* ou *Canzuá*; os santuários são chamados de *Pejis*. Na realidade, os Caboclos possuem seus assentos ao ar livre, próximo às árvores, deixando os santuários interiores para os inquices ou orixás, onde os objetos, símbolos e utensílios dos cultos são guardados e venerados.

O fenômeno sociocultural Candomblé de Caboclo aparece como foi realmente estruturado no século XX, quando Querino assim situou o Candomblé de Caboclo:

> Os nossos indígenas, na simplicidade da sua existência errante, admitiam grande número de superstições, que eram os seus feitiços; uma aranha dissecada, fragmentos de sapo, produtos minerais trazidos ao pescoço, como amuletos, ou pendurados à entrada da taba, para desfazer ou destruir a surpresa do inimigo.
>
> A catequese dos missionários proporcionou-lhes orientação diferente, baseada nos fatos do Catolicismo. De fato, o silvícola aceitou

com agrado manifesto a nova doutrina, principalmente pelo efeito ou redução da música.

Da convivência íntima com o africano, nas aldeias, ou nos engenhos, originou-se, por assim dizer, a celebração de um novo rito intermediário, incutindo-lhes no espírito idéias novas. Da fusão dos elementos supersticiosos do europeu, do africano e do silvícola, originou-se o feiticismo conhecido pelo nome de Candomblé de Caboclo, bastante arraigado entre as classes inferiores desta capital[1].

É crença entre os sacerdotes e praticantes da seita que são dirigidos por três entidades: Jesus Cristo, São João Evangelista e São João Batista, tendo Jesus Cristo o nome particular de Caboclo Bom.

Adoram com grande respeito o símbolo da cruz, ao mesmo tempo que acreditam nas revelações dos ciganos quanto ao presente e ao futuro. A iniciação dos postulantes para a seita é efetuada numa choupana, na mata virgem, por espaço de trinta dias. Os Encantados chegam à cabeça das mulheres, conforme o rito africano, notando-se que o preparo das ervas difere na quantidade e na qualidade, pois são empregadas apenas duas e, entre estas, distingue-se o arbusto silvestre denominado jurema. O Caboclo tem quizila como o africano, mas os castigos divergem para pior. Quem está com o santo corteja as pessoas presentes segurando-lhes as mãos, dá dois saltos perpendiculares, abraça-as de um lado e de outro, faz-lhes algumas determinações, dá-lhes conselhos e retira-se.

Na época precisa é necessário festejar o santo, mandando celebrar uma missa. De volta do templo rezam o ofício de Nossa Senhora; isso feito, iniciam a função. As danças são executadas num ritmo um pouco diferente do africano.

Os instrumentos são os mesmos, divergindo, porém, os toques de atabaques e os motivos de braços e cabeças. Há, no entanto, tribos africanas em que os cânticos e movimentos coreográficos são inferiores aos dos caboclos.

Nas festas, as refeições constam de peixe ou de aves e animais de caça; ervas são de estimado valor.

---

1 Salvador, Bahia.

As abóboras, cozidas com a casca, misturadas com feijão e mel de abelhas, constituem os manjares preferidos.

Às bebidas alcoólicas costumam adicionar certa quantidade do mesmo mel, assim como entrecasca da jurema.

O azeite-de-dendê ou de cheiro não é admitido no condimento das iguarias.[2]

O aparecimento de altares, segundo os modelos católicos, é comum nos barracões dos Candomblés de Caboclo.

As imagens de Santa Bárbara, São Jorge, Nossa Senhora da Conceição, São Cosme e São Damião são as mais encontradas. Representações em gesso dos Caboclos também são encontradas nos santuários, e a presença de *Otás*, objetos em barro, jarras, flechas, coités, copos e velas completa os preceitos necessários.

No campo iconográfico, observamos muitos signos que sintetizam em sua linguagem os fundamentos dos Caboclos, incluindo sua representação no campo mitológico. Esses signos podem ser construídos em metais e colocados como ferramentas rituais junto aos assentamentos dos Caboclos, ou então são riscados com pemba, desempenhando as mesmas funções de personalizar o Caboclo, mostrando suas características.

Verdadeiro artesanato religioso acompanha as necessidades dos terreiros, que buscam nos objetos de rituais importante fonte catalisadora e mágica.

É importante observar que os Sambas de Caboclo são efetuados nos *abaçás* e ao ar livre. A espontaneidade e a alegria constituem essas práticas. Nos candomblés que não são de Caboclo, mas que possuem preceitos ligados a eles, efetuam seus Sambas ao término do xirê comum, quando, após cantar e dançar para Oxalá, os Caboclos, sambando, participam e entoam suas cantigas.

A assistência e os adeptos costumam saudar os Caboclos dizendo:

---

2 QUERINO, Manuel. *Costumes africanos na Bahia*, 1938, pp. 125-7.

Xêtuá, Xêtu Marrumba Xêtu!
Xêtu na Vizala!

E, com a mão batendo na boca, emitindo os sons *u, u, u, u!*, servem também para saudar e animar as danças dos Caboclos.

As ofertas de bebidas, frutos e fumo são comuns para agradar e homenagear os Caboclos. O vinho, a abóbora e o fumo de rolo constituem, em linhas gerais, os presentes de maior agrado. Nas grandes festas, todas as frutas são servidas, incluindo alguns cereais, em especial o milho.

O sacrifício de bois e garrotes, cabritos, galos e pombos também está ligado aos preceitos e fundamentos dos terreiros de Candomblé de Caboclo.

As Divindades dos Candomblés de Caboclo

Nas maneiras de entender, focalizar e cultuar as divindades, o subjetivismo dos crentes atua decisivamente, levando a transformações no panorama do elenco dos mitos, suas funções e projeções sociais.

Basicamente, o conjunto de inquices presente nos Terreiros Angola-Congo forma a grande maioria dos mitos incorporados às práticas dos Candomblés de Caboclo. Juntamente, os orixás iorubanos e santos católicos são situados nessa realidade. As variações e interpretações locais ou regionais determinam um dinamismo constante das divindades dos Terreiros de Caboclo.

Segue-se um quadro comparativo, em que as mitologias iorubana, angolana e os santos católicos são colocados em paralelismo.

Inquices do Angola-Congo	Caboclo (observa-se forte presença das inquices)	Santos católicos (mais freqüentes)
Zâmbi ou Zahiapombo	Zâmbi ou Zanniapombo	DEUS
Lembá Senhor Lembá Lembarenganga	Caboclo Malembá Caboclo Lembá	Nosso Senhor do Bonfim
Sumbo Mucumbe	Sumbo Mucumbe	Santo Antônio ou São Jorge
Mutalambô Tauamim	Sultão das Matas Caboclo das Matas	São Jorge ou São Sebastião
Burungunça Cuquête	Burungunço Cuquête	São Lázaro ou São Roque
Cambaranguanje Zaze	Cambaranguanje Zaze	São Jerônimo ou São Pedro
Bamburucema Matamba	Bamburucema Matamba	Santa Bárbara
Quicimbe Caiala	Quicimbe Caiala	N. Sra. das Candeias N. Sra. da Conceição
Dandalunda Dona do mar	Janaína N. Sra. da Glória Sereia do mar	N. Sra. da Conceição
Angorô	Angorô Obs.: caboclo que lida com as cobras	São Bartolomeu
Catendê	Dona do mato Caipora	São Benedito
Tempo	Tempo Encantado do Juremeiro	Bom Jesus São Francisco de Assis
Querê-Querê	Borocó	N. Sra. Sant'Ana

INSTRUMENTOS MUSICAIS

A música instrumental presente no Samba de Caboclo é característica pela utilização de um conjunto notadamente africano, incluindo instrumentos de motivação indígena. Dessa maneira, mesclando e abrangendo duas grandes influências culturais e etnográficas, sobrevive o Samba de Caboclo em sua realidade musical-instrumental, que passaremos a estudar:

Atabaques – o conjunto formado pelo trio de atabaques, comuns nos candomblés, possui encouramento de pele de boi, bordas, aros de ferro e cunhas de madeira, segundo os modelos santos. Esses atabaques são os mais comuns, sendo observados na maioria dos terreiros afro-brasileiros. Os tamanhos e os nomes de *Rum, Rumpi* e *Lé* permanecem.

A percussão dos atabaques para o Samba de Caboclo é feita com as mãos, sem o uso dos *aguidavis*. Os ritmos dos rituais Angola-Congo são básicos para as danças dos Sambas de Caboclo. Barravento, cabula e congo são alguns dos polirritmos utilizados pelos instrumentistas, que adequam essas fórmulas aos tipos de melodias.

Geralmente, os atabaques são pintados nas cores dos orixás ou são vestidos com *Ojás* de pano, que possuem as cores simbólicas das divindades homenageadas. Nas práticas de Caboclo, o verde-amarelo é a cor representativa e predominante. Inclusive, vários terreiros possuem conjuntos distintos de atabaques: aqueles que são exclusivamente utilizados para os orixás e aqueles que pertencem aos Toques de Caboclo.

Todo o rigor é observado na manutenção dos preceitos voltados à fixação dos elementos mágicos relativos aos atabaques dos Caboclos. Rituais de alimentação, pembas e outros elementos rituais são colocados nos atabaques, objetivando uma boa atuação, chamando os *Encantados* para dançar e entrar em contato com os seus adeptos. Os atabaques são respeitados como importante elo que liga os *Encantados* aos crentes, por isso as danças sempre são voltadas para esses instrumentos.

Agogô – comumente utilizados, como nas demais manifestações afro-brasileiras. Duas campânulas de metal percutidas com uma haste de ferro.

Cabaça – também conhecida como *afoxé, aguê* e outros nomes. Instrumento confeccionado com o fruto da cabaça, recoberto com uma rede de búzios, contas ou sementes conhecidas como "lágrimas de Nossa Senhora". A cabaça é instrumento importante no conjunto instrumental do Samba de Caboclo; juntamente com o caxixi, realiza os ritmos das cerimônias privadas endereçadas aos *Encantados* no interior dos santuários.

Caxixi – esse instrumento é confeccionado em uma pequena cesta de vime, tendo no seu interior conchas e pedrinhas. O caxixi funciona como o Adjá, nas práticas dos terreiros afro-brasileiros. Sacudindo o caxixi, as oferendas são entregues e os *Ingorôssis* são efetuados. Os rigores e os preceitos dos sacrifícios, ao som do caxixi, que é portado pela pessoa de maior posição hierárquica no grupo, são baseados nos rituais Angola-Congo.

Guardado próximo aos Assentos dos Caboclos, o caxixi é também o símbolo do poder e da comunicação entre os *Encantados* e seus adeptos.

Tacos – com o objetivo de reforçar os ritmos das palmas, os tacos de madeira são percutidos pela assistência, que assim participa ativamente dos sambas, podendo cantar e até dançar com os Caboclos. Esses tacos de madeira medem, aproximadamente, 12 cm por 7 cm, não possuindo nenhum vínculo especial ou religioso. Funcionam exclusivamente para reforçar os toques, animando as festas.

Chocalhos – sem especificar tipo ou tamanho, os chocalhos entram no conjunto instrumental do Samba de Caboclo, atuante na complementação rítmica, enriquecendo o conjunto timbrístico. Esses chocalhos geralmente são feitos em folha-de-flandres, não desempenhando nenhuma função religiosa. É importante observar que o xeré – chocalho ritual de Xangô – não é utilizado nas práticas dos Caboclos.

Viola – é raro o aparecimento de instrumentos de cordas nas realidades dos terreiros de cultos populares, sejam afro-brasileiros ou afro-indo-brasileiros.

A viola é incorporada ao conjunto de percussão para aumentar as possibilidades melódicas dos Sambas de Caboclo, inclusive algumas letras focalizam a presença desse instrumento, por exemplo:

> Viola meu bem, violá
> Vou m'embora pro sertão
> Viola meu bem, violá
> Eu aqui não me dou bem
> Viola meu bem, violá.
> Sou empregado da Leste
> Sou maquinista do trem
> Vou m'embora pro sertão
> Eu aqui não me dou bem.
> Viola meu bem, violá
> Viola meu bem, violá.

Nos conjuntos instrumentais de samba de Partido e de Terreiro, a formação básica é de percussão, incluindo a viola e o cavaquinho. Talvez a influência dessa formação tenha aparecido no conjunto do Samba de Caboclo, que é praticamente o único conjunto agregado aos terreiros afro-brasileiros que se utiliza da viola.

Pandeiro – característico o seu uso nas rodas de Capoeiras e de Samba, esse instrumento constitui-se num ritmador dos mais importantes para as danças dos Caboclos.

A MÚSICA VOCAL

Os sambas são cantados por todos; geralmente, os próprios Caboclos puxam suas cantigas, realizando os solos. Os Ogãs e dirigentes dos terreiros também entoam os solos de acordo com a necessidade do momento. A forma de responsório é mantida para todas as cantigas.

As letras geralmente são em português ou um misto de português com palavras em dialetos africanos ou totalmente em dialeto; estas são conhecidas como de *sotaque*.

A temática desenvolvida nas cantigas aborda os Caboclos, sua vida nas selvas, suas boiadas – quando capangueiros; a natureza, as frutas, as lutas e os feitos heróicos, realçando a valentia e a coragem. A submissão dos caboclos aos ensinamentos de Deus e o profundo respeito aos orixás constituem motivos que são desenvolvidos nas rodas de Samba de Caboclo.

Além das cantigas comuns, cada *linha* ou *tribo* possui suas melodias, e certos Caboclos têm músicas próprias que relatam seus feitos. Alguns exemplos servirão para melhor mostrar as cantigas dos Caboclos:

> O pavão é um passo bonito
> Com suas penas douradas
> Todas elas tão formosas
> Na sua aldeia
> Os Caboclos gozam.

(Essa cantiga focaliza o pavão, que é uma das aves de maior agrado dos Caboclos. A palavra "passo" é uma corruptela de pássaro.)

> Caboclo pegou meu pavão
> Na beira do rio, riá
> Caboclo pegou meu pavão
> Na beira do rio, riá

As cantigas dos capangueiros sempre se reportam ao pastoreio:

> A menina do sobrado
> mandou me chamá
> pra seu criado
> eu mandei dizer a ela

> q'eu estou vaquejando meu gado
> Alô! alô! boiadeiro
> Eu só gosto de samba rodado
> Alô! alô! boiadeiro
> Eu só gosto de samba rodado.

Outra melodia mostra o boiadeiro em sua função de vaqueiro:

> Foi nesse passo
> que eu saí da minha aldeia
> com o meu chapéu de lado
> montado no meu cavalo
> quando eu saí
> minha mãe me abençoou.

Outro exemplo que mostra as atividades dos capangueiros:

> Minha corda de laçá meu boi
> O meu boi fugiu
> Não sei pra onde foi
> Cadê minha corda
> De laçá meu boi.

Outras letras relatam a vida dos Caboclos nas selvas. O exemplo que passamos a observar mostra a presença da Cabocla Jurema, personagem importante no panorama da mitologia indo-afro-brasileira:

> Com três dias de nascido
> Minha mãe me abandonou
> No sertão da mata virgem
> Foi Jurema quem criou.

Essas cantigas são entoadas quando oferecem a mesa da Jurema em honra a todos os Caboclos:

Jurema ô Jurema Juremá
Ele é Caboclo de pena
Quando vem da Jurema
Ele é Caboclo de pena.

Jurema ê Juremá
Jurema ê Juremá
Jurema ê Juremá
Caboclo vem da Maianga.

Tindorê, aê cauíça
Tindorê meu sangue reá
Eu sou filho
Eu sou neto
da Jurema
Tindorê aê cauíça.

Cauíça o cauíça
é Orixá
nas horas de Deus, amém
é Orixá.

A Cabocla Jurema também está intimamente ligada aos cultos aquáticos, em especial os rios, cachoeiras e regatos. Ela também chefia uma *linha* ou *tribo*, reunindo uma quantidade de Caboclos sob seu comando.

Os Caboclos, quando vão "tomar rum", vêm paramentados, levando suas insígnias, os fios-de-contas representativos e demais detalhes necessários que possam caracterizá-los. Nesse momento, o cântico de entrada é o mesmo utilizado nos Candomblés Angola-Congo, sendo o seguinte:

Toté, toté, toté de maionga
Maiá, Totêê.

Ao som dessa cantiga, os Encantados entram solenemente e a assistência, de pé, recebe, saudando as divindades. Em seguida, iniciam-se as danças, respeitando a ordem de antiguidade no santo, quer dizer, as iniciadas mais velhas têm o direito de dançar primeiro, seguindo-se, sucessivamente, as demais.

Melodias que procuram animar as rodas de samba são também encontradas, músicas que têm o objetivo de estimular a dança e seus participantes:

> O Caboclo é bom?
> Bate palma pra ele
> O Caboclo é bom?
> Bate palma pra ele.

Outras músicas são utilizadas para os Caboclos cumprimentarem a assistência:

> Boa noite
> quem é de boa noite
> Bom dia
> quem é de bom dia
> Abença, meu papai, abença,
> Sou o Caboclo
> Sou rei lá da Hungria

(O Caboclo que canta se identifica, dizendo se é o Boiadeiro, Rei das Ervas ou outros.)

O sentido de nacionalismo e de fixação da imagem do Caboclo como o símbolo da terra é observado nas seguintes letras:

> Meu pai é brasileiro
> Minha mãe é brasileira
> O qu'eu sou
> Eu sou brasileiro.

O brasileiro
O brasileiro
O brasileiro imperador
O brasileiro o qu'eu sou.

Salve Deus
Salve a Pátria
Salve os homens
Salve todos que estão aqui.
Salve Deus
Salve a Pátria
Salve os homens
Salve o Caboclo
que é o dono do Brasil.

Os cumprimentos, abraços e contatos individuais com a assistência geralmente iniciam com o canto seguinte:

Um abraço dado
de bom coração
é mesmo que uma bença, uma bença
uma bênção.

A seriedade e a contrição sentidas e observadas nas práticas dos orixás tornam-se mais liberais e abertas quando os Caboclos chegam e fazem sua festa. A alegria é a tônica predominante, inclusive com a participação de pessoas da assistência, puxando cantigas. Melodias comuns às de Tauamim, apresentadas nos Terreiros Angola-Congo, podem ser dedicadas aos Caboclos, pois fortes vínculos unem os habitantes das matas com o inquice Tauamim. Entre os Orôs mais freqüentes temos:

Tauamim aê Tauamim
Ainga cangira munganguinga ê Tumbá, Tauamim.

Ossãe ou Catendê é a divindade ligada às folhas litúrgicas e medicinais quando forte relacionamento é estabelecido entre os Caboclos e a dona das matas; alguns também consideram Catendê como uma divindade de caráter masculino.

Essa cantiga é pertencente aos rituais Angola-Congo:

> Catendê, Catendê, Catendê ganga
> Catendê de Aluanda ê
> Catendê ê ê ê
> Catendê, Catendê, Catendê ganga.

Além da utilização das cantigas comuns aos Candomblés Angola-Congo, outras músicas, caracterizadas pela simplicidade, são de uso freqüente nos Sambas de Caboclo, inclusive aquelas que focalizam a terra prometida – Aruanda:

> Pedrinha miudinha
> na Aruanda auê
> Lajeiro tão grande, tão grande
> na Aruanda auê.

Aruanda, segundo algumas pesquisas, seria uma corruptela de *Luanda*, capital de Angola. Também o uso do vocábulo Aruanda, significando terra distante (continente africano) e lugar onde moram os Encantados, amplia a concepção de céu.

Aruanda é muito comum nas letras de inúmeras cantigas utilizadas nos cultos populares e é costume ouvirmos o seguinte: "O Caboclo foi para Aruanda", querendo dizer que ele foi embora e para o lugar de destaque no nivelamento mágico.

> Aê Juçara
> Tumba Juçara eu vim te vê
> Aê Juçara
> Tumba Juçara, como vai você.

Nessa letra, a Cabocla Juçara, que é ligada às divindades aquáticas, é saudada nos terreiros. Temos também o chamado sotaque do Samba de Caboclo na letra que se segue:

> Oiá, oiá, ê mamãe Kudembanda
> Oiá mô Kamburá
> berecô é Tata Kumbanda
> A língua que fala o que não vê
> Só frita no dendê
> A língua que fala que não é
> Só arrancada pelo pé.

É considerada sotaque a presença de versos ditos em dialetos, quando uma mistura de Quimbundo e Maconde é observada, além de sentirmos também um forte processo de corruptela dos termos originais.

O sotaque não é muito freqüente nas rodas de Caboclo. A maioria das cantigas em dialetos é encontrada nos Candomblés Angola-Congo.

> Caboclo de Mainganga
> É um Táta ê mê
> Ele é da Mainganga
> É um Táta ê mê
>
> Caboclo da Mainganga
> É Oiá a motamba
> Ele é um Táta ê mê.

(Esses exemplos focalizam a *Mainganga* que é a mata, hábitat natural dos Caboclos, e *Matamba*, divindade dos relâmpagos e dos ventos – ainda o sotaque é observado.)

A produção de Sambas de Caboclo é incontável, visto o constante dinamismo que leva às transformações das cantigas e criações de outras. A tônica principal é a focalização das atividades dos índios e suas proposições diante da vida.

Mais dois exemplos complementarão a amostragem:

> Caboclo é bom
> é irmão do outro
> pisa no galho
> no rastro do outro.

> Caboclo é bom
> é irmão do outro
> um arranca o pau
> outro arranca o toco.

Essa cantiga focaliza o enredo da caçada, e os Caboclos de pena vão pegar seus pássaros:

> Atirei ê ê
> Atirei e não achei
> Atirei no aro ekô que odô
> Atirei careô.

INDUMENTÁRIAS

Baseando-se nas manifestações sobre os indígenas, sua maneira de ser e seu comportamento, os trajes dos Caboclos são confeccionados pelos adeptos que procuram sintetizar as características indianistas. Variada presença de penas, pêlos, dentes, frutos, detalhes em couro, contas e ervas constituem, em seu conjunto, o traje do Caboclo. As sobrevivências de elementos africanos nas indumentárias são visíveis; exemplo disso é o uso do ojá amarrado à altura do busto, quando os Caboclos vão dançar no barracão.

O aparecimento de fios-de-contas, segundo os modelos dos terreiros afro-brasileiros, é importante na indumentária ritual do Caboclo. Geralmente, os *Diloguns* são colocados nas cores representativas das divindades, como: vermelho para Matamba; vermelho e branco em contas rajadas são endereçados a Zaze; o verde é de Tamauim; o branco, de Lembá; preto e branco são usados para Burungunço e Tempo; amarelo para Caiala; contas transparentes são de Dandalunda e os fios, nas cores verde e amarelo, são característicos dos Caboclos.

O aparecimento de Idés, em metais variados, também ajuda a representar os Encantados protetores. Os fios das divindades masculinas são portados a tiracolo e os das divindades femininas, de maneira normal. Os cocares em penas coloridas servem para identificar o Caboclo, seu nome ou sua "linha". Cordões repletos de cabacinhas, dentes encastoados, amuletos variados e símbolos de caça ajudam a complementar a indumentária.

As armas ou ferramentas rituais são as flechas, arcos e lanças; algumas machadinhas também aparecem e são utilizadas pelos Caboclos ligados ao Inquice Zaze. Saietas e calçolões são muito encontrados nos trajes de Caboclos, nos quais é observada forte influência das indumentárias dos orixás.

Os Caboclos Capangueiros primam pelo uso de detalhes em couro lembrando os trajes dos vaqueiros, em que chapéus, chicotes e outros objetos comuns aparecem.

Antes do estado de possessão, as iniciadas participam das danças com seus trajes comuns, quer dizer, as mulheres com saia rodada, pano-da-Costa, turbante, camisa de crioula e chinelos. Após o contato do Encantado e sua vinda, a iniciada é recolhida, quando no roncó os trajes são trocados, voltando, mais tarde, caracterizada com os símbolos do seu Caboclo, estando pronta para dançar e desempenhar suas funções.

Dizem os adeptos que pena de Caboclo é de ema ou de pavão e que todos os pêlos de animais podem aparecer.

Assim, as indumentárias dos Caboclos são criadas e adequadas às condições socioeconômicas e subjetivas dos crentes.

O Samba de Caboclo no Rio de Janeiro

Possuindo características peculiares dos grandes centros urbanos, a cidade do Rio de Janeiro congrega o Brasil e suas influências culturais diversificadas que aqui passam por processos de adequação, continuando, no entanto, a manter os valores mais importantes que norteiam as manifestações da cultura popular.

O Samba de Caboclo, aliado ao culto dos Encantados, é estabelecido em muitos pontos do estado do Rio, e a cidade do Rio reúne, nos muitos terreiros de cultos afro-brasileiros, adeptos e crentes que vivificam nas danças e nos cânticos dos Caboclos a fé e o divertimento.

Muitas foram as fontes de pesquisa. Relacionamos dois cultores do Samba de Caboclo no Rio que mantêm, dentro dos valores originais, o culto e a diversão unidos pelo espírito religioso.

– Antônio dos Santos Ferreira – o *Babalu*, se diz neto de africano e índio, daí o seu forte vínculo com os preceitos dos Encantados. Há vinte e cinco anos desfila no *Afoxé Filhos de Gandhi*, no Rio, desempenhando o papel de um índio.

– Antônio Ferreira – ou, como prefere, *Babalu*, é baiano, nascido em 1923, e radicado no Rio, onde desenvolve seus cultos aos Caboclos, sendo conhecedor dos enredos e das práticas pertinentes às linhas ou tribos dos Encantados. *Babalu* é de Oxóssi Mutaquilombo e possui o *Caboclo Boiadeiro*. Foi no terreiro de Ciríaco, ritual Angola, que Babalu manteve seus primeiros contatos com o candomblé e os rituais de Caboclo, incluindo os ensinamentos sobre as danças e cantigas dos Sambas. Situou as casas Angola e Moxicongo como principais redutos dos Caboclos, ampliando os cultos que, no início, tiveram forte resistência, pois os terreiros africanistas não permitiam a penetração de novas divindades e chamavam de *Angolão* os candomblés que se dispunham a festejar os Caboclos.

Babalu situa alguns Caboclos que considera de grande importância. O índio com que ele desfila no afoxé é incluído na Tribo de Tapajós, citando, ainda, as tribos Marajós e Camutuã. Campina Grande, Seu Caipira, Seu Caipó, Seu Caipina são Caboclos de grande preceito na concepção do informante.

Para sair no Carnaval, no Rio, dentro dos rigores do Afoxé, Babalu realiza rituais em que procura obsequiar de Exu a Oxalá, sacrificando caprinos, aves e oferecendo comidas próprias da culinária dos deuses.

As frutas, em especial a abóbora-moranga, são dedicadas aos Caboclos, juntamente com o oferecimento de vinho, cachaça e aluá.

Sobre as bebidas de Caboclos, podemos constatar enorme variedade, quando algumas ervas são colocadas com cachaça, mel e outros ingredientes. Os aluás (espécie de refresco), feitos de milho, abacaxi e mandioca crua ralada e posta em fermentação num pote de barro, podem ser servidos nos preceitos dos Caboclos. A *meladinha*, feita com cachaça e mel, e o *caium*, preparado com mel, cachaça, rapadura e urucum ralado, são de grande agrado dos capangueiros e Caboclos de pena.

A *Jurema* é outra importante bebida dedicada aos Encantados das matas. Utilizando a folha ou a entrecasca da juremeira, cachaça e mel, colocados em um pote de barro, a Jurema está pronta para ser servida aos Caboclos em suas cerimônias.

As folhas de angico, cipó-caboclo, cipó-cravo, milomes e dandá são utilizadas em outras bebidas, em que o mel e a cachaça são elementos indispensáveis.

Todo esse conjunto de bebidas, incluindo algumas industrializadas, como os vinhos, serve para animar as rodas dos Sambas de Caboclos.

Para a abertura das cerimônias, alguns ritos são necessários. O oferecimento da abóbora-moranga contendo mel pode substituir o *Padê de Exu*; a entrega da farofa é sempre realizada.

O forte relacionamento entre os Caboclos e Ossãe é muito grande, pois vasta tradição oral relata os feitos da protetora das matas e dos seus habitantes, os Caboclos.

O informante amplia suas focalizações relatando uma série de ervas comuns na preparação de sucos especiais utilizados nas práticas de Caboclo. A aroeira, maravilha, magnólia, dama-da-noite, cipó-caboclo, corama, joatinga, guiné e arruda servem para desempenhar as funções mágicas necessárias aos cultos dos Encantados.

Segundo *Babalu*, a realização do *Zamburá* é de grande preceito, pois os Caboclos vão se pronunciar dando aos seus adeptos condições de melhor realizar suas práticas.

Nas feituras do *Aluandê* e *Agauntá*, no *Arutá*, os ritos são mantidos e os valores são respeitados nos princípios dos Encantados, mantendo, assim, a sobrevivência das cerimônias, dos Caboclos e seus sambas.

Joel Lourenço do Espírito Santo é outro importante conhecedor dos Caboclos e seus preceitos. Joel está também ligado à Capoeira Angola, realizando suas rodas e cultuando os seus Encantados.

O informante é Ogã do Candomblé de Otávio da Ilha Amarela, ritual Angola, realizando, há muitos anos, seu culto a Oxóssi e aos Caboclos. O Terreiro do Bate Folha também foi citado como significativo reduto dos cultos voltados aos Encantados.

Joel relacionou alguns Caboclos que reputa de grande preceito: Eru, Tupã, Tupiniquim, Pena Preta, Pena Roxa e Jacuí, considerada a mais bonita das Caboclas.

As comidas e bebidas não poderiam faltar. A moqueca de jibóia foi um prato citado por Joel, que relacionou outras caças como alimentos comuns aos Caboclos. O oferecimento das bebidas é acompanhado por melodias rituais. O informante assinalou o seguinte:

> Minha cabacinha
> que veio da minha aldeia
> se não trouxer meu mel
> eu não piso em terra alheia.

O Samba de Caboclo é a alegria dos próprios Caboclos, como relatou Joel. Na *maloca* ou *abaçá*, os Encantados vão mostrar seus dotes de dançarinos e contar seus enredos.

Ossãe não poderia deixar de ser citado, e, entre as muitas lendas, temos a seguinte:

> Ossãe faz as pessoas se perderem nas matas, por isso as pessoas oferecem fumo, mel e cachaça, conseguindo, assim, encontrar o caminho. Dessa maneira, Ossãe é agradado e deixa a pessoa sair.

Os Caboclos sempre pedem ajuda a Ossãe, que é também chamado de *Capoeira*. Ossãe põe os ouvidos no chão e localiza as pessoas nas matas, servindo aos Caboclos para situar os seus inimigos.

Joel do Espírito Santo, ao focalizar Joãozinho da Goméia e o seu Caboclo Pedra Preta, o fez dizendo do bom angolista que era e das grandes qualidades de pé de dança, além de focalizá-lo como um dos maiores conhecedores dos rituais dos Encantados do Rio.

AFOXÉ
O CANDOMBLÉ DE RUA

Papéis e funções

Afoxé é um cortejo de rua que tradicionalmente sai durante o carnaval de Salvador, Fortaleza e Rio de Janeiro. É importante observar nessa manifestação os aspectos místico, mágico e por conseguinte religioso. Apesar de os afoxés se apresentarem aos olhos dos menos entendidos como simples bloco carnavalesco, fundamentam-se os praticantes em preceitos religiosos ligados ao culto dos orixás, motivo primeiro da existência e realização dos cortejos. Por isso, afoxé também é conhecido e chamado de *candomblé de rua*.

Os grupos de afoxés passam por grandes modificações, como todo fato folclórico, sujeito e aberto às modificações socioculturais. Apesar de todas as modificações e desfigurações, esses grupos procuram manter valores e características de africanidade como: cânticos em dialetos africanos; uso de um instrumental de percussão, incluindo atabaques, agogôs e cabaças; utilização de cores e símbolos que possuam significados específicos dentro dos preceitos religiosos dos terreiros de candomblé. Não obstante, surgiu o afoxé de caboclo ou afoxé de índio, criação natural do processo de aculturação e assimilação de novos valores. As agremiações conhecidas por *Índios do Brasil, Tribo Costeira da Índia, Índios da Floresta* representam em Salvador as novas tendências, contudo baseadas nas características dos afoxés africanos. Os grupos *Império da África*, *Filhos de Odé*, *Mercadores de Bagdá*, *Cavaleiros de Bagdá*, *Filhos de Obá*, *Congos da África* e *Filhos de Gandhi* representam as agremiações que procuram manter os valores afro tradicionais.

Na cidade de Salvador, os dias dos afoxés ocorrem no domingo e na terça-feira de carnaval, sempre à tarde. As agremiações, além de desfilar pelo centro da cidade, visitam terreiros de candomblé e casas de pessoas amigas. O espírito satírico é uma constante nessas apresentações. É comum observarmos troças que criticam os babalaôs jogando búzios, imitação dos negros Nagôs com as marcas tribais no rosto e dos trabalhos braçais por eles desempenhados. Dessa maneira, alguns costumes vinculados às raízes africanas são satirizados pelos próprios descendentes dessa cultura. O que realmente importa é a liberdade de criar situações cômicas. As proposições dos afoxés e dos seus participantes modificam-se de grupo para grupo.

Veremos, em "O afoxé no Ceará" (p. 223), o afoxé em Fortaleza, baseado exclusivamente em preceitos religiosos, constituindo-se numa complexa liturgia. Observaremos também que o grupo de afoxé da cidade do Rio de Janeiro, Filhos de Gandhi, está baseado nos preceitos do ritual Gexá. E ainda os vestígios do afoxé nas cidades de Cachoeira e Recife, e outras significativas considerações sobre o afoxé e seu campo de ação.

Os laços lúdico-religiosos que congregam as pessoas nos afoxés importam antes de mais nada pela manutenção de valores culturais pertinentes ao afoxé e suas tradições negro-africanas, transpostas para o Brasil, adaptadas e assimiladas dentro de uma nova realidade.

Histórico

Em 1895, em Salvador, o primeiro grupo de afoxé mostrou publicamente aspectos dos ritos do candomblé. Em 1897, outro grupo saiu às ruas com o enredo "As Cortes de Oxalá" e, em 1922, já estruturado, participando ativamente do carnaval e utilizando a temática dos orixás, encontramos o *Afoxé Papai da Folia*.

No livro *Costumes africanos na Bahia*, Manuel Querino assim se refere aos afoxés que presenciou em Salvador:

> Em 1897, fora aqui realizado o carnaval africano, com exibições do *Clube Pândegos de África*, que levou a efeito a reprodução exata do que se observava em Lagos. O préstito fora assim organizado: na frente iam dois príncipes bem trajados; após estes, a guarda de honra, uniformizada em estilo mouro. Seguia-se o carro conduzindo o rei, ladeado por duas raparigas virgens e duas estatuetas alegóricas. Logo depois, via-se o adivinhador à frente da charanga, composta de todos os instrumentos usados pelo feiticismo, sendo que os tocadores uniformizados à moda indígena usavam grande avental sobre calção curto. O acompanhamento era enorme; os africanos principalmente, tomados de verdadeiro entusiasmo, cantavam, dançavam e tocavam durante todo o trajeto, numa alegria indescritível. Acerca dessa festa, o *Jornal de Notícias*, de 15 de fevereiro de 1899, assim se externou: "Os clubes vistosamente se apresentavam, recolhendo aplausos e saudações dos seus adeptos numerosos. Foram eles: *A Embaixada Africana* e os *Pândegos de África*, já apreciados do nosso público, porquanto desde uns três anos se disputavam a palma nessas festas." Outros subsídios importantes ainda foram divulgados pelo *Jornal de Notícias*, de Salvador: "O estandarte da *Embaixada* era empunhado pelo rei Ptolomeu – faraó sobre um grande elefante; e os *Pândegos de África*, pelo rei Lobossi à sombra de uma enorme concha. Carros alegóricos, como a tenda do *Pai Ojôu* levado pelo afoxé *Pândegos de África* e outro com uma crítica levado pelo afoxé *Embaixada Africana* finalizavam os cortejos."[1]

Nina Rodrigues nos fornece outros informes históricos sobre os afoxés de Salvador: *A Chegada Africana* e os *Filhos da África* são ci-

---

1 Op. cit., p. 72.

tados como os grupos mais tradicionais observados pelo estudioso baiano. Continua Nina Rodrigues: "Esses grupos de afoxés eram encontrados às dezenas, destacando-se os dois já enumerados. Nos bairros da Quinta das Brotas, Engenho Velho, Estrada da Soledade, Santana, Água de Meninos, os muitos cordões de afoxé ensaiavam e preparavam-se para o carnaval.

A riqueza dos cortejos e os variados personagens e a fidedignidade às tradições africanas norteavam os afoxés nos fins do século XIX e primeiras décadas do século XX. No cortejo dos Pândegos de África, um dos carros representava a margem do *Zambeze*, o rei Lobossi estava representado com seus ministros, Auá, Omã e Abato. Outro carro alegórico trazia dois importantes personagens da corte de Lobossi – Barborim e Rodá. Muitos ídolos e totens eram também exibidos pelos participantes do cortejo."

Manuel Querino refere-se a uma festa realizada em janeiro na cidade de Lagos, Nigéria, que recebia o nome de *Domurixá*, ou seja, *Festa da Rainha*, em que um verdadeiro carnaval era realizado. A influência do Domurixá nos cordões dos afoxés baianos foi sustentada por Querino. Essa hipótese se baseou nas similitudes encontradas entre os cortejos da África Ocidental e os realizados no carnaval de Salvador.

O gradativo desaparecimento dos afoxés já era assinalado em 1929. O grupo Pândegos de África, que desde 1899 não mais saía no carnaval, retorna, e o jornal *A Tarde*, de 9 de fevereiro de 1929, assim relata a sua volta: "Abrira o préstito uma grande filarmônica trajada a caráter, executando nos seus clarins e fanfarras as mais típicas marchas africanas; precedendo o carro chefe, ver-se-á o arauto, representando *Balogum*. O carro chefe puxado por seis cavalos ricamente ajaezados será ladeado por seis lanceiros, vestidos com trajes característicos. No referido carro vem o rei Obá Alaké e o seu séquito. Em seguida, virá a guarda de honra e a cavalaria, representando os *Jagum-Jagum*, guerreiros africanos. Fechará o préstito afinada charanga composta de doze músicos."

Outros grupos de afoxés, como *Otum Obá de África*, *Congo de África*, mantiveram a força dos costumes lúdicos negro-africanos na Bahia.

No Rio de Janeiro, a 12 de agosto de 1951, é instalado o afoxé *Filhos de Gandhi*. Essa agremiação está baseada na vivência dos seus fundadores em outros grupos de afoxés. *Pândegos de África*, *Otum Obá de África*, *Papai da Folia*, *Congo de África* e o próprio *Filhos de Gandhi* de Salvador deram os subsídios e os fundamentos do grupo carioca, que representa no carnaval da cidade do Rio de Janeiro as mais significativas lembranças dos costumes afro-baianos.

ENREDOS AFRICANOS, BASES DOS AFOXÉS

Como nos fundamentos das religiões negras no Brasil, em que os enredos, através das histórias, explicam e instruem sobre os orixás, seus domínios e funções, encontramos alguns episódios nesses enredos que servem para esclarecer e justificar alguns aspectos místicos e mágicos que envolvem os afoxés e suas origens.

O PEQUENO ILU DO AFOXÉ

No reino de Oloxum, na terra de Gexá, havia uma comunidade exclusiva de mulheres, na qual os homens não podiam entrar. Na época das grandes festas consagradas à rainha de Gexá, que é Oxum, cortejos percorriam as dependências dos palácios, praças e principais ruas do reino. As mulheres tocavam pequenos ilus, presos no pescoço com alças de fibra, percutindo os couros com ambas as mãos. Esses pequenos ilus eram específicos dos cortejos e festas consagradas a Oxum, e só mulheres poderiam pregar e utilizar tais instrumentos. Isso se constituiu em verdadeiro preceito religioso, que ainda fundamenta muitos ritos ligados ao orixá Oxum.

Esses ilus sobreviveram no Brasil especialmente nos cortejos dos afoxés, que, segundo muitos participantes, possuem sua origem nos séquitos festivos de Oxum.

O CAMELO DOS GANDHIS

As sobrevivências totêmicas nos ranchos e cordões tornam-se mais raras de ano para ano. No afoxé Filhos de Gandhi, em Salvador e no Rio de Janeiro, o camelo é o símbolo que representa a agremiação. A escolha do camelo como símbolo foi justificada da seguinte maneira: o afoxé procura homenagear Gandhi, exemplo de homem e estadista; o camelo foi colocado como símbolo devido ao relacionamento estabelecido entre o animal e o Oriente. Dessa maneira, o camelo entra para a heráldica popular, não havendo nenhum vínculo com as tradições negras. Assim pensam os atuantes do afoxé Filhos de Gandhi. Concluindo-se que a escolha do camelo foi ocasional, devemos conhecer uma lenda iorubana que relaciona o camelo a Xangô, orixá patrono desse afoxé. Essa informação foi obtida em visita realizada ao "Ilê Lia Omin Axé Iamassê" pela ialorixá Menininha do Gantois, que disse o seguinte: "Os orixás cavaleiros são três: Ogum, Oxóssi e Xangô. Eles gostam muito de cavalgar, mas Xangô prefere o camelo ao cavalo. Esse animal é da predileção desse orixá."

O DOMURIXÁ

Relacionado com as festas públicas endereçadas a Oxum, encontramos o *Domurixá*, ou *Festa da Rainha*, cortejo realizado no mês de janeiro na África. Essa manifestação encontrou repercussão aqui no Brasil através dos primitivos afoxés que saíam nos fins do século XIX. Assim, podemos tentar encontrar uma possível origem para os cortejos dos afoxés. Torna-se difícil afirmar, pois os afoxés tomaram os mais variados rumos e assumiram diversificados aspectos, que mudam de grupo para grupo, apesar de uma certa unidade comum a todos.

O PADÊ DE EXU, INÍCIO DO AFOXÉ

Como no início dos rituais dos candomblés, quando Exu, o mensageiro, é despachado pelo ato do padê, o mesmo ocorre no início das funções dos afoxés.

O padê constitui-se basicamente no oferecimento de farofa amarela e branca e quartinha contendo água. Essas ofertas são colocadas no centro do salão, onde os grupos realizam os ensaios, e todos dançam em volta do padê. As melodias são endereçadas a Exu, o mesmo ocorrendo com as danças. Em determinado momento, o padê é levado à rua. Três pessoas são incumbidas de realizar o oferecimento das farofas e da água. Essa cerimônia é repetida todas as vezes que as funções iniciam e todos os dias antes de o afoxé sair para desfilar no carnaval.

Outros ritos que funcionam correlatos ao padê tradicional são também realizados pelos grupos. O efeito, quer dizer, o que se espera do padê ou desses outros atos, é praticamente o mesmo. Utilizando apenas uma quartinha com água ou um pequeno alguidar contendo farofa branca ou abrindo um acaçá e depositando junto na rua com um pouco de água, estarão realizados os atos iniciais que funcionam para despachar Exu: colocando-o na rua para não atrapalhar o bom desenrolar das atividades e ao mesmo tempo utilizando essa divindade como guardiã e protetora do afoxé, evitando brigas ou quaisquer outros problemas. Quem realiza o ato do padê ou mesmo quem ordena tal função é o presidente do grupo de afoxé, que, além dos demais encargos, é o responsável pelas cerimônias religiosas do afoxé.

Além dessas práticas enumeradas e utilizadas pelos afoxés gexá, observarnos nos grupos dos afoxés de caboclo ou de índio o emprego de outros atos, que servem para iniciar as atividades do grupo. O padê geralmente é feito acrescentando uma garrafa de *otin*. A complementação é feita assoprando a pemba nos cantos do salão e sobre as pessoas que constituem o afoxé. Esse é um ato de purificação e ao mesmo tempo de proteção contra qualquer malefício. Em certos casos, nos dias de carnaval, pólvora é queimada durante os momentos que constituem o padê. Concluímos que a vinculação religiosa dos afoxés com os candomblés é muito forte. A repetição de certos ritos comuns serve para reforçar os elos que motivam o congraçamento entre os adeptos, participantes dos afoxés e dirigentes dos terreiros.

BABALOTIM

Entre os muitos grupos de afoxés de Salvador, os *Africanos em Pândega* possuíam o *Babalotim*, boneco pintado de preto que vestia roupa de cetim, medindo cerca de cinqüenta centímetros. Esse boneco não era apenas mais uma alegoria para enfeitar o cordão. O Babalotim era antes de mais nada uma divindade, um totem, possuidor de atribuições mágicas. Feito em madeira e possuindo articulações nos braços e nas pernas, o Babalotim era carregado no cortejo por uma criança do sexo masculino. Apenas meninos podiam carregá-lo, e isso fazia parte do mistério que envolvia o totem. No interior do boneco, uma série de utensílios preparados nos terreiros de candomblé era depositada. Isso se constituía no chamado Axé, quer dizer, força mágica ou objeto possuidor dessa força. Assim, esse totem representava o poder do grupo e a segurança religiosa de que os orixás estavam atuando através do axé colocado no Babalotim. Visando a propiciar melhores resultados, imolações de animais eram realizadas, aves e caprinos ritualmente eram sacrificados para o Babalotim. Tais cerimônias possuíam caráter privado e os detalhes dos ritos desenvolvidos não eram revelados.

Forte relacionamento encontramos entre o Babalotim do afoxé e a *Calunga* do maracatu. A boneca de pano, cera ou madeira também é a fornecedora da força mágica do grupo de maracatu. No seu interior, objetos religiosos, pós e outros utensílios eram colocados de maneira ritual e sagrada. A Calunga, ao contrário do Babalotim, que é carregado exclusivamente por um menino, deve ser carregada por uma mulher. Ambos os símbolos vêm após o porta-estandarte, abrindo assim o cortejo. A colocação estratégica do Babalotim, abrindo o cordão do afoxé, funcionava como um verdadeiro *abre-alas* mágico, pois os participantes acreditavam que aquela escultura em madeira tanto emanava coisas boas como repelia coisas ruins.

A propriedade religiosa do Babalotim limitava-se aos dias de carnaval, quando o totem era preparado durante os rituais secretos, assim podendo atuar nos afoxés e nas ruas de Salvador. Hoje não mais encontramos o Babalotim, e mesmo do sentido religioso do próprio afoxé muito se perdeu.

No plano mitológico, o Babalotim não possuía o status de um deus, era uma divindade auxiliar, especialmente dos orixás que patrocinavam e protegiam os grupos de afoxé. Os ibejis foram relacionados ao Babalotim e à criança que o carregava. Havia um forte elo que ligava a função exclusiva do menino, carregando um *ídolo menino*, como explicavam os conhecedores dos fundamentos do Babalotim. Aí, o aspecto funcional era mais forte que o aspecto estético ou lúdico, critérios que também norteiam os afoxés. No caso, o importante era a escolha de um menino capaz de não interferir na magia do boneco Babalotim que muitos ligavam aos ibejis, inclusive estabelecendo cultos paralelos.

Organização do afoxé

Podemos focalizar a organização do afoxé a partir de dois grandes planos. No primeiro, temos a organização sociorreligiosa, que estrutura basicamente o grupo. O segundo refere-se às formações dos cortejos, evidenciando os aspectos hierárquicos e por conseguinte a disposição dos figurantes dentro do préstito.

O controle social do grupo de afoxé depende de alguns fatores. A direção ou a presidência da agremiação fica ao encargo de uma pessoa ligada aos terreiros de candomblé, possuindo posição hierárquica elevada dentro da comunidade religiosa local. Geralmente, um ogã ou um babalorixá assume o comando de um afoxé; raramente uma mulher ocupa a direção ou a organização desse tipo de manifestação. No entanto, nas atribuições dos quadros da *sociedade recreativa e cultural* que é o afoxé, encontramos mulheres ocupando encargos destacados. Especialmente essas mulheres também possuem status elevado dentro dos terreiros. São *equedes*, *ebâmis* ou *ialorixás*.

O organograma do afoxé tradicional é muito simples. O dirigente mantém quase todo o controle e poder. Outras pessoas destacadas dentro da hierarquia dos terreiros poderão opinar e até mesmo comandar algumas situações na agremiação. Cada integrante do afoxé deverá desempenhar um papel preestabelecido pelas próprias necessidades do cortejo. Os instrumentistas invariavelmente são os mesmos que executam nos terreiros os ritmos litúrgicos. Conhecedores dos toques de atabaques e das melodias em línguas africanas, esses músicos constituem esteio e base do afoxé. O porta-estandarte também é pessoa conhecedora dos fundamentos religiosos do afoxé e naturalmente dos rituais Gexá. Nunca uma mulher ocupou esse cargo. O pavilhão do afoxé só pode ser carregado e tocado por homens.

As transformações socioculturais em toda a sua dinâmica afetam e modificam decisivamente a cultura "folk". Dentro da organização administrativa do afoxé, verdadeiros quadros e organogramas esquematizados podem ser encontrados. Como exemplo, podemos citar o grupo de afoxé *Filhos de Gandhi* do Rio de Janeiro. Seguindo os moldes de outras agremiações, especialmente clubes recreativos, o afoxé atualmente possui a seguinte ordenação: presidente, vice-presidente, diretor social, procurador, diretor de divulgação, diretor artístico, diretor de canto, diretor de patrimônio, tesoureiro, fiscal de salão, auxiliares e responsável pela cozinha. É importante assinalar que, apesar da completa estrutura apresentada, a flexibilidade é a tônica predominante. Assim, importantes valores sociais e religiosos são mantidos.

Outro aspecto importante na estrutura dos afoxés é a aceitação de novos membros. Por tradição, todos os membros dos afoxés deveriam possuir algum vínculo que os ligasse às casas de candomblé. Esse critério, contudo, não chegava a vetar a entrada de pessoas leigas aos costumes religiosos dos terreiros. A motivação que levava e que ainda impulsiona as pessoas a participar dos cortejos do afoxé é justamente o lado místico, que predomina na manifestação.

A hierarquia religiosa assumida nos terreiros prolonga-se até o afoxé, em que pessoas possuindo cargos elevados são respeitadas e acatadas, como se estivessem dentro das próprias "roças", salvas as devidas proporções. Na organização administrativa do afoxé não há uma ascendência social definida. A participação ativa nos cortejos ou mesmo a antiguidade do participante no afoxé não são critérios determinantes que levam essas pessoas a ocupar posição de destaque na diretoria das agremiações. A estrutura e a composição das atuais direções vinculam-se basicamente ao prestígio social e poder econômico.

Muitas vezes o controle e a organização de um grupo de afoxé vêm através da tradição familiar. Membros de um mesmo grupo, visando a manter o poder e o prestígio, atuam em conjunto, não permitindo a penetração de novos elementos que possam dividir o controle da família. No caso, os principais cargos são mantidos entre os parentes. Dessa maneira, muitos valores são preservados, e esta é uma forma de sobreviver do próprio afoxé. Na organização desses grupos, certos cargos são mais importantes e necessários do que outros. O diretor de canto, por exemplo, é uma função das mais básicas para a realização dos ensaios e dos cortejos. Geralmente é um alabê que desempenha essa atribuição. Ele controla as melodias e os toques dos instrumentos.

Além dos cargos e funções já enumerados, outros poderão surgir, bem como modificações dos encargos tradicionais dos afoxés. E importante observar a constante adaptação e transformação da organização dos grupos de afoxés. As influências mais variadas, os veículos de comunicação e os modismos contribuem para uma descaracterização cada vez maior dos elementos tradicionais e também dos valores que norteiam as agremiações.

INDUMENTÁRIAS

Observamos nos atuais afoxés certa uniformidade nas fantasias utilizadas pelos grupos. Os antigos e já desaparecidos afoxés, como *Os Africanos em Pândega*, possuíam destacados guarda-roupas, que variavam de ano para ano. Muitos personagens e alas diferentes constituíam o cortejo. Variados trajes destacavam-se pela originalidade e mesmo pelo luxo apresentado nos dias de carnaval. As alas principais dos Africanos em Pândega eram formadas com roupas e símbolos dos orixás. Então tínhamos: Ala de Ogum, Ala de Oxóssi, Ala de Omolu, Ala de Xangô e outras. Cada ala mantinha as características principais do orixá homenageado, ou seja: cores votivas, fios-de-contas mantendo os símbolos da divindade e as insígnias rituais, como: Obé para Ogum, Ofá para Oxóssi e Oxê para Xangô. Basicamente, os trajes encontrados nas alas dos orixás eram constituídos de saias fartas e armadas, calçolões rendados, panos-da-Costa e camisas de crioula. As contas, pulseiras, braçadeiras e copos (enfeites de metal colocados nos antebraços) entravam como acessórios dos trajes. Para entendermos melhor a utilização e o significado das roupas dos orixás nas alas do afoxé, veremos agora detalhadamente as principais indumentárias que apareciam nos Africanos em Pândega.

– *Roupa de Oxalá*: traje totalmente branco, inclusive o pano-da-Costa, que geralmente é bicolor ou tricolor; no caso, também é branco. Predominam nesse traje as rendas e os bordados. As contas utilizadas são brancas; correntes prateadas e fios de búzios complementam os adornos do pescoço. Todo o metal que aparece nas pulseiras e copos é prateado. O pachorô é o símbolo da divindade, constituindo-se em um solene cajado, enfeitado com adjás, correntes, moedas e outros enfeites.

– *Roupa de Oxóssi*: nesta indumentária, o azul-claro, o verde e o rosa predominam. Os panos-da-Costa, feitos em madras ou listras, seguem as cores votivas da divindade. Os metais empregados nos adornos do braço, antebraço e pescoço são feitos em latão ou metal branco. O ofá, símbolo principal desse orixá caçador, constituía-se na representação ritual mais importante da ala.

– *Roupa de Oxum*: nesta roupa, o dourado e o amarelo predominam, em seguida o rosa e o azul-claro são as cores mais representativas desse orixá. Muitas rendas também são utilizadas, e o cetim predomina como tecido. Os adornos do traje de Oxum são os mais ricos. Fios-de-contas amarelas, firmas trabalhadas (contas cilíndricas), correntes douradas e argolões em latão formam os enfeites do pescoço. Idés, copos, braçadeiras e brincos complementam os acessórios do traje. Na mão, um abebê (leque) dourado representa as funções mitológicas do orixá, ligadas à beleza e à riqueza.

Outros orixás apareciam em alas específicas, mantendo sempre a presença das características e domínios mágicos peculiares.

Os instrumentistas do afoxé Africanos em Pândega destacavam-se pelos elaborados trajes. Turbante farto à moda moura, túnica com mangas bufantes e calças bombachas complementadas com botas constituíam basicamente o traje. As cores variavam, no entanto; o verde sempre predominava, pois essa era a cor representativa do afoxé. O mestre-sala, outro importante personagem, possuía dois trajes. Fraque totalmente branco e cartola ou fraque vermelho, calça branca, luvas, chapéu de palha, levando na mão um guarda-chuva enfeitado com um laço de fita, com o qual comandava e ordenava a complexa organização do afoxé, era uma espécie de batuta. Esse notável personagem era encarnado pelo dono do afoxé Africanos em Pândega, por conseguinte seu presidente: Pocidônio João da Cruz. Dentro do cortejo, o rei e a rainha eram figuras de destaque e, como tais, possuíam roupas especiais. O rei portava grande capa bordada a ouro; na mão direita espada e na esquerda um escudo com as iniciais da agremiação. Coroa dourada, túnica bordada e calça bombacha complementavam a roupa. A rainha usava grande saia rodada e armada, capa bordada a ouro, diadema de contas e demais adereços, como brincos, colares e pulseiras. Na mão levava um ramo de flores de papel. O porta-estandarte, personagem escolhido a dedo, possuía também um traje especial. Turbante, pequena capa, túnica bordada, calças bombachas e meias compridas arrematavam a indumentária. O estandarte, que era exibido nos dias de carnaval, possuía alguns detalhes. A grande flâmula franjada era recoberta com bordados a ouro. As iniciais do afoxé apareciam sobre o fundo verde, e a armação do estandarte era feita com duas lanças de metal. Esse estandarte era anualmente enfeitado com novos bordados; o fundo permanecia o mesmo. Muito ouro foi gasto nos fios dos bordados, explicou o senhor Pascázio, um dos informantes desse afoxé. Conclui-se que caracterizava esse cordão o luxo e a riqueza dos trajes, pois o afoxé sempre impressionava pela quantidade de participantes e beleza dos trajes. Atualmente, a simplicidade e o reduzido número de participantes caracterizam os afoxés que ainda sobrevivem.

Os trajes de baianas são os mais utilizados pelas mulheres. Muitas vezes essas roupas são as mesmas encontradas nos terreiros de candomblé. O pano-da-Costa, elemento significativo no traje da baiana, aparece de duas maneiras. Amarrado na altura do busto ou em forma de rodilha, colocado na cintura, o uso do pano-da-Costa é uma confirmação do aspecto religioso dos afoxés. Os turbantes das baianas também possuem significados dentro das práticas religiosas afro-brasileiras. Turbante de orelha, turbante de rodilha, turbante sem nó e muitos outros aparecem nos afoxés, mostrando a sobrevivência de valores hierárquicos e religiosos. Os homens geralmente possuem trajes menos elaborados, mantendo os turbantes e roupas, que possuem grande influência moura. Calças bufantes ou largos abadás constituem o mais comum dentro dos afoxés africanos.

Os afoxés de caboclo ou afoxés de índio substituíram os trajes de influência africana por cocares e saiotes estilizados. Os afoxés de caboclo acompanham os costumes religiosos dos candomblés de caboclo, seguindo assim suas influências, especialmente nos trajes. Alguns detalhes, como fios-de-contas das divindades protetoras, são mantidos nas roupas de caboclo, bem como o uso do oujá amarrado na altura do busto. Indistintamente, homens e mulheres trajam cocares e saiotes de penas. O porta-estandarte foi mantido, bem como o conjunto de percussão que acompanha o préstito; todos, naturalmente, vestidos de índios.

COREOGRAFIAS

Basicamente, as coreografias realizadas nos afoxés são as mesmas desenvolvidas nos terreiros dos candomblés Gexá. Não existem coreografias complexas, muito pelo contrário, são observadas simplificações dos passos e das gesticulações tradicionais. Estilizações e adaptações das danças específicas de cada orixá ocorrem com grande freqüência dentro dos afoxés. Durante o período dos ensaios, os afoxés são efetuados nas sedes das agremiações; nesse caso, a primeira formação coreográfica é circular e todos dançam acompanhando os movimentos da roda. Todos os passos são individualizados, não havendo nenhum tipo de relacionamento entre parceiros, fileiras ou duplas. As cantigas dos orixás vão ocorrendo e os dançarinos, homens e mulheres, indistintamente colocados na roda, vão realizando os passos preestabelecidos pelas coreografias rituais dos terreiros. Uma, duas ou mais rodas concêntricas poderão ocorrer; para tal irá influir a quantidade de pessoas dançando. Em muitos afoxés a arrumação dos dançarinos na roda dependerá da antigüidade do indivíduo dentro do afoxé ou do terreiro. Aí a hierarquia religiosa irá determinar a colocação das pessoas dentro da formação circular do afoxé. Esse critério não é muito observado, visto que durante os ensaios o público de uma maneira geral pode participar das danças, desfazendo assim a formação baseada na hierarquia. O porta-estandarte, personagem destacado no afoxé, dança durante os ensaios, ocupando o centro da roda. Ele leva o pavilhão e realiza passos especiais, preestabelecidos para a função que está desempenhando. Nos grupos em que existiam rei, rainha e carregador do Babalotim esses figurantes desenvolviam coreografias próprias dos personagens que representavam. É importante assinalar que inclusive os instrumentistas também realizam coreografias, bem mais simples, devido ao uso dos instrumentos.

Nos dias de carnaval, o afoxé é disposto em fileiras, em que as alas e os personagens destacados são arrumados. Partindo da formação de fileiras, o afoxé é apresentado nas ruas, desfilando suas danças tradicionais. As coreografias, quando realizadas em desfile, são ainda mais simplificadas. O que se dança no interior da sede é repetido na rua; no entanto, em virtude de as pessoas caminharem, os passos marcados são adaptados e as gesticulações são muito reduzidas. O que realmente importa quando se dança o gexá, e é isso que é dançado no afoxé, é o gingado característico, o movimento de ombros e braços e os passos miúdos cadenciados, seguindo as batidas dos ilus, cabaças e agogôs.

Para melhor exemplificar as coreografias específicas dos orixás no afoxé e por conseguinte conseguir identificá-las no cortejo, apresentaremos algumas características das danças de Ogum, Oxóssi e Iansã.

A coreografia de Ogum exige do dançarino uma velocidade maior nos passos, que também são mais largos. As mãos funcionam como se fossem duas lâminas simulando o ato de cortar. Variações são efetuadas em cima do que foi descrito. Oxóssi, em sua coreografia, possui como principal característica a posição das mãos. O dedo indicador da mão direita toca o polegar da esquerda, que também está com o indicador esticado. Dessa forma, o dançarino está representando o arco e a seta, símbolos que exprimem a função mitológica desse orixá, que é a caçada. Iansã possui coreografias mais movimentadas, incluindo giros e passos mais amplos. As mãos espalmadas fazem movimentos como se espanassem o vento. Outros orixás têm suas coreografias próprias que são seguidas e respeitadas nos afoxés.

Além das coreografias especiais dos personagens destacados e dos orixás, temos algumas danças vinculadas aos enredos propostos pelas letras das músicas. Por exemplo, quando se canta:

> Quando eu subo em ladeira
> eu caio, eu derrubo.

as pessoas procuram dar encontrões umas nas outras, tentando levar à queda a pessoa empurrada. Os passos são improvisados e as formações de roda ou fileira são desfeitas. À primeira vista parece não haver uma razão ou uma função para tal coreografia, mas a explicação existe: quando os afoxés desfilam nas ruelas enladeiradas de Salvador, o calçamento antigo e polido pelo tempo sempre oferece bons tombos; então, essa cantiga foi feita, e esses episódios são revividos no interior das sedes dos afoxés.

A música dos afoxés

Fundamentada nos preceitos dos rituais Gexá, a música dos afoxés possui características peculiares dos ritos que a constituem e da própria manifestação, que reelaborou alguns aspectos das músicas tradicionais dos terreiros.

Podemos estudar a música dos afoxés a partir dos instrumentos musicais e da música vocal.

Instrumentos musicais

Afoxé – Muitos acreditam que o nome do cortejo tenha vindo do instrumento afoxé, também chamado *cabaça, aguê, agué, gô* ou *runssongô*. Esse instrumento se tornou básico no conjunto de percussão juntamente com os ilus.

O afoxé constitui-se de uma cabaça (fruto vegetal) coberta por uma rede contendo sementes ou contas. Os instrumentos mais antigos eram feitos com redes de algodão, contendo búzios nos encontros do trançado. O afoxé passou por modificações quanto à forma do instrumento e maneira de percutir. Tradicionalmente, é percutido agitando a rede, que fricciona no corpo da cabaça, produzindo assim os ritmos. Com o advento do cabo preso à cabaça, a fricção passou a se realizar na palma da mão do instrumentista. O afoxé não possui uso restrito nos cortejos; aparece nos sambas de roda, capoeira, candomblés gexá e de caboclo e em outras manifestações.

Ilu – Este termo é genérico para designar atabaques. No entanto, características próprias são encontradas para cada tipo de ilu. O ilu típico do afoxé é de tamanho reduzido, possuindo encouramento em ambas as bocas do instrumento. Os atabaques comuns, que aparecem nos conjuntos instrumentais dos candomblés, também fazem parte dos afoxés. Runs, rumpis e lés ocorrem juntamente com as cabaças, os agogôs e os pequenos ilus do gexá.

Todos desempenham seus ritmos, dando como resultado um conjunto de batidas cadenciadas e repetitivas, que caracterizam os toques gexá. A percussão nos couros dos ilus e dos atabaques é feita com as mãos, sem utilizar os *aguidavis* ou *agridavis* (pequenas baquetas de madeira).

Nem todos os ilus vindos da terra de Gexá encontraram nos afoxés sua sobrevivência. Exemplo disso é o *ilu abá de mim*, também conhecido como *ilu reco-reco*. Esse instrumento só pode ser percutido por mulheres, mantendo assim o fundamento das tradições Gexá, em que a mulher desempenha e assume os principais papéis, notadamente os religiosos. O ilu abá de mim possui encouramento duplo e é apoiado sobre um cavalete de madeira; no meio do corpo do instrumento existe um reco-reco integrante do próprio ilu. Três mulheres são necessárias para utilizar o ilu abá de mim. Duas tocam nos couros e uma terceira, utilizando um aguidavi, fricciona no reco-reco.

Os ilus e os atabaques não saem às ruas, nos afoxés, paramentados como ocorre no interior dos terreiros de candomblé. Isso quer dizer: os instrumentos não são vestidos com oujás nas cores dos orixás que são obsequiados nas festas ou que patrocinam os próprios instrumentos. A confecção dos ilus geralmente é realizada pelos músicos, bem como a manutenção dos instrumentos, incluindo encouramento e outros trabalhos necessários. Certos grupos de afoxés utilizam instrumentos cedidos pelos terreiros e outros possuem instrumentos próprios e exclusivos para os cortejos.

Agogô – O agogô é o instrumento de percussão que dita as fórmulas rítmicas básicas que são seguidas pelos demais instrumentos do conjunto. O instrumento é formado por duas campânulas de metal, possuindo sonoridades distintas. O agogô, devido à sonoridade marcante, aparece nos conjuntos em que atua com apenas um exemplar do instrumento. Nas cerimônias dos terreiros, recebe o nome de *Gan* e nas demais manifestações é conhecido por agogô. Nos conjuntos do samba, capoeira e, naturalmente, afoxé, esse instrumento desempenha a função principal de ritmar os demais instrumentos.

Formações instrumentais

Nos afoxés mais antigos, duas formações instrumentais eram observadas. O conjunto tradicional era constituído por instrumentos de percussão de influência africana. Essa formação era popularmente conhecida como *charanga*. A *fanfarra*, formação instrumental constituída de trompas, trombetas e trompetes, vinha abrindo o cortejo, anunciando a passagem do afoxé. Esse pequeno conjunto não é mais encontrado nas agremiações que ainda desfilam no carnaval. Na realidade, a fanfarra é uma formação totalmente estranha às origens dos afoxés, enquanto a charanga é a grande força que mantém vivo o grupo. Atualmente, a denominação charanga não é muito utilizada. O conjunto constituído de cabaças, ilus, atabaques e agogôs não recebeu ainda a nova denominação. Geralmente, as pessoas chamam por conjunto do afoxé.

Música vocal

As melodias entoadas nos cortejos dos afoxés são praticamente as mesmas cantigas ou orôs entoados nos terreiros afro-brasileiros que seguem a linha Gexá. Os orôs são puxados em solo e em seguida repetidos por todos, inclusive pelos instrumentistas. Geralmente, quem realiza o solo é uma pessoa de status elevado dentro do grupo. Essa função também é desempenhada pelo diretor de canto, quando o grupo tiver esse encargo especificado.

As letras das melodias dos afoxés têm no Ioruba a língua principal. Outros dialetos menores são observados, incluindo também a presença de alguns termos em português. Grandes variações são encontradas nas letras, que variam de acordo com a interpretação do diretor de canto ou devido ao adiantado estado de corruptela, afetando os termos originais. A maioria das letras desses orôs nada significam para as pessoas que cantam. O desconhecimento dos significados das palavras abrange quase que a totalidade das pessoas ligadas a essa prática. O vínculo é estabelecido através do conhecimento de que tal melodia é pertinente a tal orixá. Dessa maneira, sobrevivem as letras e as músicas dos afoxés.

Critérios que ordenam a utilização dos orôs nos afoxés são estabelecidos da seguinte maneira: a ordem ritual dos orixás é respeitada, cantando-se primeiro para Exu, seguindo Ogum, Oxóssi, Logun-Edé e outros, encerrando com melodias de Oxalá. O número de orôs para cada orixá também é estabelecido seguindo o ritmo dos terreiros. Três ou sete músicas deverão ser entoadas para cada divindade. A escolha das melodias fica ao encargo do diretor de canto.

Entre os muitos orôs encontrados nos afoxés da Bahia e do Rio de Janeiro, foram escolhidos os seguintes:

Exu

1 – Exu Ionã, Exu Ionã
    Moxirê loque Elebara
    Elebara mirerê
    Elebara que aô.

2 – Exu Anã, Exu Anã
    Moxirê lodê Elebara
    Bara mirerê
    Elebara deuá ô.
(Variação da primeira letra.)

3 – Exu odara mirolé
    Exu odara mirolé.

4 – Exu caiá, caiá merê
    Exu é um Bará unló
    Exu caiá, caiá merê
    Exu é um Bara unlô.
(Essa letra é cantada quando o padê é levado à rua.)

Ogum

1 – Ogum odê
    Apassai togun loiá.

2 – Ogum odê
    Ê ma face ê
    Logum oiá
    Ogum odê.

OXÓSSI
1 – Ê ala la la ê ê ê
    ó maô chê chê Odé
    Ala la la ê ê ê
    Odé baorouou.

2 – É Odé bailachê
    Nhen, nhen, nhen, bailachê.

LOGUN-EDÉ
1 – Logun a cofareô
    a cofareó lerun ô ô
    É a cofa ê ê Logun
    É a cofa
    É a cofa
    É a cofa
    É a cofa e
    A cofareô
    É a cofá lerum ô.

2 – Aê abainxá
    Logun ê ê a
    Aê abainxá
    Logun ê ê ê ê
    Aê abainxá
    Logun ê ê á.

OSSÃE
1 – Aore cutum Ossanha
    Aore cutum lorio

Aore cutum Ossanha
Aore cutum Iorio.

2 – Aguê marina palandá
Aguê marina palandá ô
Aguê marina palandá.

OMOLU
Afoxé loni
Ê ê loni
Afoxé Iorio
Afoxé é touexê
Afoxê loni.

XANGÔ
Ala ô Obá xirê ô
Obá xirê ô
Obá xirê ô
Ala ô Obá xirê ô.

IANSÃ
1 – É Loiá, Obá xirê
Oiá sarelojá é loiá ô
É Loiá, Obá xirê
Oiá sarelejá é Loiá.

OXUM
1 – Ereum malé
É alocu mabó
Etaú echê.

2 – Iê, iê, iê, iê, iê xorodô
Iê, iê, mauá xorô má
Ifé, ifé xorodô
Iê, iê, iê, iê, iê xorodô.

OXALÁ

1 – Odurê Odurê
   Ailalá é mamanjô de Oxaguiam
   É mamanjô de Oxaguiam
   É mamanjô de Oxalufam.

2 – Arauê babá um jejé
   Babá moriô.

3 – Babá epê
   Epejá, epejá lodô
   Babá epê.

Cantando para Oxalá, a seqüência ritual foi cumprida. No entanto, outras melodias complementam os enredos dos afoxés. A cantiga de licença é característica de muitas manifestações da nossa cultura popular, e nos afoxés também observamos melodias próprias que são utilizadas quando os grupos visitam os terreiros ou casas de pessoas amigas. O pedido é feito através dos seguintes versos:

   Idá baio mim
   Olorum idá quilofé
   Idá baio mim
   Olorum idá quilofé ô.

(Olorum é Deus, e quilofé é o pedido de bênção.)

Em determinados casos, melodias especiais são utilizadas para certos terreiros quando visitados. Exemplo disso é a cantiga que salva a Nação Jeje pela Nação Gexá, e o terreiro do Bogum é simbolizado como o centro religioso da cultura Jeje.

   Gexá morô Bogum
   Gexá ê Bogum
   Gexá morô Bogum
   Gexá ê Bogum ô.

Algumas melodias são entoadas com um respeito maior e solenidade mais acentuada do que outras. Essas melodias constituem os hinos dos afoxés e as orações de agradecimento a Oxalá. O hino do afoxé Filhos de Gandhi, sediado no Rio de Janeiro, é o seguinte:

> É daí
> Filhos de Gandhi
> É daí
> Filhos de Gandhi
> É daí, é daí
> É daí
> Filhos de Gandhi.

(A melodia utilizada é uma adaptação de um orô de Oxalá.)

A oração de agradecimento pelo bom desenrolar do afoxé constitui-se no momento mais sério da manifestação. Todos os participantes ficam de joelhos, olhando para o chão em sinal de respeito, e, com as mãos espalmadas em movimento circular, quase tocam o chão. Os atabaques para o cadenciado ritmo do Gexá realizam um rufar solene, acompanhado pelas cabaças, ilus e agogôs. Então, todos cantam o seguinte:

> Orisá orê
> Saulajé
> Orisá orê
> Oderiomã
> Orisá orê ê!
> Saulajé
> Orisá orê
> Oderiomã.

(Todas as demais cantigas são em uníssono; essa é cantada através de um trabalho de três vozes distintas.)

Músicas especiais para a despedida do afoxé são encontradas. Elas são efetuadas após o término das cantigas dos orixás. O grupo Filhos de Gandhi possui uma música especial para a sua despedida:

> O Gandhi, vamos pra costa
> que o vapô já apitou
> o branco tudo tá olhando
> como toca o agogô.

(Essa letra possui uma importante crítica aos valores componentes da aculturação.)

Ao terminar os ensaios nas sedes e ao encerrar os desfiles nas ruas, a seguinte melodia é cantada:

> Adeus, coló
> Afoxé tá mi ligadonó
> Adeus, coló.

Todos acenam as mãos, finalizando a manifestação. Nos grupos de afoxé de caboclo, outra melodia é utilizada para terminar as funções:

> Tata ê tá ê mameto
> eu ia
> Tata ê tá ê mameto
> eu ia.

(Os vocábulos *tata* e *mameto* significam, respectivamente, pai e mãe.)

Melodias que não estão vinculadas aos preceitos religiosos constituem importante item no programa dos afoxés. Geralmente, o aspecto cômico predomina nessas letras. Como exemplo, temos:

> Entra em beco
> sai em beco
> seu pai toca bumbo
> que tocarembeta.

(O termo "tocarembeta" é uma corruptela de trombeta.)

FILHOS DE GANDHI: SALVADOR E RIO DE JANEIRO

Diferenças acentuadas são observadas nos grupos de afoxé Filhos de Gandhi de Salvador e do Rio de Janeiro. Cada agremiação passou a assumir uma personalidade própria, apesar dos fortes elos que unem ambos os afoxés.

O traje feito em lençol branco, amarrado na cintura com um cordão azul e portando um turbante também branco, é a indumentária masculina que predomina nos cordões de Salvador e Rio de Janeiro.

Os Gandhis de Salvador, após desfilarem pelas principais ruas da cidade, realizam uma apresentação no palanque oficial; então, o toque de Alujá é realizado. Um dos elementos do afoxé dança com uma frigideira em chamas, apoiada na cabeça. Esse ato é uma homenagem a Xangô, patrono da agremiação.

No Rio de Janeiro, o período pré-carnavalesco esquenta e anima os ensaios do afoxé Filhos de Gandhi, que atualmente funciona na sede do Esporte Clube Brasil, no bairro da Central. Aí o Gexá é ouvido todos os domingos, dias de ensaio, quando a roda é feita e começam a cantar para os orixás. Nesse afoxé, todos os zelos são encabeçados por Aurelino Gervásio da Encarnação, ou simplesmente Encarnação, como é chamado e conhecido. Esse Ogã é o presidente dos Gandhis do Rio e também um dos fundadores do grupo. Esse afoxé é constituído de baianas, índios, porta-estandarte e músicos.

O primeiro desfile do carnaval carioca é realizado com os Filhos de Gandhi, que no sábado apresentam o carnaval da cidade.

Os sambas de roda não faltam na sede desse afoxé, onde o samba sem sofisticações é puxado pela umbigada e sapateado.

No afoxé, até que ponto o religioso é transformado pelo profano ou até que ponto o profano é transformado pelo religioso? É difícil responder. Uma mistura de misticismo, alegria e prazer envolve e constitui o próprio afoxé Filhos de Gandhi, exemplo vivo das tradições afro-brasileiras.

O AFOXÉ NO CEARÁ

Intimamente ligado ao Maracatu Reis de Paus e ao terreiro de candomblé Nosso Senhor do Bonfim, rito Jeje Sató. O afoxé, na cidade de Fortaleza, é apresentando nos dias de carnaval. Os fundamentos vieram da Bahia, e influências das casas Minas do Maranhão e dos grupos de maracatu cearense contribuíram de maneira decisiva para a estruturação desse afoxé.

O dirigente do candomblé Nosso Senhor do Bonfim é o principal motivador do afoxé e do maracatu Reis de Paus. Essas manifestações, segundo o informante, constituem-se em verdadeiros prolongamentos do terreiro, efetivando-se em práticas públicas sem perder a base religiosa. O afoxé e o maracatu saem às ruas em homenagem exclusiva a Exu. As demais divindades aparecem no cortejo do afoxé como integrantes do enredo místico que envolve o grupo. Muitos ritos precedem as apresentações públicas do afoxé. A preparação dos instrumentos de percussão requer liturgia própria. Os couros utilizados são retirados dos caprinos imolados nas vésperas do carnaval. Isso ocorre no peji de Exu, patrono e motivo principal do cortejo. O maracatu, através da Calunga, representa o axé do grupo. Durante os desfiles dos Reis de Paus, a Calunga é levada por um menino, o que se constitui num verdadeiro tabu. Aí observamos um forte relacionamento entre o Babalotim dos afoxés baianos, que também só podia ser carregado por um menino. O aspecto mágico do maracatu Reis de Paus não se limita à Calunga. O balaio portador do axé do olho, que é um conjunto de várias frutas preparadas com ingredientes especiais, é levado no desfile pela "baleeira", personagem fantasiado de baiana, que é um homem travestido, com o rosto pintado de preto. Faz parte da tradição do grupo todos os homens se travestirem, portando roupas de baiana e pintando-se com tinta preta. Indistintamente, os participantes são chamados de "brincantes", seja da parte do maracatu ou do afoxé.

Para efeito de desfile, os cordões são assim dispostos: maracatu, abrindo o porta-estandarte, que atua também como carregador das cores e insígnias do afoxé. Em seguida a baleeira, Calunga, alas e a corte contendo o rei e a rainha. Os instrumentistas terminam a formação do conjunto do maracatu. Em seguida, temos a organização do afoxé. Alas baianas ou "negas" e os instrumentistas, levando atabaques, agogôs, berimbaus, pandeiros e caxixis.

As toadas do maracatu são todas em português. Essas melodias são cantadas pelos participantes do Reis de Paus e do afoxé. O mesmo ocorre com as melodias em dialetos africanos, próprias do afoxé, que também são cantadas por todos os membros do Rei de Paus.

O maracatu em Fortaleza foi introduzido por *Raimundo Boca Aberta*, brincante de Recife, que fundou o grupo *Ás de Paus*. Assim, trouxe de Pernambuco todas as características dos maracatus, excetuando-se o aspecto musical. O toque muito difere dos baques tradicionais das nações recifenses, e as cantigas adquiriram também conotações próprias do novo meio. Mais tarde penetra o afoxé *Olodumaré*, acrescentando novos elementos ao grupo Reis de Paus. Apesar de existir uma divisão entre maracatu Reis de Paus e afoxé Olodumaré, os grupos se complementam, não só na organização dos cortejos, como também nas fundamentações religiosas. As outras agremiações de maracatu, como *Ás de Espadas*, *Leão Co-*

roado, Rancho Alegre, Rancho Iracema, Nação Irapuru, Ás de Ouro e *Estrela Brilhante*, não apresentaram em suas histórias a presença de nenhum afoxé.

O AFOXÉ OLODUMARÉ

No interior do terreiro Nosso Senhor do Bonfim, verdadeira sede do afoxé, dias antes do carnaval, preparativos e rituais começam a ser feitos. Os padês são realizados em número de sete e procuram atender principalmente a Exu e Ogum. O grupo Olodumaré desfila domingo, segunda e terça-feira de carnaval. Na segunda-feira, dia semanal consagrado a Exu, patrono do afoxé, ritos especiais são realizados. Após a arrumação das alas e dos instrumentistas, o afoxé começa a ganhar as ruas. Em determinado momento, em uma encruzilhada, o clímax do afoxé é vivenciado, quando se realizam sacrifícios endereçados a Exu. Assim, os ritos e os preceitos principais foram cumpridos.

Por que o nome Olodumaré? A pergunta foi formulada ao organizador desse afoxé, e a resposta foi a seguinte: "Olodumaré é o rei da ciência, rei do ouro e do tudo."

Dessa maneira, os praticantes do afoxé estariam também cultuando a divindade máxima respeitada pelo grupo. Esse grupo de afoxé é repleto de novas características, próprias dos processos em que foi estruturado. A complexidade chega ao ponto da realização de vaticínios especiais, quando os orixás são consultados e opinam sobre os desfiles do afoxé. O babalorixá, utilizando um poço, joga pemba sobre as águas, interpretando as mensagens pertinentes ao afoxé Olodumaré. Os participantes não utilizam trajes muito especiais. As mulheres portam roupas de baianas, mantendo as cores simbólicas das divindades protetoras de cada uma. Os homens trajam roupa branca e turbante. Algumas alegorias complementam as indumentárias femininas. Tabuleiros contendo pembas, enfeitados com alás, peneiras, balaios e potes de cerâmica, funcionam, além do aspecto plástico, como representações dos orixás.

Tabus e injunções cercam os participantes desse afoxé. Quem sair um ano, deverá cumprir a mesma obrigação durante vinte e um anos. Ritos de purificação que visam a preparar os elementos do afoxé são também cumpridos à risca.

O aspecto musical do afoxé Olodumaré representa o ponto alto da manifestação. Muitas melodias do ritual gexá foram assimiladas, bem como a penetração de melodias Jeje e Angola-Congo. Os instrumentos não apresentam nenhuma particularidade, e a quantidade não é determinada.

Vejamos agora alguns exemplos das principais letras entoadas pelo afoxé:

> Exu Mauíza
> Exu Mauíza
> Iacorô lodê ê Lebara
> Ô Mana queuá ô.

Esse é um orô endereçado a Exu Mauíza, uma das qualidades cultuadas pelo afoxé.

> Quele moriô se
> Osê Afoxé moizã
> Oque oque é maizã
> Afoxé loni Bará
> Oque oque Afoxé lonã.

Nessa cantiga, o vodum Aizã, divindade da mitologia Jeje, aparece como amiga de Exu.

> 1 – Ê ai ai a comboroquê
> Aum bebé Afoxé loni
> Omoriosê Afoxé loni
> Emoriosê.

2 – Euá Afoxé
Euá Afoxé
Oiá Afoxé
Oni azê
Euá Afoxé.

Essa cantiga diz que o afoxé é coisa divina, proclamando a religiosidade do cortejo.

Ó mim dá licença, sinhá
Mim dá licença, minha mãe.
Mim dá licença, Afoxé loni
Euá asiualê.

Com essa cantiga, o afoxé pede licença para desfilar no carnaval. A mesma música é utilizada quando o grupo visita uma casa amiga; é uma espécie de *salva*.

Ê Bambogira no tô
No Afoxé loxê oxê
Ó Bambogira no tô
Afoxé loxê lê
Ê bambogira giro
Bambogira no cabeçô
Aui auimã
Oizã meucô
Bambogira no Afoxé
Loni lo ô
Oque odê.

A penetração do mito Bambogira dentro desse afoxé é uma confirmação da presença dos ritos Angola-Congo.

Afoxé loni
Ê ê loni

Afoxé ê loniô
Exomalé exê
Ê moriô
Afoxé loni
Ê moriô
Afoxé Elebara
Ê moriô
Afoxé loque.

Esse orô é muito comum nos afoxés baianos, havendo pequenas variações na letra.

O tomborê Babá
O tomborê Babá
O Aizã querê ô
O tomborê Babá
Ê loquê loquê
Baiao esquê
Bará Babá
Toiô Bará Aizã.

Esse orô é cantado na terça-feira de carnaval, quando o afoxé desfila pela última vez naquele ano. A letra refere-se a Exu despedindo-se de Oxalá. Em analogia, o afoxé despedindo-se do carnaval e dos orixás de uma maneira geral.

Reminiscência dos afoxés em Cachoeira e Recife

A cidade de Cachoeira, na Bahia, é famosa pelos terreiros de Candomblés e pelo rigor que norteia esses ritos. Cachoeira também é conhecida como a *terra do candomblé*, no entanto, o afoxé não encontrou campo de sobrevivência nessa região. Algumas dissidências ocorrem quanto ao aspecto religioso do afoxé, especialmente pelos dirigentes dos terreiros dessa cidade, que afirmam: "Cantar nas ruas as músicas dos orixás é um desrespeito e até profanação." Por isso, apenas algumas pessoas saem às ruas nas comemorações do carnaval, festas de Nossa Senhora da Ajuda e Santa Cecília. Os participantes em sua maioria vêm dos terreiros. Na época dos cortejos, eles se juntam e fazem as folias. O grupo desfilante não possui nome específico, como informou o assobá do Terreiro Ogum Oares Laxô Mariô, rito Gexá, senhor Misael Santos. Apesar da proximidade entre Cachoeira e Salvador, o afoxé não conseguiu popularizar-se na primeira cidade. Continua Misael Santos: "As melodias Gexá não podem ser cantadas na rua, isso não é coisa para o público ver. No carnaval tudo é profano, e cantiga de orixá é muito sagrada." O grupo desfilante não se utiliza dos orôs no rito Gexá; outras músicas são cantadas. As mais comuns são estas:

1 – Margarida maribô
Margarida Pai João
já chegou.

2 – Senhora d'Ajuda
Lé lé bamiô
Senhora d'Ajuda
Lé lé lé bamiô

Esse grupo, ao sair para desfilar nas ruas de Cachoeira, não realiza nenhum ato do padê ou mesmo qualquer cerimônia de purificação, como o sopro de pemba. A organização do grupo é muito simples. O cortejo é aberto com o porta-estandarte, que leva as cores representativas do grupo – azul, amarelo e vermelho – seguindo a ala de desfilantes, terminando com o conjunto instrumental formado de atabaques, agogôs e pandeiros. Os ilus, tão característicos dos afoxés de Salvador, não aparecem nesse conjunto de percussão. Observamos que os valores constituintes dos afoxés não conseguiram vivificar no povo cachoeirano.

Outros subsídios sobre o afoxé foram obtidos em Recife, em pesquisa efetuada no terreiro do Pai Adão (rito Nagô). Essa Casa de Xangô é das mais conceituadas e tradicionais do meio recifense. As informações sobre o afoxé chegaram através dos elos que unem esse terreiro ao grupo de maracatu Leão Coroado. Essa agremiação encontra no terreiro do Pai Adão importante base para as sobrevivências religiosas do grupo. Dessa maneira, o maracatu fundamenta o seu cortejo nos preceitos do orixá Xangô, patrono do próprio terreiro e da agremiação. Instrumentos musicais e alguns paramentos do Leão Coroado são guardados nos pejis, ficando aí até os dias de carnaval, quando são retirados em cerimônias especiais e incorporados ao cortejo. Observando os muitos instrumentos no interior do peji, constatei o típico ilu do gexá, o mesmo encontrado nos conjuntos dos afoxés baianos. A meu pedido, o instrumento foi executado, as mesmas características na maneira de percutir o ilu, bem como a batida peculiar do Gexá foram constatadas. Indagado sobre o uso do ilu dentro do maracatu, o informante disse o seguinte: "Esse instrumento pertence a um outro tipo de brincadeira de rua. Os orixás Exu, Xangô e Iansã são os patronos dessas festas. Especialmente Iansã, divindade irrequieta, temperamental e que gosta muito de animação, toma sempre a frente dessas brincadeiras, incluindo também o maracatu." A brincadeira de rua indicada pelo informante é naturalmente o afoxé, que talvez tenha sido assimilado pelos maracatus.

UMBIGADA É SAMBA DA BAHIA[1]

Quem samba fica...

Umbigada, semba, sembar, samba. São os primeiros sinais de um comportamento lúdico e eminentemente socializador em torno da roda de homens e mulheres. É o solista que, habilmente, convida com a própria umbigada, vênia ou um olhar especial, um tocar a perna, o pé, um conjunto de formas corporais, à guisa de mensagem: vem pra roda.

Um explícito vem dançar, vem requebrar, vem para o samba. Sexual, sensual, sensorialmente requebrar traz sentidos ancestres de danças e comportamentos voltados a rituais da fertilidade. Fertilidade de homens, de bichos, da terra, da vida. Movimentar o ventre, o baixo-ventre, dar vazão ao desenho circular das nádegas ou, em sinuosos ritmos, ao tronco, traz um corpo liberado e entregue aos apelos do próprio samba.

Remotamente, são rememorizados vínculos com uma África angolana, das festas que reforçam os laços intermembros da família, do clã, do grupo social. Contudo, essa tecla da história apenas re-

---

[1] *Umbigada é samba da Bahia* foi texto utilizado como material didático no curso de pós-graduação em Educação Física, cadeira de Folclore Brasileiro, Universidade Castelo Branco, no ano de 1985.

força um expressivo sentimento carnal, sem dúvida, apelo que reúne homens e mulheres, homens e homens, mulheres e mulheres.

O samba, a roda, a umbigada convidam para um aproximar de corpos, para gerar oportunidades de expressões e de criações dos gingados, dos passos, passos bem miudinhos, como invoca a tradição do próprio samba.

O bom sambista de roda parece deslizar sobre o chão. As cadeiras requebram, os ombros acompanham, os olhares são malícia só.

Assim, o samba está na festa do santo padroeiro, na festa da casa, no encerramento de um toque de candomblé, numa exibição para turistas, numa respirada do carnaval afro, que é crescentemente muito mais afoxé, muito mais frevo elétrico do que samba propriamente dito. O samba-marcha tomou conta do carnaval carioca. É outro samba, é outro formalizador de dança, de música, de intenções de reunir, de congregar, de manifestar individualidade ou de seguir o prescrito em ala ou em coreografia determinada pela escola, escola de samba.

A BAIANA DEU O SINAL...

Batuque é um nome genérico, etnocentrista, rótulo do olhar e conceber do colono português perante a estranheza de danças, músicas, cortejos, festas, instrumentos predominantemente de percussão que faziam os negros, seus descendentes, brancos e tantos outros aderentes ao vigor irresistível dos ritmos africanos que se autenticaram em estética vivencial.

Tudo, enfim, era batuque. Havia reunião, percussão e dança, conceituava-se batuque. Genericamente indiferente às especificidades de cada expressão, motivo, característica, o achatamento do conceito retifica preconceitos étnicos: *coisas de negros*; pronto, eis a classe.

Capoeira, lundu, samba, candomblé, congos, maracatus, afoxés e tantos outros, tudo incluído e entendido como batuque ou batucada.

As diferenças marcam identidades. Assim, auferia-se ao samba e suas muitas variantes de organização, de formações coreográficas, de instrumentos musicais e cantos, um sentido uniforme e igual de batucada.

Cronistas e viajantes dos séculos XVIII e XIX descrevem com detalhes e visões fatalmente etnocentristas os batuques e, nesse âmbito, muitas modalidades de samba.

Bota a mão no umbiguinho...

O samba da Cachoeira, da heróica Nossa Senhora do Porto da Cachoeira, Recôncavo da Bahia, é primordialmente feminino. Há uma força feminina na cultura cachoeirana. As mulheres assumem os terreiros. Famosos terreiros de Nagô, de Angola, de Caboclo, do Jeje, Jeje Mahi. É terra do Jeje, dizem os que formam o povo do santo. Cachoeira é terra da cobra. Cobra Dã, vodum ancestre e formador, com Mawu e Lissa, da gênese vodum, de todas as cobras. É também Bessém, sempre associada ao arco-íris, às águas de rios, aos significados mais íntimos da fertilidade de homens e deuses.

Nas festas públicas, como as que culminam o ciclo religioso dedicado a Nossa Senhora da Boa Morte, Nossa Senhora da Conceição, Nossa Senhora da Ajuda, no 2 de julho, o Dia do Caboclo, no São João e em tantas outras comemorações, há sempre samba, muito samba-de-roda. As mulheres puxam, dançam, animam. Os homens tocam os instrumentos, geralmente pandeiro, viola, agogô, entre outros. Homem também pode dançar; contudo, é marcadamente um território feminino esse dos sambas cachoeiranos.

Os turistas que vão assistir a festas públicas também podem dançar, dançar à moda para se deliciar em terreiro, tablado; chão próprio ao bom samba baiano, o do Recôncavo.

A região é marcada economicamente pelas culturas do açúcar e do fumo. Os trabalhos e sua corporalidade atuam diretamente no ser do samba-de-roda do Recôncavo, destacando Cachoeira, Muritiba, São Félix e Santo Amaro da Purificação.

Famosos são os sambas das mulheres artesãs de charutos-charuteiras. Aquelas que, após desempenharem suas tarefas, promoviam nas próprias fábricas ou próximo um animado samba marcado, sustentado ritmicamente pelas tabuinhas de madeira, instrumentos de trabalho, agora de lazer, de comemoração, de festa irmanada em laços muito fortes e que nascem e transitam nos terreiros de candomblé, na vida cotidiana, nas relações familiares ou de outros parentescos simbólicos, próprios dos sistemas afro-brasileiros.

Ficou famoso, ficou turístico esse samba com tabuinhas, virou atração da cidade da Cachoeira. Contudo, os significados do próprio samba são mantidos em elos não revelados ao público. Na verdade, o divertimento é muito mais delas, mulheres que dançam, do que dos que vêem, dos que, burocraticamente, assistem ao espetáculo, um espetáculo de grupo folclórico. Aí se verificam as estruturas sociais e culturais do samba-de-roda, que têm nas danças um sentido da comemoração, comunicação e manifestação de sentimentos e conhecimentos, reforçando laços sociais, morais e éticos.

Há sempre uma boa pitada de *pornografia*, diga-se, de *erotismo popular* no samba. Há aqueles de letra e dança para maiores de 18 anos. Há outros para salão, sala de visita, palcos e outros ambientes familiares. Há, contudo, sempre um campo desejado de improviso de letra ou de criação permanente de dança. Destacam-se aí as habilidades individuais dos sambistas.

O samba dançado por mulher é um, o dançado por homem é outro, e o dançado por homossexual é outro ainda. Como se fossem respeitados certos espaços estabelecidos para a dança, com maior ou menor liberdade de corpo, prevalecendo um tipo de "moral do samba". Contudo, é também moral do samba a transgressão dos modelos, e isso é desejado e freqüente nas rodas.

Sai, sai barata das cadeiras da mulata...

Há um ideal, uma legitimidade no samba baiano, e isso se estende a outras formas culturais de ser afro-brasileiro, como o candomblé, a capoeira Angola e Regional e outras.

O próprio samba baiano é sinalizado no urbano do Salvador ou no interior do Recôncavo, ou, ainda, no sul do estado, nas praias avassaladoramente turistizadas.

Há no samba-de-roda uma fantástica permeabilidade a outros ritmos e danças, geralmente danças cíclicas e reveladas pela multimídia.

O samba-lambada, o samba-reggae, o samba-fricote, o samba-sambão, o samba de festa de largo, o samba afro são manifestações setoriais ou integradas ao samba-de-roda. Nesses processos há a permanência básica da integridade do samba-de-roda. Essa integridade está no caráter socializador do samba, na própria umbigada ou em algo que remeta ao sinal do indivíduo que dança solo e convida o outro para a roda.

A multimídia é rápida e faminta de novos rituais e danças. Baianamente, numa espécie de "tempo próprio", o samba-de-roda permanece mais rápido em andamento, com passos mais abertos, quase do frevo pernambucano, ou com um desenvolver de tronco e braços próprio das danças afro, de bandas, de afoxés modernos, de coreografias classicamente de intenção e de formalização de uma estética de corpo e de expressão afro.

O samba-de-roda, o candomblé, a capoeira, o maracatu, o afoxé, entre outros, fundamentam um pensamento emergente e construtor de identidades afros, nascente também de movimentos sociais e políticos em prol de revisões e críticas sobre o sistema atual de poder.

Emblematicamente, o samba-de-roda retoma, em revivalismo, conteúdo e forma próximos de um ideal tradicional do Recôncavo da Bahia.

Seu marido é homem...

A baianidade migrada para o estado do Rio de Janeiro, implantando os terreiros de Candomblé Kêtu, Angola-Congo e Jeje, trouxe também o samba-de-roda, integrando-o à vida religiosa. O samba é tão sagrado em alegria e coesão social como os secretos rituais religiosos ocorrentes nos pejis para os orixás, voduns, inquices, caboclos, ancestrais e outros.

Samba de fundo de quintal, de terreiro. Samba de lata, de panela, de colheres, de diferentes implementos próprios das cozinhas. Samba novamente nascente da mulher. Uma expansão da cozinha para o público. É a festa acompanhada de comida e bebida. Feijão, caruru, carnes, dendê, cervejas, cachaças, percussão vinda de fontes não-convencionais da música ocidental. Aliás, nesse âmbito da música afro-brasileira, notabiliza-se um amplo repertório de fontes sonoras que vêm de tudo o que estiver próximo do corpo; é permanente a inventiva na fabricação dos ritmos.

Há liberdade na obtenção dos sons, continuando, assim, a vocação de busca de fontes e formas percussivas. Esse domínio é convencionalmente do mundo masculino. Palmas e prato de louça friccionado nas bordas por faca podem ocorrer por iniciativa da mulher. Assim, o encontro e a interação entre o fazer na cozinha, a mesa farta e gostosa, o cotidiano nas atividades profissionais dos ganhos – venda de comida em tabuleiros, nas ruas – estão sempre unidos ao samba.

Samba de partido, de partido-alto. Expressões e caracterizações para tipos de sambas e para as mulheres quituteiras e outras, que se notabilizaram pelo vigor e afinco no trajar à crioula – de saia, bata, pano-da-Costa, chinelas pequenas que provocam o caminhar dengoso e de remelexo. Essas sabem e fazem, segundo a tradição, o bom samba. São as do partido-alto e têm uma íntegra e complexa compreensão dos seus entornos afro-brasileiros; revelam essa forte intercomplementariedade da ética e da cultura de fundamentação africana, quase sempre fundada nos terreiros.

As negras e mulatas do partido-alto também eram conhecidas por ter recursos financeiros, zelando o santo tão bem como o samba. São as mulheres do partido-alto, distinguindo-se das demais, até mesmo das "tias", das quituteiras, baianas de rua, entre outras.

Desses costumes nasceram e se ampliaram os sambas de terreiro, os de quadra, quadra de escolas de samba, renascendo, na década de 80, o *samba de fundo de quintal*, um *revival* dos sambas domésticos, internos, de compadrios e de afirmações sociais, religiosas e étnicas.

O sambão foi outro fenômeno da cultura de massa, buscando também, em essência de ritmo, melodia e letra, sua base nas famosas tias, aquelas dos sambas de casa ou mesmo dos terreiros de candomblé.

TIRA A MÃO DO LÊ LÊ LÊ...

Samba duro, samba masculino por excelência, praticado na capoeira, como um tipo de divertimento entre os que formam os grupos, as rodas. Começa como um convencional samba-de-roda – roda, solista –, contudo, o ritmo vai crescendo rapidamente, e os passos miudinhos viram, preferencialmente, *rabos de arraia*; quem resistir mais na roda ganha o samba. Amplia-se esse conceito também para o samba da capoeira.

Os instrumentos são os mesmos da capoeira – berimbau, pandeiro, agogô e atabaque, além de palmas.

Samba duro é também aquele feito sem o remelexo, o requebro de cadeiras, destacando-se pelos passos bem miudinhos, podendo ser praticado por homem ou mulher.

O samba do São João e do Natal, na Bahia, tem formas e significados próprios. No São João há o costume da "quadrilha", e o samba integra-se ao espírito *matuto*, ao entorno que rememoriza os costumes do interior, diga-se, muitas vezes, de sentido caricatural.

No ciclo natalino, notadamente nas festas de Reis, os grupos pastoris, sobretudo os ranchos, louvam o nascimento de Jesus com enredo, roupas, adereços diversos e samba, muito samba-de-roda, samba chulado. É religiosidade festiva, de rua, à afro-baiana. Relativizam-se os conceitos convencionais de profano e de religioso. Há uma outra e expressiva solução de ser religioso.

Certas danças rituais nos Candomblés Kêtu remetem ao ideal do samba, como ocorre, por exemplo, em algumas coreografias litúrgicas para o orixá Ogum. Também nos carurus de Cosme, quando muitos candomblés de diferentes nações oferecem publicamente os alimentos aos deuses infantis e gêmeos, há, quase sempre, o samba dos Erês. O Erê é divindade infantil e intermediária entre o iniciado e o santo principal. Destaco que Erê não é Ibeji, embora muitos assim interpretem.

Samba de Caboclo é uma modalidade especial nos rituais religiosos dos caboclos nos candomblés de diferentes nações ou notadamente na nação de caboclo. Ainda na Bahia, as cerimônias públicas do Jarê são chamadas de *samba*, novamente o samba em espaço sagrado, samba que revela fé, samba de santo.

Nos terreiros de Candomblé Angola e Angola-Congo, o polirritmo cabula é eminentemente uma base rítmica do samba tradicional, do samba convencionalmente modelar. Há ainda qualificações comuns para o bom dançarino, seja em espaço sagrado nos terreiros ou fora deles, nas festas públicas, de largo, motivando adjetivos como *pé de pincel*, *pé de ouro*, *pé de dança*, entre outros títulos próprios das habilidades consoantes aos conhecimentos coreográficos e de vocação para a dança.

Quem entrou na roda foi uma boneca...

A formação coreográfica em roda caracteriza o próprio samba, podendo haver outras formações, como fileira única, duas fileiras,

Danças de umbigada, samba e variações

Denominação	Localidade	Observações
Samba-de-roda	BA	
	RJ	Brasil
Zambê	RN	
Samba duro	BA	
Samba de caboclo	BA	
	RJ	
	SP	
Samba da capoeira	BA	
	RJ	
Sambas-Jarê	BA	
Samba de partido	RJ	
Samba de partido-alto	RJ	
Samba-chulado	BA	
Samba de terreiro	RJ	
Sambão	RJ	
	SP	
Jongo	SP	
	RJ	
	MG	
Samba matuto	PE	
Maracatu rural	PE	
Carneiro	MG	
Tambor-de-crioula	MA	
Coco-de-roda	Nordeste	
Coco solto	Nordeste	
Coco de parelha	Nordeste	
Samba rural	SP	
Samba-reggae	MA	
	BA	Brasil
Samba-enredo	RJ	Brasil

em semicírculo; como também pode não seguir qualquer formação, somente o solista diante do atabaque, pandeiro ou do dono do samba, do puxador das cantigas, desenvolvendo a dança e buscando outro solista, com a já tradicional umbigada ou "punga", como se chama a umbigada no tambor-de-crioula do Maranhão.

Em área abrangente de outras danças de umbigada ou, genericamente, todos os sambas ou aparentados do samba, vê-se elo comum que é o sentido socializador, lúdico, que marca coco, zambê, jongo, carimbó e tantas outras a expressar afro-brasilidades e regionalismos próprios e definidores de estilos.

As liberdades coreográficas dos solistas, como já assinalei, dão ao samba-de-roda e variantes amplos significados de comunicação corporal e sentidos de espacialidade e, principalmente, de divertimento.

Etnografia

Festas de Nossa Senhora da Boa Morte, São João, 2 de julho na Cachoeira, Muritiba e São Félix, Bahia; Festas do Bonfim, Conceição da Praia, Santa Luzia, 2 de fevereiro, Lapinha, 2 de julho, vários grupos folclóricos de danças afro-brasileiras, samba-de-roda no Mercado Modelo de Salvador, Bahia; festas de terreiros de Candomblé Kêtu, Angola-Congo, Jeje e de Caboclo em Salvador, Bahia, e Grande Rio; Festas no Afoxé Filhos de Gandhi de Salvador, Bahia e Rio de Janeiro.

As vivências foram iniciadas em 1968 e continuam até hoje.

Autores consultados:
Manoel Querino, Luís da Câmara Cascudo, Arthur Ramos, José Redinha, Edison Carneiro, João do Rio, Sérgio Cabral, Oneyda Alvarenga, Mário de Andrade, Nei Lopes, J. Tinhorão.

O CENTENÁRIO MARACATU LEÃO COROADO

A instituição dos reinados do Congo, através das Irmandades de Homens de Cor, devotos de Nossa Senhora do Rosário, São Benedito, Santa Ifigênia, Santo Elesbão, Santo Antônio de Calagirona, Bom Jesus dos Martírios, Bom Jesus da Paciência, entre outros santos de negros e de mulatos, atingiu seu apogeu no século XVIII em igrejas de vários pontos do país, distinguindo-se a do Recife, conhecida como Rosário dos Pretos.

Nas datas dos oragos havia espaço para festa e certa liberdade, organizando-se cortejos, autos e venda de objetos artesanais nos adros e praças públicas. Assim, a igreja tentava trazer a si a escravaria e, pelo artifício de catequese, funeral cristão e cartas de alforria, melhor conhecer e, conseqüentemente, controlar os africanos.

É voz corrente que o maracatu é o reinado de nação africana e que cada grupo de maracatu representa uma nação. Dessa feita, a estrutura original do cortejo tentava reproduzir um séquito formado por rei, rainha, corte, damas do passo, damas buquê, estandarte e músicos, além de alas de baianas, e carretas apresentando os animais e outros símbolos peculiares de cada grupo. As escolhas do rei e da rainha atinham-se às lideranças ou aos *sobas* e *obás* (nobres africanos) trazidos como escravos, mantendo o domínio sobre a sua nação e sendo os principais interlocutores entre os brancos e os súditos africanos.

Saindo da estrutura da igreja e fixando-se na ordem religiosa do Xangô – modelo afro-brasileiro de culto aos orixás, notadamente em Pernambuco –, o maracatu ganhou expressão e se fortaleceu pela natural relação da religião africana com o intuito ritual do carnaval, sendo palco para obrigações, embora veladas e discretas.

A calunga, boneca ou boneco, convencionalmente escultura em madeira, é dedicada a um orixá que passa a ser o patrono do maracatu. Cada grupo é dedicado a um deus tutelar, recebendo, dias antes do período carnavalesco, obrigações constando de matança de animais e oferecimentos de comidas votivas.

Pode-se dizer que o maracatu é um xangô de rua, como o afoxé é um candomblé de rua para os baianos.

Nesse contexto da história cultural dos maracatus, destaca-se o grupo *Leão Coroado*, antiga agremiação do carnaval de Pernambuco, fundada no dia 8 de dezembro de 1863, dia de Nossa Senhora da Conceição, santa católica das mais populares no Recife, sendo também interpretada como Iemanjá, orixá de grande destaque nos terreiros de Xangô.

Segundo o senhor Luiz de França (86 anos em 1987), *oluô*, sacerdote do Ifá e presidente do Leão Coroado, a agremiação teria sido criada por cinco "tios da costa", entendendo-se costa d'África, conhecidos pelos nomes de Manuel Beiçola, José Ricardo, Mané Caboclo, Loriano Manuel dos Santos e Machado. Enfatiza o informante a importância religiosa do maracatu, destacando as duas calungas do grupo, dona Izabel e dona Clara, sendo a primeira a "dona do maracatu", representando Iansã, orixá dos ventos, das tempestades, divindade guerreira e rainha. Também o orixá Xangô patrocina o grupo e, por isso, as cores do Leão Coroado são vermelho e branco, ocorrendo nos bombos, estandarte, pálio ou chapéu e predominando nas indumentárias dos personagens.

O Maracatu Leão Coroado, hoje contando com um número reduzido de integrantes, no carnaval de 1986 se apresentou com pouco mais de quarenta pessoas. Essa perda gradativa de participantes do maracatu, não apenas desse maracatu, mas de outras agremiações e outras manifestações como Caboclinhos, Troças, La Ursa, Boi, entre outras, deve-se à polarização extremada das escolas de samba, que vêm arrematando um número cada vez maior de componentes. Não quero dizer que a escola de samba seja o *papa angu* do carnaval de Pernambuco; no entanto, ações efetivas de apoio e fomento às demais manifestações do carnaval devem receber atenção e especial carinho dos órgãos oficiais e da própria comunidade.

Não se levanta aqui uma reafricanização do carnaval recifense, como ocorreu na Bahia, em especial na cidade do Salvador, com o surgimento dos Blocos Afros e Blocos de Axé, pautados nos tradicionais afoxés, ou mesmo reerguendo grupos que não mais desfilavam no carnaval, tudo fundado em crescentes movimentos sociais e de conscientização do homem negro.

O Leão Coroado estabelece vínculos com a história do Recife, com o Nagô pernambucano, expressando nas ruas da cidade fé recreativa, não por isso menos fé ou menos religiosa.

O carnaval é, também, um espaço de axé e de devoção aos orixás.

O CARNAVAL AFRICANO DO RECIFE

A *onda* está passando; é o *passo*. É o carnaval-vida do Recife, carnaval de centro de cidade, de ferver no sol forte tropical. Carnaval que mexe com homem, com mulher e com criança. *Freve*, frevo, passo, energia, misto de dança-luta-liberação-catarse coletiva – grande teatro dos dramas do cotidiano. Território dos incógnitos – máscaras, caras pintadas; homem se veste de mulher e mulher se veste de homem. Prevalece um sentimento andrógeno que invade com ferocidade e energia. Esse é o destino e o sentido do carnaval do Recife.

> Quem vem lá, negão? à qual se atribui fraterna à vista de algum recém-chegado, se não é, por hipótese, reminiscência de capoeira galo-de-terreiro.[1]

Peru na chapa quente, tesoura aérea, todo duro, cortando jaca, escamado, mulher carregando menino, dobradiça, parafuso, saca-rolha, de bandinha, corrupio, chã de barriguinha, chã de bundinha, ponta, ponta de pés, passo do jocotó, urubu malandro – vou capoeiramente fazer o passo, vou mergulhar nessa onda.

---

1 OLIVEIRA, Valdemar de. *Frevo, capoeira e passo*, Recife, Companhia Editora de Pernambuco, 1985, p. 111.

O Frevo! um imperativo de loucura, um contágio de desatinos, uma coceira de alegria. Ninguém mais se continha, ninguém mais se governa.[2]

O passo é capoeira explícita, é adesão e criação recifense, é improviso e é respeito aos modelos da dança vivida e expressa na rua. Fazer o passo é fazer nascer uma emoção socializadora.

> Os capoeiras, marginais da sociedade, nos transmitiram (...) alguma coisa de estritamente nacional – o passo pernambucano.[3]

A instituição carnaval não é africana, mas torna-se uma instituição realmente do povo quando se afro-brasileiriza, ganhando novas manifestações de música, de dança, de teatro, de religiosidade, de representações materiais – roupas, adereçarias diversas – e, principalmente, na conquista de jeitos regionais de serem carnavais enriquecidamente africanos, ora por tradição, ora por recentes reafricanizações – retomadas nostálgicas em estilo e em estética africanos.

O carnaval é do ciclo permanente do calendário cristão da Igreja. É período do corpo liberado para, após a festa, conter-se na quaresma, que chega logo depois.

> Dão-se algumas vezes nas igrejas espetáculos e divertimentos de teatro, e não somente nesses espetáculos e nesses divertimentos monstros mascarados, mas ainda em certas festas, os padres e os subdiáconos permitem-se de fazer toda a casta de loucuras e palhaçadas (...).[4] (Decretas de Inocêncio III)

Desfiles de rua que têm muito das procissões dos santos – oragos e padroeiros; estandartes, conjuntos musicais, figuras alegóri-

---
2 OLIVEIRA, Valdemar de. Op. cit., p. 141.
3 Id., p. 95.
4 MELLO FILHO, Moraes. *Festas e tradições populares do Brasil*, Rio de Janeiro, H. Garnier, 1901, p. 28; FERREIRA, Ascenso. *Catimbó*, Recife, Fundarpe, 1988, p. 43.

cas, cortejos dos maracatus do Recife. Cortejos de reis, heróis, orixás que visitam ruas, praças, avenidas e chegam à beira do Capibaribe e Beberibe – rios-veias do Recife –, comunicação com o mar, o Atlântico, que leva a Luanda, terra das rainhas dos maracatus.

> Loanda, Loanda, aonde estás?
> Loanda, Loanda, aonde estás?
> A balsa do rio
> cai no corrupio,
> faz passo macio,
> mas toma desvio
> que nunca sonhou...

O maracatu do Recife lembra em forma um cortejo que reúne personagens à européia e fausto-nobreza dos cortejos dos reis Achanti de Gana – grandes pálios, símbolos que vêm dos templos e santuários e são exibidos publicamente, marcando papéis sociais de sacerdotes, guerreiros e deuses – todos sacralizados. É comunicação da interioridade do poder real e religioso. O mesmo acontece nos cetros de rainhas, nas calungas em madeira – bonecas vestidas, de peruca e coroadas – todos símbolos identificadores dos maracatus de nação, nação africana.

Oriente Pequeno, Oriente Grande, Cambinda Nova, Estrela Brilhante, Cambinda Velha, Porto Rico, Sol Nascente, Leão Coroado, Elefante onde estão as calungas e a rosa *Aluanda, qui tenda, tenda, qui tem tororó...*

Reinado do Congo fundando desfiles de rua, ora afoxés e congadas, ora cucumbis, maracatus e tantos outros...

A unidade destas manifestações estava nas Irmandades dos Homens de Cor e ainda no poder de reis negros eleitos pelas suas Nações, porém afetos à ordem e à ética da Igreja.

É voz comum: a dança do maracatu lembra, pelos movimentos de braços, um remar, remar para atravessar o Atlântico e chegar novamente a São Paulo de Luanda. *Eu vou pra Luanda buscá miçanga pra Saramuná.*[5]

Como nos xangôs, nos maracatus africanos ou de baque-virado, as mulheres vigoram como líderes religiosos, ocupando os papéis de ialorixás e de rainhas – donas incontestes dos cortejos –, comandam o axé que portam as calungas – Iansã e Oxum –, representações de santas dos terreiros e que recebem obrigações anuais antes do carnaval. Comem bichos de pena e cabras, acarajés e outros pratos à base de azeite-de-dendê. As calungas ficam nos pejis dos terreiros, nas sedes e casas dos donos dos maracatus, saindo para passear nos dias de carnaval.

> Foi de Angola a célebre Rainha Ginga que se ergueu contra os portugueses com todo o seu vigor meio matriarcal de mulher-homem, ainda recordado no Brasil pelas rainhas de maracatu (...).[6]

Caboclinhos, escolas de samba, agremiações como Vassourinhas, Lenhadores, Clube das Pás, Batutas de São José, Banhistas do Pina, entre outras, incluem-se no mundo dos xangôs, do axé emanente dos orixás, ancestrais e outros deuses cultuados nos terreiros.

O território convencional do carnaval é a rua. A rua é de Exu – o primeiro, o comunicador, o articulador por excelência. Sendo o carnaval tradicional do Recife feito pelo povo do xangô, em sua maioria, adquire Exu notabilidade especialíssima e inclui-se como um dos personagens fundamentais da festa, da festa de rua.

O carnaval do Recife, o carnaval africano, influencia Olinda. Inicialmente, afoxés baianizados e que vão ganhando afropernam-

---

[5] LODY, Raul. *Maracatu Leão Coroado*, Recife, Prefeitura da Cidade do Recife, Fundação de Cultura Cidade do Recife, 1989, p. 15.
[6] FREYRE, Gilberto. *Aventura e rotina*. Sugestões de uma viagem à procura das constantes portuguesas de caráter e ação. Rio de Janeiro, Fundaj, Sindicato da Indústria do Açúcar do Estado de Pernambuco e da Cooperativa dos Produtores de Açúcar e Álcool de Pernambuco, 1980, p. 317.

bucanidade em retomadas estéticas, vinculações éticas com o xangô em amplo cenário dos movimentos de conscientização negra.

Liberdade nas fantasias, nos adereços, na pintura de corpo, inicialmente, ao olhar estranho é uma representação *naïf*. Contudo, o folião construtor da sua própria roupa manifesta em cor e em material uma síntese do imaginatório da cidade, das outras festas – o *Pastoril*, o *Boi* o próprio xangô –, confere uma relação e uma intenção com o Recife. É adesão completa à festa; a roupa é digna expressão do desejo telúrico.

É o Recife em tempo dionisíaco do Carnaval.

> Eh, garajuba
> Carnavá, meu carnavá,
> tua alegria me consome...
> Chegô o tempo das muié largá os home!
> Chegô o tempo das muié largá os home!
> porque chegou o carnaval do Recife,
> o carnaval mulato do Recife,
> o carnaval melhor do mundo.[7]

---

7 FERREIRA, Ascenso. Op. cit., p. 43.

NGUNZU PANGO

Associada à história do africano no Brasil, quase um estigma nas primeiras décadas do século passado, está a vulgarmente chamada maconha.

A planta teria sido introduzida em nosso país, a partir de 1549, pelos negros escravos, como alude Pedro Corrêa, e as sementes de cânhamo eram trazidas em bonecas de pano (...).[1]

A importação da maconha atrela-se ao tráfico negreiro e seu transporte transatlântico fixa no Brasil o hábito de fumar e usar folhas e sementes em práticas, geralmente cíclicas, por parte dos escravos e seus descendentes.

A proveniência da maconha brasileira tem sido objeto de largas discussões. Ela teria vindo, provavelmente, da Província de Angola, possessão portuguesa da África Ocidental, melhor dizendo, da África Austral. E fumo de Angola é o nome com que a maconha brasileira é conhecida nos estados de Alagoas e Sergipe, ao longo das margens do Rio São Francisco (...).[2]

---
[1] *Cânabis Brasileira (pequenas anotações)*, Rio de Janeiro, Ministério das Relações Exteriores, 1959, p. 9.
[2] Id., p. 9.

Maconha – *Cannabis sativa*, variedade *indica* L. Família Moraceae, resina entorpecente Cannabina ou Haschischia.
A aclimatação e o plantio se ampliaram para além da região do rio São Francisco.

A maconha (...) é plantada em lugares não muito secos, aproveitando-se geralmente o terreno das queimadas ao tempo em que se abrem roças (...). Bem adubada, torna-se viçosa, alcançando os três metros de altura (...).³
(...) Três meses depois de crescida, quando amadurece, colhe-se a espiga. Sabe-se que está madura quando as folhas amarelam e a *pluma* (espiga) seca e esfiapa como fumo desfiado. Não só servem os entendidos das folhas comuns porque não contêm nicotina, só as plumas. Também há uma distinção, é a planta fêmea que produz a espiga e a semente. Quando amadurece, o arbusto é arrancado e posto a secar à sombra dentro de casa.⁴

A maconha, além de compor o hábito social de fumar, o que é prescrito social e moralmente pelos códigos vigentes no país, é, em estado verde, viçosa, uma folha litúrgica do orixá Exu ou do vodum Elegbara, entre outras designações afro-brasileiras.

A folha integra os assentamentos e compõe a massa usada nas modelagens antropomorfas de Exu, formando com ferros batidos, búzios e outros materiais as representações que são cultuadas nos pejis, santuários.

O emprego da maconha nos rituais de Exu é uma forte identificação da folha com o orixá, reforçando a relação contestatória e marginal do próprio Exu, genericamente visto e interpretado como o Diabo dos cristãos.

Exu é orixá dinâmico e essencialmente articulador entre todas as matérias, os outros deuses e os homens. É um orixá liberto e li-

---

3 MONTEIRO, Mário Ypiranga. "Folclore do Maranhão", *Revista Brasileira de Folclore*, Rio de Janeiro, MEC/CDFB, vol. 6, nº 14, p. 290, jan./abr. 1966.
4 Op. cit., pp. 288-9.

bertário e, por isso, sempre encarnando os ideais de luta do homem africano no Brasil.

Exu passa a significar tudo o que se refira a negar opressão e escravidão e apóia-se, então, num símbolo verde que é a maconha – opção mágica pelo sonho –, sendo esse vegetal um estigma do marginal, do proibido, do amoral pelo poder estabelecido e vigente.

Amplia-se a mística sobre o plantar, colher, tratar e usar a maconha.

> O próprio cultivo da planta, em certos pontos do norte do Brasil, é acompanhado de práticas mágico-fetichistas; cuidados que cercam a planta, colheita que não deve ser feita na presença de mulheres (...).[5]

Mulher menstruada não pode participar da colheita, sendo tarefa primordialmente masculina, conforme ocorre tradicionalmente no Nordeste.

A maconha é uma planta do universo masculino. O conteúdo viril é reforçado pelo próprio uso e identificação com Exu – orixá que assume o ideal sexualizado e, por isso, fértil e também transformador.

As próprias folhas da maconha, alongadas, levam a um imaginário fálico que se une aos demais símbolos de Exu – tridente, lança, faca, facão, espada, entre outros objetos verticais, como o próprio *opá ogó* em madeira e outros materiais.

De um estigma nascente na sabedoria religiosa dos terreiros, especialmente no candomblé e no xangô, o uso ritual religioso da maconha é específico e afeto à exclusividade litúrgica de Exu, não assumindo prática generalizada no terreiro entre seus participantes e simpatizantes.

A marca social da maconha, sem dúvida, está no fumar, fumar em diferentes formas por homens e mulheres.

---

5 RAMOS, Arthur. *O negro brasileiro*, Rio de Janeiro, Civilização Brasileira, 1935, p. 168.

(...) Os africanos fumam depois de seca, desprende um aroma ligeiramente agradável.[6]

Fumar coletivamente ou fumar isoladamente o fumo seco e preparado em cigarros ou em cachimbos especiais revelam aspectos do uso e dos motivos sociais do fumar – situações prescritas na casa, na rua e nos locais mais diversos.

Inicialmente o uso da maconha no Brasil fazia-se queimando, em cachimbos especiais, flores de cânhamo dessecadas. Essas eram colhidas em plantas fêmeas. Os cachimbos de formatos diversos tinham sempre um recipiente para água, onde o fumo era filtrado, como na África. O recipiente podia ser uma garrafa ou um vaso de barro; geralmente, porém, era feito de uma cabaça. Tal engenho recebeu várias denominações: *cabaça, gropoió, maricas, fornilho de maricas, boi* e *pito de pango*.[7]

A tradição popular também marcou a presença e o uso socializado do fumo.

Maconha é bicho danado.
Bicho danado é maconha;
De tanto bem a maricas
A gente perde a vergonha.[8]

(...) No norte são cantados em sessões do vício, enquanto o cachimbo circula de boca em boca:
O diamba, sarabandar
quando eu fumo a diamba,
fico co'a cabeça tonta
e co'as minha perna zamba.[9]

---

6 QUERINO, Manuel. *Costumes africanos na Bahia*, cit., p. 46.
7 DOUGLAS, Joaquim. "O dicionário da maconha (II)", *O Estado de S. Paulo*, São Paulo, 20 abr. 1958.
8 MOURA, Jair. "Maconha, o legado pernicioso", *A Tarde*, Salvador, 27 jun. 1970.
9 DOUGLAS, Joaquim. Op. cit., p. 21.

Informa Arthur Ramos o uso de "Ajuê maricas" como expressão e regozijo entre uma baforada e outra por parte dos fumantes nas rodas de maconha.

> A maricas passou pela roda. Cada fumador tirava o seu trago, no mesmo vaso, demorando-se em saboreá-lo, peneirando o busto e contraindo os músculos do rosto que espremiam o estribilho monótono:
> – É de Congo.
> Saraminhongo...[10]

Para a tradição afro-brasileira, a maricas passou a significar objeto e símbolo dos momentos coletivos do fumar maconha.

> Esse aparelho rústico tem muitos pontos de contato com o narguilé asiático (perda de origem: narguileh), comum entre turcos, armênios, sírios, libaneses, persas (...).[11]

Câmara Cascudo aponta um tipo de maricas mais próximo dos amplos cachimbos de defumações do Catimbó.

> (...) feito de barro cozido, como tenho visto, com recipiente para água, lavando a fumaça, como o narguilé turco.[12]

Em área amazônica, há usos adaptados para o maricas.

> O canudo do mamoeiro só serve para uma *veizada* e desnatura o sabor da erva, como se disse. O tubo de argila queimada também surte o mesmo resultado.[13]

---
10 MOURA, Jair. Op. cit., p. 26.
11 MONTEIRO, Mário Ypiranga. Op. cit., p. 292.
12 CASCUDO, Luís da Câmara. *Dicionário do folclore brasileiro*, Rio de Janeiro, MEC/INL, 1962, p. 451.
13 MONTEIRO, Mário Ypiranga. Op. cit., p. 293.

Contudo, o ato de fumar maconha notabilizou-se com o cigarro – hábito individual e também coletivo.

A indústria do cigarro veio sugerir o modo mais moderno – e igualmente o mais prático – de utilização da maconha. Nesta nova forma/década de 50, correm no Brasil nomes que variam conforme a quantidade de erva contida: *morrão* é o cigarro duplo, *baseado*, o de volume normal e *fininho*, no sul, é conhecido como *tripa*.[14]

Popularizou-se e ampliou-se o consumo original de fonte africana para afro-brasileira, tocando indivíduos de diferentes classes sociais e econômicas. Não se pode restringir o fumo da maconha a um âmbito cultural afro-brasileiro.

O conhecimento do fumo e suas diferentes interpretações regionais ampliou as maneiras de chamar, disfarçar o próprio termo "maconha", extremamente proibido e marcado pela marginalidade.

Entre os muitos nomes, temos os seguintes: dirijo, dirijinho, baseado, alili, federal, birra, fala-no-telefone, paiol, maiva, degues, bicho, fêmea, tuco, tuquinho, abre-apetite, gongo, mato-da-vovó, umbaru, vassourinha-do-campo, ourana-da-praia, dindindom, sovaramba, mutamba, atchi, fumo-bravo, macônia, erva, pango, rafi, mariguana, macaia, mato, riamba, liamba, diamba, aliamba e nadiamba.

Arthur Ramos informa outro nome da maconha, vinculando-a diretamente a uma situação religiosa.

> Esta planta, que no Rio de Janeiro tem o nome de pango, em Alagoas chamam-na maconha e na Bahia macumba (...).[15]

O sonho, a fantasia, o proibido marcam a história social da maconha, sendo descrita assim por Baudelaire na obra *Les Paradis Artificiels*: "invoca sempre magnificências de luz, esplendores gloriosos, cascatas de ouro líquido".

---
14 DOUGLAS, Joaquim. Op. cit., p. 34.
15 Nota de Arthur Ramos em *Costumes africanos no Brasil*, de Manuel Querino, p. 96.

SETE FOLHAS DE DEFESA
ECOLOGIA, MAGIA E COTIDIANO

Nítidas funções de anteparos e formas protetoras de ambientes, produtos e pessoas são exercidas por certos vegetais tradicionalmente incluídos nos costumes populares como interlocutores do diálogo casa e rua. As relações abrangem casa e corpo individualizado e corpo coletivo e diversas maneiras de interpretar o próprio corpo, a casa e a rua.

As plantas cumprem funções de proteção mágica, sendo verdadeiros filtros das entradas – portas da rua e portões –, e assim defendem pessoalmente indivíduos, estabelecimentos comerciais, agremiações, entre outros. A proteção ocorre por folhas verdes ou produtos originários de plantas sacralizadas pelo costume de encarnarem proteção, religião ou o signo de ação socializadoramente mágica, por exemplo: uma figa feita de arruda ou guiné.

As folhas estão em variados suportes, jardins, sobre recipientes em mesas, armários, prateleiras, bancas, figas dispostas em portas, junto ao corpo, em bolsas com outros objetos mágicos – bentinhos, fitinhas, medalhinhas, orações, santinhos, entre tantos outros que expressam motivos particulares do usuário, relações com a Igreja, com as religiões afro-brasileiras, sendo formas de manifestar fé individual ou continuidade a costumes de família e região.

A ocorrência das folhas em locais estrategicamente visíveis expressa, inicialmente, um desejo comunicador que se une ao de exibir símbolos verdes que estão sinalizados para atender a desejos dos que detêm o conhecimento funcional de certas plantas. Esse conhecimento e domínio coletivo são imemorialmente mantidos e preservados com os costumes domésticos e também os de cunho profissional e ainda de usos específicos nos terreiros de candomblé, xangô e umbanda, entre outros.

As folhas publicamente visíveis estão também nos altares sintéticos. As folhas coabitam pequenos altares – prateleiras com santos católicos, certas ofertas devocionais como copos com guaraná, cerveja, pratos de doces, imagens em gesso policromado de São Cosme e São Damião, São Jorge, Nossa senhora da Conceição; quadros, gravuras de outros santos, jarros e flores, velas, fitas, lâmpadas vermelhas, toalhas, inscrições pintadas nas paredes próximas e ainda detalhes em néon, entre outros temas e motivos decorativos. Predominam arruda, espada-de-são-jorge e guiné, geralmsente em recipientes de vidro, louça e barro contendo água, complementando montagens para Ogum, Oxóssi e outros orixás popularizados pela umbanda.

A folha vista é acionada nos seus princípios éticos, morais, rituais e especialmente mágicos. É folha no altar, folha no jarro, folha sobre a porta, de um ou dois tipos diferentes, em quantidades diversas, com maior exuberância ou dispostas em situação guardiã para cumprir seu papel fundamental de proteção.

Quem vê a folha, geralmente a entende e a decodifica. Ela estará integrada em jardins ou especialmente emblemática – e entregue ao olhar coletivo, geral, como o verde defensivo. A folha é um sinal dos espaços interno e externo, do privado e do público, do ritualmente sacralizado e do geral. As folhas marcam fronteiras de casas, lojas, escolas, mercados, feiras, bancos e muitos outros locais de comércio.

As mesmas folhas que funcionam no imaginário popular como emblemas de proteção ocorrem também em chás, banhos, defumações, bentinhos, amuletos, entre outros usos que variarão conforme o saber e a interpretação do usuário.

Sem dúvida, são fortes os vínculos dessas folhas de defesa com a história fitolátrica e tradicional dos terreiros.

Há um sentido heráldico nas organizações das folhas especialmente aqui tipificadas como de defesa com as demais folhas virtualmente ornamentais. Cores, formatos, disposições, quantificações, materiais complementares e relações com os espaços arquitetônicos compõem os conjuntos simbólicos – de sofisticação, de manutenção dos significados eminentemente populares, de preservação de rituais cíclicos e de reforço das propriedades –, expressando fé religiosa, cópia de outros espaços que marcam classes sociais e econômicas. Ter folha na porta não é um predicado de gente do povo, de mercado de subúrbio, de feira ambulante. Ter folha na porta é um hábito generalizante e assumido por diferentes intérpretes sociais do uso, do significado e das causas que fazem existir e manter o costume de uma fitolatria defensiva e fortemente fundada na Igreja de vínculos medievais, das religiões afro-brasileiras e de uma emanente sabedoria indígena.

> (...) Fala-se da colheita das ervas, do São João, ervas que noutro qualquer dia, e depois do sol nado, não têm igual virtude. Nos exorcismos, como nas benzedelas populares, entram a cada passo a *ruda* ou arruda e outras plantas.[1]

Saber colher a folha, saber sua procedência, saber seu uso complexo são especialmente importantes para o papel protetor e também sacrificial naquilo que encarna de oferta, de voto e preito religioso no usar e ter folhas na porta.

A eficácia da folha está também no que expressa de verde, de novo e de representante da vida natural – símbolo da mata, da floresta, da origem geral de todos os verdes da natureza.

---

[1] VASCONCELLOS, J. Leite de. *Tradições populares de Portugal*, Lisboa, Imprensa Nacional/Casa da Moeda, 1986, p. 140.

O acesso às folhas vem das compras em feiras e mercados, além da coleta em jardins particulares.

A folha somente desempenhará seu papel se for bonita – verde, grande, de galhos e ramos que conquistem pelo volume e significado até florestal –, e assim trará a herança do verde sagrado de todos os verdes interpretados como protetores e emanentes da natureza preservada e da natureza ritualizada e compartilhante do cotidiano do homem.

A eficácia da defesa que está na porta, entre territórios do privado e do público, é também reproduzida no uso corporal por folhas verdes e produtos fabricados de origem vegetal. O corpo passa a significar o privado que se relaciona com o que é público – outras pessoas e diferentes ambientes.

O corpo protegido pela folha ou material oriundo de uma folha sacralizada é marcado por um ramo de arruda na orelha, nos seios, na cintura, ora em contato direto com o corpo, ora sobre tecidos. A folha odoriza, refresca, sinaliza, adorna, referencia tropicalidade e amplia a sensualidade da mulher. Geralmente, são mulheres que portam folhas verdes sobre turbantes, são vendedeiras ou quituteiras de rua – baianas de tabuleiro –, são iniciadas de terreiros que usam folhas na cabeça em situações intramuros ou publicamente para evidenciar vínculos com os orixás ou simplesmente como proteção específica conforme a folha e sua disposição no corpo. É uma liguagem o uso da folha. Há comunicação simbólica pelo tipo, pela quantidade, pelo dia da semana, pela cor da roupa, inclusive.

> Todas as mulheres da classe baixa, em que constituem as negras ou cinco sextos, consideram *arruda* um preventivo contra os sortilégios, por isso têm sempre o cuidado de carregá-la nas pregas do turbante, nos cabelos, atrás da orelha e mesmo nas ventas. As mulheres brancas usam-na em geral escondida no seio.[2]

---

2 CASCUDO, Luís da Câmara. *Dicionário*, cit., p. 68.

Ainda no corpo da mulher a sinalização da Joalheria vinculada à religiosidade afro-brasileira é fortemente marcada com a figa em madeira – madeiras de arruda e de guiné –, com encastoamento em prata ou em ouro e ainda combinações com bentinhos e patuás de diferentes materiais.

> Em qualquer parte do mundo, quando se fala numa baiana, é uma mulher cor de jambo ou sapoti, com as vestimentas de suas bisavós africanas, que são: torços, balangandãs, saias rodas, panos-da-Costa, sandálias com salto alto, figas de Guiné, búzios da Costa (...).[3]

Cada folha tem seu princípio e função. A ela são auferidas propriedades gerais e de domínio coletivo, e outras são secretas e acionadas mediante rituais e/ou práticas propiciatórias e de expressão mágica.

Sem dúvida, a mais vulgar e de conhecimento plural e de atribuição e eficácia contra os malefícios é a arruda (*Ruta graveolens*).

Já os romanos e os gregos davam-lhe propriedades extremamente genéricas, e a folha ficou conhecida como *paratudo*.

> Sabe-se que a arruda usada contra malefícios remonta à Antiguidade Clássica (...) usá-las atrás da orelha é um costume que permanece até hoje tal como era comum entre os negros. Debret (1949, II: 53, 168) documentou com desenho uma negra no século XIX vendendo arruda (...).[4]

Folha freqüente nos diferentes rituais religiosos afro-brasileiros, a arruda é trazida pelo homem lusitano, já fortemente afro-islamizado – homem moçárabe –, difundindo a folha nas casas e no comércio.

---

3 *O Rio Vermelho e suas tradições*, Memórias de Licídio Lopes, Salvador, Fundação Cultural da Bahia, 1984, p. 73.
4 CAMARGO, Maria Thereza Lemos de Arruda. *Plantas medicinais e de rituais afro-brasileiros I*, São Paulo, Almed, 1988, p. 14.

A arruda não foi vulgar na África, ocidental e oriental. Seu prestígio veio da Europa. Era dominadora no Brasil e não desapareceu a preferência popular por ela.[5]

As atividades de purificação de pessoas e casas pelo uso ritualizado dos ramos de arruda incluíam-se também nas atividades de ganho. Aí se uniam formalidades de liturgias populares e nascentes na Igreja, com manifestações tradicionais e fitolátricas afro-brasileiras.

Negras que saíam pelas casas afugentando os maus espíritos com raminhos de "arruda" ou de "vassourinha de relógio" (...).[6]

Geral e internacional é o emprego cotidiano da arruda.

(...) usam-na ainda agora na Abissínia como desinfetante e até como aromatizante para o leite e condimento para a carne, sendo ali superstição geral andar com ramos dela nas mãos, como preservativo de doenças contagiosas e de malefícios (...).[7]

Outra folha muito popular no Brasil e de presença marcante nos rituais religiosos afro-brasileiros é a guiné (*Pativeia alliaceae*).

Nomes vulgares: amansa-senhor (AM, BA), caá (MA), cagambá, cangambé (BA), embiaiendo (BA), erva-de-alho (BA), erva-de-guiné (RJ, SP, BA), erva-pipi, erva-de-tipi (BA), gambá (BA), gerataca, ganara timbó, gorarema, iratacara, macura, macura-caá (MA), ocoaembro, paracaca, paracoca, pau-de-guiné (SP, BA), pipi (BA, RJ, SP), raiz-de-conconha, raiz-de-gambá, raiz-de-guiné (BA, SP), raiz-de-pipi, raiz-de-congo, tipi (BA), tipi-verdadeiro (BA).[8]

---

5 CASCUDO, Luís da Câmara. *Tradição, ciência do povo*, São Paulo, Perspectiva, 1971, p. 57.
6 VIANNA FILHO, Luiz. *O negro na Bahia*, Rio de Janeiro, José Olympio, 1946, p. 120.
7 CORRÊA, Pio M. *Dicionário das plantas úteis do Brasil*, p. 179.
8 CAMARGO, Maria Thereza Lemos de Arruda. Op. cit., p. 36.

Juntamente com a arruda, a guiné forma um conjunto básico de proteção, de uso medicinal – garrafadas, chás, banhos –, de uso mágico com defumadores, orações, rituais de purificação, seguindo roteiros prescritos na liturgia do candomblé, por exemplo.

A espada-de-são-jorge (*Sansieveria ceylanica willd*) assume mimeticamente a função visual e simbólica da espada defensora, encarnando o ideal de guarda e de proteção da casa, do terreiro, do altar, do peji, do corpo – é folha eminentemente de apresentação, inauguradora e assumidamente guerreira se relacionada ao forte processo relativizador entre o santo da Igreja São Jorge e os orixás do Candomblé Ogum e Oxóssi, entre outros.

A folha que é espada é uma arma simbolizada que une as marcas da heráldica de reis, príncipes, guerreiros, sacerdotes, santos, deuses e de evidente poder masculino, viril – imagem vertical e fálica –, folhas também de sentido sexualizado, fertilizado em diferentes leituras de usos coletivo e individual. A espada-de-são-jorge estará sinalizando entradas – portas, portões, pórticos, arcos, entre outras –, isolada ou com folhas de peregum.

O peregum (*Dracaena fragans*), também conhecido como pau-d'água, nativa, folha nativa, entre outras designações, é de uso fundamental nos terreiros de candomblé, tendo também presença ritual no xangô e na umbanda candombleizada.

É folha eminentemente protetora de ambientes – barracões, pejis internos e pejis ao ar livre –, em jarros sobre entradas, em chifres e outros suportes, indicando, sinalizando locais sagrados e apontando características de certos deuses representados no terreiro.

O peregum forma verdadeiras cercas vivas em torno de pejis de certos deuses, próximos a fontes e regatos, onde também são realizados rituais de coleta d'água ou onde estão alguns assentamentos (objetos que representam deuses).

O peregum compõe com certa freqüência montagens que decoram barracões de candomblé – salões públicos para a dança –, juntamente com utensílios em barro, como portões, quartinhões, ou nas paredes, com laços em ojás (tiras de pano) de diferentes insígnias de orixás em papelão, papel laminado, isopor, entre outros materiais.

Geralmente, o peregum simboliza Ogum, orixá guerreiro, senhor das estradas e conhecedor da tecnologia de transformar os metais – construtor de armas e ferramentas agrícolas.

O peregum é também interpretado como uma ferramenta verde e compõe roupas cerimoniais de diferentes orixás, voduns e inquices. Marca visualmente Ossãe, o orixá de todas as folhas litúrgicas e medicinais.

O peregum, além de exercer funções de folha protetora, é tradicional na estética ritual afro-brasileira.

Lança de Ogum (*Sansevieria cylindrica*) é uma folha de valor simbólico e funcional como a espada-de-são-jorge. Contudo, a lança de Ogum não é folha tão popular e de uso tão disseminado como aquela. Mimeticamente, a folha lembra uma lança – arma medieval, similar à usada na representação tradicional de São Jorge, santo também visto como Ogum –, daí algumas designações para a folha como lança-de-são-jorge. É folha de defesa e também compõe esteticamente altares públicos e domésticos, forma jardins que estão nas entradas das casas, terreiros, entre outros.

Muito popular e de largo uso como folha mágica e ainda medicinal é o pinhão-roxo (*Jatropha gossypiifolia* L), também conhecido como batata-de-téu, jalapão, pião-roxo, erva-purgante, mamoninha, raiz-de-téu[9].

É folha de função primordialmente purificadora do corpo, da casa e de diferentes ambientes.

O chamado *pé-de-pinhão* é comum nos jardins ou nos quintais, servindo para uso familiar ou introduzido ritualmente no candomblé, no xangô e na umbanda. O pinhão é folha largamente usada nas liturgias, ora como integrante de amassis – folhas maceradas –

---

9 CORRÊA, Pio M. Op. cit., p. 485.

ou em jarros, copos, compondo prateleiras-altares, sobre portas e entradas ou guarnecendo, ladeando pontos de chegada de casas, templos, entre outros locais.

> Basta um pinhão-de-purga (...) no quintal para qualquer cousa-feita, muamba, despacho perder as potências maléficas (...).[10]

A folha do pinhão-roxo é tradicional nas bancas das quituteiras – baianas de tabuleiro, baianas de rua –, ou ainda na orelha, no turbante com guiné, arruda e outras folhas convencionalmente mágicas.

Existe uma outra folha que bem expressa o desejo de defesa, de proteção, de anteparo: é o popular comigo-ninguém-pode (*Dieffenbachia picta*).

> Nomes vulgares: bananeira-d'água, cana-de-imbé, cana-marona.[11]

Das folhas usadas nas portas é certamente a de maior ocorrência, valendo sozinha ou reforçada com guiné, arruda e espada-de-são-jorge. É folha assumida por adeptos e simpatizantes de religiões afro-brasileiras e principalmente tem presença pelo princípio imitativo, que é usado por milhares de pessoas.

Comigo-ninguém-pode é sinalização mágica e um elemento estético incorporado aos ambientes mais diversos, estando nos prédios modernos, luxuosos, como também nas feiras, nos mercados e nas casas de diferentes classes sociais.

A folha verde é uma síntese idealizada da natureza e de tudo o que ela encarna e expressa de vida, de fertilidade e de co-participação no cotidiano do homem.

---

10 CASCUDO, Luís da Câmara. *Tradição*, cit., p. 57.
11 CAMARGO, Maria Thereza Lemos de Arruda. Op. cit., p. 17.

ÁRVORES SAGRADAS
ETNOGRAFIA E ECOLOGIA NO CANDOMBLÉ, NO XANGÔ E NO MINA JEJE-NAGÔ

(...) Assim como os católicos têm imagens para seus santos, nós temos alguma coisa para nos lembrar dos nossos orixás. Mas não adoramos imagens feitas pelas mãos humanas, como eles fazem. Adoramos a natureza.[1]

A NATUREZA RITUALIZADA

As relações e atribuições de deidades às árvores estendem-se pelo mundo em épocas e momentos diversos da história das civilizações. Na Grécia clássica, Júpiter encarnava o carvalho, Minerva, a oliveira, Vênus, a murta e Baco, a vinha. As atribuições e, principalmente, identificações entre deuses e certos espécimes botânicos fazem, hoje, ainda no candomblé e em certos casos no xangô e no mina Jeje-Nagô do Maranhão, um espaço dedicado à dendrolatria (culto às árvores).

As árvores sinalizam os espaços dos terreiros, determinam locais de culto – santuários ao ar livre também marcados por louças de barro, oferecimento de sacrifícios de animais, entre outras comidas específicas a cada orixá, vodum e inquice – e são, principal-

---

1 AJIMUDÁ (Babalaô Martiniano Eliseu do Bonfim). "12 Ministros de Xangô", *Estado da Bahia*, Salvador, 19 abr. 1937.

mente, fortes e evidentes referências à natureza simbolizada, ao verde sacralizado, a um espírito consciente e etno-ecológico.

> Os lugares sagrados incluem o terreiro, ou recinto do templo; a *franquia*, ou bosque sagrado; as fontes sagradas, como a conhecida por *Milagre de São Bartolomeu*, que está situada em um lugar isolado perto de Pirajá, em cujas águas o banho de uma filha-de-santo dedicada a Oxumaré faz com que o orixá chegue imediatamente; os lagos *sagrados* como o Dique e os braços do mar, tais como Cabeceiras da Ponte, Mont'Serrat, e Abaeté (...).[2]

A natureza manifestada nos seus elementos básicos visualiza os próprios deuses e estes se unem num reforço socializador intermembros dos terreiros, através de normas e princípios ético-morais também divulgados e mantidos pelos ancestrais – heróis-fundadores, sacerdotes, iniciados, guerreiros, caçadores, entre outros.

Os terreiros assumem idealmente compromissos preservacionistas, mantendo áreas verdes combinadas às intervenções arquitetônicas – pejis, casas de moradia, mastros, portais, salões, galinheiros, fontes, poços, cabanas e tapagens provisórias.

> Pedras, conchas, madeiras, partes de determinados animais, certos tipos de barro, folhas, raízes, sangue, água, combinados e organizados segundo montagens específicas, compõem o elenco básico dos assentamentos, independendo o tipo de nação que o terreiro siga ou o modelo sociorreligioso.[3]

A natureza está virtual e fundamentalmente presente, ora em material ritualizado, ora em concepções encadeadas e abrangentes sobre ecossistemas e a religião dos deuses africanos.

---
2 PIERSON, Donald. *O candomblé da Bahia*, Curitiba, Ed. Guaíra, 1942, p. 94.
3 LODY, Raul. *Dezoito esculturas antropomorfas de orixás*, Rio de Janeiro, Funarte, 1990, p. 1.

As concepções ortodoxas dos terreiros – casas fundadoras e matrizes de variada filiação espalhadas pelo país – de candomblé, xangô e mina do Maranhão têm da natureza – o estado natural das coisas do mundo – um conceito amplo e geral do que é entendido por divindade.

A ocupação da natureza segue princípios éticos e litúrgicos ditados pelos deuses, ancestrais e principalmente tendências e estilos de pais e mães-de-santo.

Predomina na concepção ecológica dos terreiros o conceito do verde – matas, folhas e árvores. Valorativamente, as árvores são marcos da consciência ecológica dos terreiros.

Axis-múndi

A árvore simbolizada, o tronco ereto e viril – membro fecundante da terra e do céu, elo, cordão umbilical entre o *orum* e o *aiê*, na concepção restrita Ioruba –, marca espaços públicos dos candomblés mais antigos e tradicionais. Alguns espaços privados são também sinalizados com o mastro, poste, tronco rememorizador da árvore geral e fundadora da vida. É o elo entre o céu e a terra – chamado genericamente de ixé, por onde vêm os orixás, voduns e inquices aos terreiros.

> Tudo gira em torno do ixé, o verdadeiro centro de atração onde todas as danças cerimoniais são realizadas em sentido de roda (...). O ixé, segundo a tradição do terreiro, é o local onde está o axé principal.[4]

Como o terreiro em síntese reproduz a natureza, o ixé encarna o valor de árvores ancestres de um monumento quase dentrite que reúne atribuições de todas as árvores, de todas as seivas férteis de um verdadeiro e notório atestado de força fértil e fecundante.

---

4 LODY, Raul. *Espaço, orixá, sociedade*, Salvador, Ianamá, 1988, p. 25.

O espaço ocupado pelo ixé é definitivo, tudo acontece a partir desse centro emanador.[5]

Roger Bastide traça analogias entre os ixés do Haiti e os da Bahia, enfatizando a árvore do vodum Loko como a mais próxima e relacional com o mastro-poste que funciona como verdadeiro umbigo dos terreiros.

Devemos, todavia, notar (no Haiti) que a ligação entre o poste central, a árvore do mundo e o Iroco ou Loko é também encontrada na Bahia, embora menos estreita do que no Haiti. Depois do canto de Obatalá, no Candomblé de Opô Afonjá, canta-se imediatamente o canto de Loko (...). Na realidade, a única explicação possível seria que a árvore é o pilar dos dois símbolos do membro viril do deus do céu. No Recife, no terreiro de Pai Adão, canta-se para Iroco imediatamente após Exu, Ogum e seu irmão Oxóssi, e antes de Oxumaré, o arco-íris; em todos esses casos, e no começo das cerimônias, estamos lidando com divindades que ligam o céu e a terra (...) aqui, pois, aparece ainda Iroco como a *árvore do mundo*.[6]

ÁRVORES ANCESTRES

O vigor sagrado do verde está na árvore-monumento como atestação de tempo histórico, de África presente, de um afro-brasileirismo consagrador a certos espécimes botânicos visualmente centenários – árvores guardiãs dos terreiros, deuses fito-representados e cultuados pelo saber litúrgico tradicional.

A cidade de Salvador reúne ainda alguns espaços notáveis, como o da roça do Candomblé Manso Bundunguenque – o popular Bate Fo-

---
5 LODY, Raul. *Espaço*, cit., p. 27.
6 BASTIDE, Roger. *O candomblé da Bahia*, São Paulo, Nacional, 1961, p. 79.

lhas da nação Angola –, reunindo em amplo terreno muitas árvores sagradas (...).
Entre muitas visitas ao terreiro, presenciei a festa do inquice Quitembe. Isso aconteceu ao ar livre e próximo a uma gameleira centenária, adornada de oujás (tiras de pano) coloridos, muitas quartinhas de barro e vestígios dos sacrifícios de animais, que ali ocorreram na madrugada precedente ao toque (...).
Nas mãos, cada uma (filha do terreiro) levava um prato, alguidar, gamela, travessa ou nagé contendo diferentes comidas, que foram uma a uma colocadas próximas às raízes da gameleira (...).[7]

Ainda na Bahia, em área do Recôncavo, um caso marcou-me como magnífica atestação de como a natureza é sensivelmente interpretada.

Retirei, do meu diário de campo, algumas anotações que passo ao leitor, sobre uma visita realizada à comunidade chamada de Roça do Ventura, Candomblé Jeje seguidor do modelo mahi (Benin), no município da Cachoeira. Um Candomblé exemplar, pelo que reúne de organização, de ocupação espacial mostrando árvores centenárias e sagradas e de um culto rigoroso aos voduns (...).
Comecei observando uma jaqueira, que uns três homens de braços abertos talvez fossem necessários para circundar. Nessa árvore mora Gu, vodum da guerra e das estradas. Uma cajazeira igualmente grande é o vodum Avereqüete, segundo o ogã um tipo de Iemanjá. Um cacto é Aizã (vodum dos mercados). A morada de Loko (vodum do tempo) é uma combinação de pitangueira e cacto. Outra cajazeira é o assentamento de Sogbô, um tipo de Xangô, disse o ogã.[8]

Nunes Pereira relata na Casa das Minas, onde estão especialíssimas seguidoras dos cultos aos voduns do Benin, a vinculação do ideal sagrado com as árvores.

---
7 LODY, Raul. *Candomblé*, cit., pp. 43-4.
8 LODY, Raul. *Candomblé*, cit., pp. 41-3.

Os que *assentaram* a Casa das Minas destinaram-lhe uma grande área, onde a árvore sagrada, de maior importância nas sobrevivências do culto Mina-Jeje de São Luís, é a cajazeira ou cajá – uma *Anacardiácea* muito conhecida noutros estados do país. (...) é uma árvore frondosa, de vinte e cinco a mais metros de altura, do gênero *Spondias* (...) cujo hábitat se estende, no Brasil, do Amazonas ao Rio de Janeiro. (...) O exemplar existente na Casa das Minas é velhíssimo, mas todos os anos se cobre de folhas numerosas e excelentes frutos. É indiscutível, portanto, a posição dessa árvore na fitolatria Mina-Jeje.[9]

Outros casos são visíveis na cidade de Salvador, Bahia, especialmente gameleiras frondosas, vestidas de oujás brancos como nos terreiros da Casa Branca, Gantois, Bogum, Casa de Oxumaré – todos terreiros próximos como se dialogassem ao som dos toques de atabaques e germinalmente falassem através dos pássaros que transitam entre as árvores-deuses – Iroko, Ogum, Oxóssi, entre tantos outros.

Contudo, a ação de preservar e manter as árvores-monumentos é tarefa da sociedade intra e extramuros dos terreiros.

No Terreiro Obá Ogunté Seita Africana Obá Omim – Recife, Pernambuco –, entre a mata sagrada circundante destaco uma impressionante gameleira chamada no local como o pé de Iroco. A árvore passou por diferentes interpretações litúrgicas, sendo também relacionada a Iansã e ao culto Egungum. Contudo, o pé de Iroco foi recentemente reconceituado e integrado ao universo do Nagô tradicional cultivado nesse terreiro, popularmente chamado de *O Sítio* ou de *Terreiro de Pai Adão*.

Com o tombamento que propus ao governo do estado de Pernambuco, garantiu-se a permanência de diferentes construções da área física e principalmente em respeito ao conjunto paisagístico em que se destaca o pé de Iroco. O referido tombamento foi o primeiro realizado em âmbito estadual sobre patrimônio cultural tra-

---
9 NUNES PEREIRA. *A Casa das Minas*, Petrópolis, Vozes, 1979, pp. 57-8.

dicionalmente não consagrado, através do Decreto n? 10.712, de 5 de setembro de 1985.

NA MATA DOS SONHOS

A relação dos santos – orixás, voduns, inquices e caboclos – com o espaço verde, a mata, é também enfatizada em alguns raros momentos, em cerimônias secretas, quando o santo dá provas das suas funções e principalmente das suas qualidades. A qualidade liturgicamente concebida pelos terreiros é justamente o caráter, o elemento básico identificador da personalidade e do comportamento específico do santo.

Na mata, geralmente próxima ao terreiro, são provadas as eficácias da iniciação, comprovando também a qualidade própria do santo. Assim, deverão as iaôs, conforme cada iniciação, trazer para o espaço do terreiro testemunhos materiais relativos a cada qualidade – folhas, raízes, frutos e pequenos animais, entre outros.

Os rituais de confinamento na mata e retornos simbólicos são representados pelos terreiros de candomblé da Nação Jeje por signos da heráldica do *santo de Grá*, ainda conhecido por *Grau*. O iniciado assume indivisivelmente a condição de homem-mata, compreendendo-se essa fusão por natureza encarnada através dos diferentes signos verdes, ou ainda por animais diversos e alguns exemplares minerais. Nesse processo, extremamente complexo, as árvores assumem referencial norteador das etapas do Grá. Elas sinalizam a mata e apóiam as iaôs no reconhecimento do terreiro, servindo como marcos orientadores dos caminhos que levam ao centro de todo o processo iniciático que é justamente o terreiro.

As árvores na mata, aqui também interpretadas como monumentos da mata sagrada – morada idealizada dos santos, especialmente nesse caso, os voduns –, são pontos de reunião durante o tempo da vida independente sem o jugo hierárquico da mãe ou do pai-de-santo do terreiro. O conceito de monumento verde às árvores é fortalecido pelo que é valorativamente conferido pelos próprios voduns que se vêem, se identificam com alguns espécimes e assim se fundem novamente no todo verde – a mata, o verde da natureza, aí sintética e univocamente tido como o total natural, a natureza simbolizada.

Na tradição dos Terreiros Angola, as iaôs ficavam por sete dias nas matas e reuniam-se diariamente ao pé de uma cajarana ou de um murici, onde realizavam o *ingorôci*. Após sete dias retornavam ao terreiro, provando suficiência e condições de vida independente. Por todo o processo os noviços estavam em estado de santo.

As árvores sacralizadas no interior do terreiro são intocáveis – são verdadeiros assentamentos, permanentemente mantidos por alimentação cerimonial e reverenciados segundo os santos que nelas habitam. Na mata, extramuros terreiro, as árvores são também respeitadas, preservadas e interpretadas como representações de certos santos tradicionalmente vistos como elementos do verde sagrado.

O verde das árvores e toda uma visualidade monumental conferem valor básico à vida, vida da natureza, dos santos e dos homens – principais intérpretes dos santos e intermediadores entre a natureza e os padrões de cultura.

Nasce um vodum

Os escolhidos dos voduns manifestam sinais próprios e os voduns indicam seus filhos por intermédio de situações em que não pode ficar nenhuma dúvida sobre a escolha.

O vodum Loko – a gameleira – é um deus das estradas e do tempo e seus sinais são manifestados ou decodificados próximo às árvores, especialmente à sua morada e símbolo, a gameleira. É também um vodum da família de Sogbô e Badé – são todos cobras,

Dãs, cobras dos fenômenos meteorológicos como ventanias, trovoadas e coriscos.

A atual Doné do famoso terreiro do Bogum – Zogodô Bogum Malé Rundó –, pilar da Nação Jeje Mahi da Bahia, é uma filha de Loko conhecida por *Gamo Lokossi*. Seu nascimento se deu debaixo de uma gameleira, na rua, ao tempo, confirmando assim a escolha do vodum.

Sua mãe e antecessora no trono do Bogum foi a conhecida Doné Runhó, filha do vodum Sobô.

Nasceu *Nicinha* ou *Gamo Lokossi*, que foi confirmada na sua escolha ao vodum Loko através da sua iniciação religiosa por Emiliana de Agué. Vodum raro, de ocorrência especialíssima e de trato dos mais secretos é Loko, visivelmente um tipo de xangô, para os que generalizam as *qualidades*, atribuindo características afins dos voduns Keviono ou da família de Keviossô – voduns do ar, do tempo cronológico e meteorológico.

As gameleiras das ruas de Salvador, Bahia, são respeitadas e nelas são comuns os vestígios de oferecimentos rituais.

Há uma gameleira magnífica, na rua, próximo ao barracão do Gantois. Em torno dessa árvore, durante as festas dedicadas ao orixá Oxóssi são feitas cerimônias públicas como as quartinhas de Oxóssi, quando num determinado momento saem em cortejo os filhos-de-santo, levando, cada um, uma quartinha na cabeça e preceitualmente circundam por várias vezes essa árvore. E a gameleira na rua, marco de um vodum da rua, território de santos como Exu e Ogum, entre outros, que dominam os caminhos e as transformações do tempo e do homem.

Para serem vistas e apreciadas, estão as monumentais gameleiras dos terreiros e das ruas da cidade de Salvador, Bahia.

Para muitos, essas árvores transplantam a África-mãe – território mágico de origem – e, fincadas pelo tempo, são mantidas no zelo litúrgico ou na imposição de tabus que impedem que pessoas delas se aproximem ou as toquem.

Doze árvores/arbustos sagrados

A relação de doze tipos de árvores/arbustos que assumem e representam diferentes orixás, voduns, inquices, bacurus e ancestrais exemplifica o trato e o vínculo de alguns terreiros na Bahia, Rio de Janeiro, Pernambuco e Maranhão com o verde sacralizado.

Essas árvores são fonte de orgulho para os terreiros, funcionam temporalizando a vida religiosa e a permanência dos deuses em cada comunidade. Essas árvores/arbustos são reconhecidas como monumentos verdes nas cidades onde estão localizadas e algumas são cultuadas fora do espaço intramuros dos terreiros.

> Iroko, ou, como chamam hoje os negros, Koko, conservando o *r* brando do nagô, é a gameleira branca (ficus religioso?), a grande gameleira das folhas largas, morada preferida dos santos. Os Jeje chamam-na Loko. A gameleira branca exerce grande papel nos *despachos*, em geral, havendo mesmo algumas ao lado dos Candomblés da Bahia.
> (...) A sua destruição, ainda hoje, toma as proporções de verdadeiro sacrilégio, sendo que os negros evitam passar por ela a desoras, e mesmo de dia, principalmente quando a gameleira tem a fama da Curva Grande, no Garcia.[10]

A dendrolatria é ainda valorizada como um dos vínculos mais fortes e expressivos com os ideais das liturgias de origem – origem africana, origem afro-brasileira, estilos particulares de cada terreiro.

---

10 CARNEIRO, Edison. *Religiões negras*, Rio de Janeiro, Civilização Brasileira, 1936, p. 47.

Doze árvores sagradas/amostragem afro-brasileira

Árvores/Arbustos	Orixá	Vodum	Inquice	Bacuru	Modelo religioso	Local	Obs.
Gameleira ou gameleira branca (*Ficus doliaria* Martius – morácea)	Iroco Roco Apaocá Iansã	Loko Azanaodô	Quitembo/ Tempo		Candomblé Xangô	BA PE	Opá O
Mangueira (*Mangifiera indica* L.)	Oxum Oxóssi	Bessém Sobô			Candomblé	BA	
Pitangueira (*Eugenia involucrata* D.C.)			Zacaí Upanzu		Candomblé	BA	
Cajazeira (*Spondias lutea* L.)	Omolu Cajapriku Abê	Loko Azoani		Loko	Candomblé Mina-Jeje Fanti-Achanti	BA MA	Cajapri dendri (árvore pedra)
Dendezeiro (*Elaesis guineensis* L.)	Ifá Exu	Fá Legba			Candomblé	BA	
Coqueiro-da-baía (*Barbosa pseudococos* Becc)					Candomblé	BA	Cabocl
Bambu (*Bambusa vulgaris*)	Iansã	Oía Kalé	Matamba		Candomblé Xangô	BA PE	Egungu
Pinhão branco (*Euforbiácea*)	Acosi Acossa-patá ou Odam				Mina-Jeje	MA	
Jaqueira (*Artocarpus integrifolia* Lf.)	Ogum Apaocá				Candomblé	BA	Opá Ol
Cactus (*Opuntia longispina* Loefa)		Aizã			Candomblé	BA	
Peregum (*Dracaena fragrans*)	Ossãe	Agué	Katendê		Candomblé	BA	
Ginjeira ou pé de ginja (*Lauroserasus myrtilofia*)		Tobossi Toqüem Zamadonu			Mina-Jeje	MA	

FIOS-DE-CONTAS
IDENTIFICAÇÃO DO SAGRADO

A categoria fios-de-contas é abrangente e generalizadora no imaginário convencionalmente rotulado como afro-brasileiro. Diferentes contas, de diferentes materiais enfiados em palha-da-Costa, cordonê, náilon, cumprem em texto visual de alternância de cores, quantidades, inclusões de outros materiais – *firmas*[1], figas, bentinhos, fitinhas, dentes de animais encastoados, crucifixos, santinhos fundidos em metal e uma infinidade de relíquias que circulam pelo sagrado da Igreja e pelo sagrado do candomblé, do xangô, da umbanda, do Mina, entre outros.

O fio-de-contas é um emblema social e religioso que marca um compromisso ético e cultural entre o homem e o santo. É um objeto cotidiano, público, situando o indivíduo na sociedade do terreiro. Há critérios que compõem os textos visuais dos fios-de-contas, proporcionando identificação de santos, papéis sociais, rituais de passagem – o *quelê*[2] – ou ainda fios-de-contas mais sofisticados que, além de identificar o indivíduo, sua situação no terreiro, ainda identificam o tipo de nação, ora por cor, por emblema, como é o caso do *runjeve* ou *runjebe* para os Jeje. Outro caso é o chamado *rosário*, formalmente identificado com o homônimo do objeto cris-

---
1 Contas geralmente cilíndricas, unicolores, bicolores, tricolores ou de outros formatos.
2 Um tipo de fio-de-contas que lembra uma gargantilha, sendo símbolo da iniciação religiosa.

tão e que tipifica um tipo de fio-de-contas específico do Mina, Mina-Jeje e Mina-Nagô do Maranhão.

O texto visual do fio-de-contas que é lido, compreendido e estabelecido por artesãos, filhos-de-santo, pais e mães-de-santo, ogãs, equedis, iaôs, abiãs, entre outros, sinaliza a vida religiosa e social dos terreiros, transitando entre códigos tradicionais e outros emergentes e dinâmicos, contudo, mantenedores do próprio ser fio-de-contas. Outro caso é a freqüente substituição de materiais originais por outros similares em formato e principalmente cor. A cor é o grande sinal diacrítico que determina de quem é o fio-de-contas. O coral, coral vermelho, como é geralmente conhecido, é material nobre e conceitualmente de valor hierárquico – coral africano, material africano, em síntese, um pedaço da África simbolizada e retida no fio-de-contas; é substituído, principalmente por questões econômicas, por contas em massa de diferentes materiais, mantendo cor e textura similares ao tão desejado coral. O mesmo ocorre com o segui[3], o laguidibá – tradicionalmente do orixá Omolu ou do vodum Sapatá – e o ainda visto em laguidibá branco de Oxalá e o vermelho ou marrom de Iansã, segundo a Nação Kêtu/Nagô/Ioruba.

Para saber enfiar contas para uso próprio ou para servir outro membro do terreiro ou mesmo para o comércio, é fundamental o domínio do código cromático e simbólico da nação. Os tipos de fios-de-contas e suas funções religiosas e hierárquicas são geralmente identificados em etapa do processo do aprendizado iniciático que ocorre na reclusão do *roncó*, no longo período destinado à feitura do santo.

O aprendizado artesanal em trabalhar contas é estendido às ferramentas de santo, indumentárias – adês, oujás, entre outros componentes que fazem e distinguem indumentárias dos santos.

---

3 Conta cilíndrica azul, muito valorizada nos terreiros.

Após os atos tecnológicos e simbólicos das montagens por enfiamento de contas, há rituais próprios que auferem aos objetos significados e propriedades no campo do sagrado.

Lavar contas

Lavar contas é o primeiro compromisso moral com o terreiro e sua comunidade. Diferentes rituais iniciáticos fazem com que os indivíduos assumam seus papéis sociais até chegarem à iniciação plena e inclusiva no sagrado. Tudo inicia na lavagem de contas como um elo ético introdutório da futura feitura – recolhimento, depilação, série de longos e complexos rituais que levam de um a três meses e ainda um outro período de resguardo de até um ano, variando pelo tipo de feitura, Nação e vocação do noviço, iaô.

A pessoa encarregada da missão de posse das contas correspondentes ao santo indicado imerge-as numa bacia nova, com água; em seguida, lança mão de folhas consagradas ao santo e tritura-as entre as mãos; isso feito, procede à lavagem das contas com sabão-da-Costa. As contas assim purificadas são entregues à possuidora, que as deve conservar numa vasilha de barro, e de vez em quando trazê-las ao pescoço (...). A lavagem das contas é preceito obrigatório para quem não quer dar comida à cabeça ou fazer santo.[4]

As contas também são lavadas – preparadas –, sacralizadas nos rituais de matança, no *bori* ou na iniciação de iaô.

O sagrado deve ser freqüentemente renovado, tomando-se por referência o sagrado original, o sagrado-matriz, relacionando-o aos fios-de-contas, assentamentos, árvores, ferramentas de santo, entre outros símbolos do corpo, dos santuários, das áreas verdes, dos espaços arquitetônicos intramuros nos terreiros.

---

[4] QUERINO, Manuel. *Costumes africanos no Brasil*, cit., p. 52.

O axé individual é despertado pela estimulação do meio, onde o espaço preparado é emanado de um axé comunal, também situando sua importância de memória do terreiro – um todo intercomplementar.[5]

O rito de passagem – lavagem das contas – garante ao candidato a iaô ou mesmo a um tipo de filiação como simpatizante, não obrigado à reclusão da feitura e ao seguimento das etapas de obrigações por sete anos, uma adesão ao axé comunal do terreiro. Tudo poderá emanar o axé, e os fios-de-contas são indício muito forte da comunicação homem/deus tutelar, homem/Nação, homem/terreiro.

Aí destaco o emblema pessoal, particular, representado no fio-de-contas. É intransferível. O fio-de-contas é um objeto permanente. É acompanhante da vida: no trabalho, no lazer, nos diferentes momentos sagrados no terreiro. É também exibido com orgulho iniciático e alguns são verdadeiras realizações estéticas contudo, seguidoras de um rígido código cromático que orienta a construção dos próprios fios-de-contas – vê-se inclusão de materiais africanos, materiais nobres como ouro, prata, corais, seguis, bolas confeitadas, figas, símbolos dos orixás como ogó, ofá, oxê, mão-de-pilão, entre outros objetos aderentes e que fazem o luxo do santo, como é dito pelo próprio povo do santo.

Geralmente, os fios-de-contas têm guarda pessoal ou estão nas casas ou ainda integram os assentamentos nos pejis dos terreiros. São maneira precisa de sinalizar o próprio assentamento e de integrar o axé do conjunto simbólico formado por diferentes objetos e materiais sacralizados.

> Todos os objetos rituais contidos no *terreiro*, dos que constituem os *assentos* até os que são utilizados de uma maneira qualquer no decorrer da atividade ritual, devem ser consagrados, isto é, ser portadores de axé (...). Seus elementos são escolhidos de tal forma que cons-

---
5 LODY, Raul. *Candomblé*, cit., p. 20.

tuem um emblema, um símbolo. Madeira, porcelana, barro, palha, couro, pedras, contas, metais, cores e formas não se combinam apenas para expressar uma representação material.[6]

Os materiais, as quantidades, as transformações artesanais, o fazer/enfiar das contas e a lavagem, que é um ato de transformação religiosa – água, folhas, sangue, sementes, sabão, pós, entre outros –, têm atuação física sobre os materiais e, principalmente, são agentes da mudança dos simples materiais para materiais portadores de axé – conceito abrangente de propriedades mágicas, unidas a princípios éticos e culturais do orgulho e do poder do santo, do poder do terreiro, do poder da nação.

Conta é uma designação geral para tudo o que é processado por enfiamento com a finalidade de ser um fio-de-contas. Poderá ser um laguidibá – conta de Omolu; segui – conta de Oxaguiam; monjoló – conta de Iansã, entre outros. Ainda uma nominação geral e comum é *fio*. Para o povo do santo, o termo "fio" significa fio-de-contas, de qualquer tipo:

– Vou pegar e botar o meu fio de Oxalá. – O fio tava no abô.
– *O teu fio está com cada firma bonita!*
– *Preciso de um fio de Oxum, agora que vou completar a minha obrigação de três anos.*

Fio é designação geral para esses colares litúrgicos dos terreiros.

Os fios-de-contas, enquanto objetos idealmente concluídos – os colares, independente dos tipos, poderão passar por modificações formais, geralmente acréscimos, que ocorrem naturalmente no processo iniciático que é, por sua vez, permanente.

Uma firma africana, uma bola confeitada, uma figa, um dente de animal encastoado, uma fitinha, entre outros, são novos componentes de um fio-de-contas, geralmente ocupando um local especial no firmamento, no arremate da peça. Funciona como espécie

---
6 ELBEIN, Juana. *Os nagô e a morte*, Petrópolis, Vozes, 1976, p. 37.

de reforço do próprio fio-de-contas e atua também como ressacralização, pois o fio-de-contas é uma síntese da relação do deus patrono com o indivíduo.

Certamente cada indivíduo, se iniciado, terá muitos e diferentes tipos de contas. Há uma hierarquia nos fios-de-contas conforme a história do seu portador. Fios que remetem à nação, outros à família-de-santo, outros ainda à particularidade de cada iniciação, outros a rituais de passagens – obrigações cíclicas – que serão distinguidas por diferentes emblemas do corpo, entre eles, novos fios-de-contas. Além das firmas e conjuntos variadíssimos dos acréscimos, certos fios serão remontados, incluindo-se contas específicas para a nova sinalização do indivíduo em suas relações sociais e religiosas.

Fios-de-contas, ainda, poderão ser distribuídos para indivíduos de um mesmo terreiro ou de uma mesma família-de-santo. Assim, algumas contas serão reaproveitadas para brincos, pulseiras, ou então serão reincluídas em outros fios-de-contas. Há um circuito simbólico que remete ao princípio de unidade e de origem que é mantido com objetos sacralizados e que tenham laços e relações intermembros do terreiro. Certamente, nesse caso, a conta é relíquia de um indivíduo, do seu santo, de sua nação, ou do terreiro – vínculo estabelecido pelos materiais e principalmente pelos códigos cromáticos manifestados intencionalmente nos próprios fios-de-contas.

Além das diferentes marcas intencionais e cíclicas que fazem a dinâmica visual e simbólica dos fios-de-contas, outras marcas serão efêmeras, contudo, incluídas nos mesmos princípios de ampliação de um ideal sagrado, identificado pelos materiais. Por exemplo: durante uma festa pública, quando são realizadas as danças cerimoniais do orixá Omolu, do seu azé em palha-da-Costa se desprendem algumas fibras, e essas fibras são recolhidas e guardadas como algo sagrado; outros, imediatamente, acrescentam a palha-da-Costa em determinado fio-de-contas.

Geralmente novos fios-de-contas são preparados para marcar o mando, o poder, quando o indivíduo ingressa numa nova atribuição no quadro de cargos dos terreiros. O fio-de-contas é, sem dúvida, heráldico e condecorativo. Certamente hão de se relativizar esses conceitos burocráticos e ocidentais num meio diferenciado, contudo, atento à hierarquia, à notabilidade de indivíduos visualmente emblematizados e, assim, reconhecidos pelos membros do Terreiro e fora dele, sempre sinalizados pelos fios-de-contas.

A destinação dos fios-de-contas após a morte do seu usuário poderá seguir nos *ebós* fúnebres, ou então contas mais valiosas por tipo de material, por valor simbólico, por vinculação ao axé comunal do terreiro, serão distribuídas entre as pessoas da comunidade – iniciados em geral ou iniciados de maior proximidade afetiva ou por laços religiosos com o usuário original.

Essas contas comporão novos fios-de-contas, ou então serão incluídas nos fios-de-contas já prontos, ou ainda poderão servir para outras jóias rituais, encastoamentos como *pedantifs* de cordões de ouro, prata ou outros materiais. Contudo, em qualquer um desses usos, haverá nova sacralização – lavagens de contas com ênfase no processo de purificação referente ao usuário original.

Há um forte sentido de unidade e de preservação da memória do Terreiro, principalmente do axé, quando os fios-de-contas são distribuídos, redistribuídos, reincorporados aos símbolos que formam a joalheria ritual religiosa.

> Muitos dos ornatos das mulheres negras, de origem Ioruba, reconhecem aspectos religiosos ou mágicos, como os colares, guias de contas de várias cores, insígnias dos orixás usadas pelas filhas-de-santo.[7]

Fio de miçangas brancas é imediatamente rotulado como de Oxalá, genericamente Senhor do Bonfim, Pai Oxalá, Pai dos Orixás, segundo a tradição oral que incorre num processo dinâmico, fantástico, que

---

7 RAMOS, Arthur. Op. cit., p. 91.

emerge, necessariamente, de informações próximas – por vivência religiosa ou por incidência do imaginário afro-brasileiro no cotidiano e pela mídia. Esse fio de miçangas brancas poderá estar no pescoço, em forma de pulseira, como objeto protetor do carro, pendurado intencionalmente num local público, continuando a funcionar sempre como objeto protetor e sinalizador da ação do sagrado.

Os fios-de-contas estarão sobre imagens em gesso policromado de santos católicos nos altares; em estabelecimentos comerciais; nos altares dos terreiros – nos de umbanda principalmente; ou, ainda, nos altares domésticos.

Os fios-de-contas combinam-se em certas indumentárias específicas. No caso, a convencional indumentária de baiana.

Os muito bordados em crivo, *richelieu*, rendas de almofadas ou de bilros, profusos barrocos têm, sem dúvida, correspondência com as jóias em ouro. Os arabescos, desenhos em volutas, unem-se ao confeitado de bolas, algumas ainda filigranadas. A camisa rica, opulentamente bordada e de renda, não deixa de exibir um certo sentido filigranado. Falo das tradicionais camisas da roupa de beca, roupa de festa, roupa preferencial das negras de *partido alto*.

Atualmente, na Irmandade de Nossa Senhora da Boa Morte, na cidade da Cachoeira, Bahia, último reduto da baiana de *beca*, as bolas confeitadas e outros trabalhos da Joalheria que compõem a roupa são representados por outros cordões, os de elo, elos largos de aliança em prata dourada, prata e alpaca.

Muita bijuteria dourada que tenta lembrar as jóias em ouro originais e fios-de-contas de orixás e voduns distinguindo as portadoras.

Todas as irmãs são do santo. A expressão da Irmandade está na integração e na relação religiosa do candomblé com um culto católico à moda, à moda afro-brasileira.

A roupa de baiana convencional é formada de camisa, também conhecida como camisa de rapariga ou de crioula: peça de algodão bordada no busto, indo até os joelhos, espécie de grande camisa. As anáguas, bem engomadas, variam de três até sete, recebendo sempre acabamento de rendas de bico ou de ponta. Ampla saia estampada, listrada ou de cor única, ressalta o capricho da pessoa que a veste.

Algumas saias são brancas e trabalhadas em *richelieu* (bordado aberto), outras em brocado, cetim ou algodão, arrematadas nas barras com fitas e sianinhas.

A bata, convencionalmente larga, aparece com estampas miudinhas ou totalmente branca, recebendo aplicações de bordados e rendas.

Na cabeça, o turbante é feito de oujá, tira de pano arrematada de renda larga e engomada. Também oujás em *richelieu*, algodão de várias cores (...). Ainda na cabeça estão os brincos pitanga, de argola, de barrilzinho, de búzios, de corais e contas africanas encastoadas de ouro ou prata.

O pano-da-Costa tradicional é aquele feito artesanalmente em tear, recebendo padronagens listradas ou em madras. (...)

Os fios-de-contas detentores das cores dos orixás da preferência ou daqueles vinculados ao axé do Terreiro aparecem em quantidade e qualidade (...). Existem ainda fios de corais, correntões de ouro, alpaca e cobre, portanto (...) patuás em saquinhos de couro e tecido.[8]

Pierre Verger valoriza e baianiza a joalheria africana para a mulher, notadamente na composição da roupa de baiana.

As jóias usadas pelas mulheres africanas na Bahia são muito bonitas e de concepção muito original.

Isso tanto para as que se tornaram livres quanto para as que ainda são escravas a serviço das grandes famílias, preocupadas com a afirmação de sua opulência até mesmo na riqueza dos ornamentos usados pelos escravos de casa.[9]

Nos terreiros afro-maranhenses, distinguem-se soluções estéticas e simbólicas próprias, em especial para o Mina-Jeje. Há composições notáveis para a roupa da mulher iniciada ao culto vodum. Há também propriedades marcantes na feitura e no uso público do rosário e do *ahungelé*, destacando-se o caso do Terreiro Casa das Minas na cidade de São Luís, Maranhão.

---
8 LODY, Raul. *Candomblés*, cit., pp. 68-9.
9 VERGER, Pierre. *Orixás*, Salvador, Corrupio, 1981, p. 222.

As Noviches *limpa*, mudando toda a roupa do uso, na ocasião, assim se trajam: um cabeção de cambraia, gaze ou de cambraia apenas, ou de opala, ou de linho, todo bordado e com rendas de almofadas, uma saia de ramagens ou de pano-da-Costa (...).

Essa peça pode ser de fazenda lisa; completam esse traje faixas vistosas encarnadas e azuis. As Noviches suspendem ao pescoço cordões de ouro antigo, trancelins, colares, mas os rosários recebidos dos seus Voduns ou por eles apontados são os adornos que mais prezam; suas contas, vindas da Bahia e do Rio, e os búzios também dão a esse adorno um efeito primitivo.[10]

Ahungelé, manta das lobossis ou *tarrafa*. É um tipo de rede, gola, peça que cobre a região do colo até o início do busto. É feita de miçangas de diferentes tamanhos e cores, pequenas contas redondas, corais e outros tipos que fazem uma das peças mais tradicionais e significativas do Mina-Jeje do Maranhão.[11]

A função simbólica, hierárquica e religiosa do ahungelé, sem dúvida, funciona emblematicamente como um fio-de-contas, um adorno corporal, exclusivo das gonjai, mulheres feitas no Mina-Jeje, de suas Tobossis, de permanência das festas do *arrambam* por ocasião do carnaval.

Além do uso convencional de colar, que geralmente vai até o umbigo de quem porta, outros fios-de-contas são mais longos, alguns exageradamente longos para os padrões tradicionais do candomblé, xangô, umbanda, tambor, entre outros. O mais comum é o fio-de-contas usado como colar frontal; outra maneira de portar é a tiracolo, como são vistos convencionalmente os *brajás* em búzios ou esses combinados com contas.

Pulseiras que seguem os mesmos códigos cromáticos dos fios-de-contas muitas vezes substituem os próprios fios-de-contas. Ge-

---

10 NUNES PEREIRA. Op. cit., p. 39.
11 FERRETI, Sérgio. *Querebetan de Zomadonu - Etnografia da Casa das Minas*, São Luís, UFMA, 1985, p. 141.

ralmente, há composições entre os fios-de-contas e as pulseiras de contas, além das pulseiras em metal, idés e ibós em ferro, latão dourado, cobre, bronze, alumínio, prata, ouro, alpaca, entre outros materiais. Os fios-de-contas também compõem o traje cerimonial dos orixás, voduns e inquices, no candomblé, com os argolões de pescoço – geralmente para Oxum, Logum-Edé, Oxumaré; uns são simples, outros duplos e alguns semi-abertos, feitos em cromados dourados e prateados ou em latão dourado.

Os fios-de-contas aparecem ainda como tornozeleiras quando do período de iniciação nos candomblés e xangôs, juntamente com o xaorô – traçado de palha-da-Costa e um guizo –, marcando a condição de noviço.

Tornozeleiras em diferentes contas que seguem os mesmos códigos cromáticos dos fios usados como colares servem para sinalizar e proteger o corpo de quem as porta, enquanto distintivo sagrado.

Destaco ainda as umbigueiras em trançados de palha-da-Costa para proteção do corpo, fios de laguidibás que também são usuais como pulseiras. As contas ainda ocorrem nas braçadeiras, nos contra-Eguns em palha-da-Costa, nos diferentes bordados, nas roupas festivas dos terreiros, nos panos de uso litúrgico integrantes das montagens dos assentamentos, nos santuários, constatando-se uso de miçangas, contas diversas, vidrilhos, canutilhos, búzios, entre outros. Nos adês, capacetes confeccionados em tecido, papelão, metalóide e em diferentes folhas metálicas, nas franjas ou chorões; há também uso freqüente de miçangas, canutilhos e contas de diferentes materiais, como as de massa de vidro e búzios usuais nos complementos, além de corais, seguis e outras contas convencionalmente valiosas para o povo do santo.

Nas roupas de Omolu – capuz, filá ou azé e na saieta, todos em palha-da-Costa – há miçangas vermelhas, brancas e pretas, além de búzios, ou também miçangas rajadas bicolores ou tricolores, de acordo com o código cromático característico e identificador do orixá.

Em insígnias como oxês antropomorfos em madeira são ocorrentes fios de miçangas alternadas – branca e marrom ou branca e vermelha –, ocorrendo também corais e seguis e demais contas e cores que tenham representação direta com o orixá Xangô e sua história mitológica.

Fios-de-contas especialmente confeccionados ou de uso corporal circundam o local dos vaticínios, jogo de búzios e inúmeros complementos, como obi, orobô, outros frutos africanos, copos com água, velas, moedas, medalhas, crucifixo, otás, imagens de santos católicos, quartinhas ou imaginária diversa e oriental, evidenciando processos altamente dinâmicos a partir de um modelo sacralizado que é o do opelê-Ifá, uma prerrogativa do mundo masculino. Os fios-de-contas, nesse caso, são representações dos santos patronos de quem joga, do terreiro, da nação ou ainda especialmente para o ritual dos búzios; hoje, tarefa de homens e mulheres.

Multiuso de contas no âmbito dos terreiros

Uso corporal	Uso arquitetônico	Uso social e religioso	Doçaria
Convencional como indumentária: colar, oujá de cabeça, oujá de peito, adê, saia, saieta, calçolão, azé, capangas.	Enfeites de barracão Composição de assentamentos.	Presente da mãe d'água, *souvenir* de festas nos terreiros, miniaturas diversas.	Bolos e elementos decorativos.
Ferramentas: xaxará, ibiri, abebê, eruexim, eruquerê, oxê, opaxorô.			

FIGA
UM EMBLEMA DE PROTEÇÃO

Diariamente vivida na intimidade das casas, no interior dos carros, ocupando bolsas, enfeitando os corpos dos homens e das mulheres, a figa é presença e marca visual comum, ocorrente em todas as classes e níveis sociais. O interessante é observar que esse tão conhecido amuleto, comumente dito contra o *mau-olhado*, é uma importante montagem simbólica de sentido sexual. Em sua longa história, a figa é considerada um objeto de chamamento ou de apelo sexual. Assim, o objeto mágico, em sua função específica, nunca está desvinculado de outros objetos mágicos, de cerimônias religiosas, votos devocionais e demais práticas ligadas ao culto popular em seus sentidos de fé e de crença. Comumente, é observado o uso da figa, acompanhado pelo galhinho de arruda, do patuá e outros complementos dedicados a fixar e ampliar a função mágica do amuleto.

Dessa forma, a figa e outros amuletos menos populares assumem e servem de verdadeira munição mágica para a vida do homem, no caso do brasileiro, essencialmente místico, notadamente religioso, se não em complexos rituais, mas, pelo menos, em suas subjetivas e particulares devoções, seja a um santo ou a um orixá. Mesmo o homem mais tecnológico, racional, urbano, atual e acompanhante do mundo em que vive alimentará seu lado místico, tão necessário, tão compensatório à sua própria vida. Assim, as superstições, os amuletos e a própria figa acompanham toda a dinâmica da sociedade e da cultura, ocorrendo o aparecimento de novos amuletos, a adaptação de outros e a manutenção daqueles mais importantes e necessários à compreensão mágica; no caso, a figa, tão antiga e ao mesmo tempo tão atual, é presente em todos os meios sociais.

Veio de Roma

Notadamente, todos nós temos nossas *manias* ou *superstições*, vistas, observáveis em todos os lugares, aparecendo as preferências por certos objetos, cores, dias da semana, palavras mágicas, gestos e muitos outros comportamentos de ordem sociocultural. Na realidade, nem todos assumem suas superstições, procurando encontrar na maioria das vezes, em terreiros afro-brasileiros os momentos de misticismo popular. É comum relacionarmos os amuletos a uma grande marca africana ou afro-brasileira; no entanto, a figa chega até os brasileiros pela Europa.

Em sua antiga marca de objeto fálico (falo – órgão sexual masculino), muito usada em Roma, interpretada como uma anunciação social das aptidões de sexualidade dos seus portadores, a figa popularizou suas funções até propiciatórias no tocante ao sentido da fertilidade do homem.

Figa em madeira – arruda ou guiné –, metal, marfim, coral, plástico ou qualquer outro material terá sempre um vínculo com sua marcante característica de amuleto. No entanto, a figa, como qualquer outro amuleto, deverá passar por uma "preparação", quer dizer, uma impregnação de propriedades mágicas, de modo que o objeto possa realmente desempenhar seu papel de símbolo possuidor de valores mágicos.

A funcionalidade dos amuletos tem um sentido e significado para cada grupo social, em que ele, amuleto, irá desempenhar e marcar sua presença mágica. A figa é tida indistintamente como um dos amuletos mais antigos contra o "mau-olhado". A nossa figa, a latina, especialmente a figa italiana, é a mão humana em gesto tão conhecido por todos.

Objeto mágico

É importante observar como a figa se situou nos costumes religiosos afro-brasileiros, chegando até a marcar sua presença como um objeto mágico de origem ou influência do negro no Brasil. Assim, o aparecimento da figa nas pencas de amuletos ou de balangandãs, tão tradicionais nas roupas das mucamas que, portando na cintura um conjunto de amuletos cada um com uma função específica, marcava o forte sentido místico e mágico do negro em suas tradições, notadamente as religiões, marcantes para uma imagem e compreensão de povo e de raça.

Na realidade, quando pensamos em magia, amuletos, superstições, quase sempre os vinculamos às necessidades morais dos grupos, quando procuram o equilíbrio através da religiosidade. Em nossa realidade cultural afro-brasileira, muitos amuletos têm vínculo com os orixás que, além de suas identificações, posturas, culinária, música, dança, indumentária, calendário de festas, situam nos amuletos aspectos sintéticos das funções e patronatos mitológicos. Assim, Ogum, orixá do ferro e da agricultura, tem no facão seu amuleto; Oxum, orixá da beleza, vaidade e da água doce, tem no cacho de uvas sua marca como amuleto; o milho representa Xangô, orixá dos raios e tempestades; Omolu, orixá das doenças e das curas, tem no cachorro seu amuleto, incluído na penca de balangandãs tradicional. Assim, amuletos gerais, outros específicos às características e individualidades dos orixás, compõem aspecto do grande conjunto de objetos de sentido mágico.

Crer nos amuletos, usá-los, mantê-los como marca da fé. Hoje, cada vez mais, são sentidos e notados pela diversidade de formas e funções presentes nos cultos populares. Até que ponto o vínculo do sagrado regerá a vida e ditará os critérios culturais? O que importa é que, se possuímos uma figa, vamos usá-la, e, se não a temos, com toda pressa vamos comprá-la.

OPAXORÔ
UM OBJETO DE ANCESTRALIDADE E PODER

A construção mítica de Oxalá
na perspectiva afro-brasileira

Orixá fertilizador, acionador dos elementos, concentradamente a água e sua vinculação à terra. Água e terra, em especial a argila, fundaram pela modelagem divina o primeiro homem.

> Diz a lenda que Olodumaré moldou o homem como um boneco de barro. O boneco não possuía vida; chega Oxalá, dá um sopro nas narinas do boneco, e esse adquire vida e condições de procriar.[1]

Oxalá foi incumbido de criar o mundo e tudo o que ele contém. No processo afro-brasileiro, Oxalá passa a assimilar Olodumaré – o ser eminentemente criador –, na hierarquia, o primeiro dos outros 401 orixás.

Genericamente, Oxalá é o título usual para o orixá da criação no candomblé e das interpretações na umbanda. No xangô pernambucano é conhecido como Orixalá. Orixa'nla, grande orixá. Contudo, as designações fluem com diferentes tratamentos, prevalecendo o título de *Babá*.

---
[1] LODY, Raul. *Ao som do adjá*, Salvador, Prefeitura de Salvador, 1975, p. 81.

A palavra Babá é de emprego múltiplo, determinando funções, cargos hierárquicos e papéis sociais que irão evidenciar plural leitura do próprio termo.²

Oxalá é também conhecido como *Pai, Grande Pai, Pai Maior, Pai dos Orixás, Pai de Todos, Orixá do Pano Branco, Orixá Funfun*, e ainda tem analogia fortíssima com o Bonfim – Senhor da Colina Sagrada. É Oxalá-Bonfim uma relação e um reconhecimento nacional – vinda com os afro-baianos –, unindo santo da Igreja com santo do Candomblé.

Nascente no poder de *Pai dos Orixás* – uma solução afro-brasileira fortalecida no candomblé, no xangô e dinamicamente na umbanda –, garante uma espécie de supervisão e intervenção moral e ética sobre os outros deuses.

É Oxalá um ser fundamental, e por isso ancestre, que apresenta também caráter de jovialidade e impetuosidade guerreira. Oxalá é conhecido genericamente, enquanto velho, pelo nome de Oxalufã e, enquanto jovem, por Oxaguiã.

Para a tradição Ioruba, o título orixá seria exclusivo de Oxalá – orixá *funfun* (orixá branco), extensivo a outros deuses afins.

Quando jovem, Oxaguiã é reconhecido pelo *atori* ou *ixã* – vara longa de madeira lixada ou pintada de azul e branco. Quando velho, Oxalufã é reconhecido pelo *opaxorô* – cajado de metal branco que representa o poder ancestral e de sabedoria gerada pela experiência de ser velho. Ambos os símbolos atêm-se a verticalidades provocativas e que funcionalmente acionam relações entre o *orum* e o *aiê*.

O poder divino de Oxalá une-se à história política e social do rei dos Igbô – Orixalá Obá Igbô –, no Brasil, um tipo de Oxalá. Babá Igbô relembra aspectos da vida de Oxalá entre os Ioruba, o que é vivenciado nos terreiros de candomblé, especialmente os baianos.

---

2 LODY, Raul. *7 temas da mítica afro-brasileira*, Rio de Janeiro, Altiva, 1982, p. 35.

O aspecto bondoso de Pai ou de criador é eminente valor cristão auferido à imagem africana de um orixá que, essencialmente, não encarna o ideal do bem ou do mal. É humanizante o caráter de Oxalá, e no afro-brasileirismo vigente nos terreiros há uma polarização do Oxalá bondoso e outra do Oxalá original da civilização africana, predominantemente Fon e Ioruba.

O orixá é construído em caráter funcional e germinal à vida dos homens e à própria natureza.

Oxalá é visível em representação do caramujo – igbi –, do camaleão, do sol, da água e da argila; todos os metais brancos, marfim, búzios, panos brancos, efum, seguis – contas azuis –, espadas, escudos, mãos-de-pilão, pilões e opaxorôs, todos encarnando os signos do axé original que transitam nos mundos dos deuses e dos homens.

O SÍMBOLO DO PODER TRADICIONAL

O opaxorô pode significar sinteticamente uma árvore, um cajado para apoio e condução, distintivo de ancestralidade, de poder político, social, moral e ético, marcando visualmente a síntese da criação e o emblema dos ancestrais.

O opaxorô concentra plenamente o valor vertical e fálico – agente da fertilidade, garantia de fartura e fecundidade.

O opaxorô pode ainda refletir o *axis-múndi* – enquanto eixo da Terra –, *falus* inaugurador, gerador por excelência, detonador da vida.

O opaxorô também é caracterizado por longa haste vertical, pratos, *pendantifs* – folhas, moedas, travessas, colheres, sinetas, peixes, formas geometrizadas, como triângulos, círculos –, encimados por um globo, coroa e pássaro que leva uma sineta, um tipo de adjá, sempre em metal branco. Alguns exibem como tema principal uma sereia.

Òpá – viga, pilar ou estaca, em Ioruba, Òs òòrò – quer dizer, também em Ioruba, pingo de goteiras ou cascata. Literalmente, opaxorô: bastão de goteiras.

Outros símbolos que encarnam verticalidades simbólicas e funcionais são os ferros de Ossãe e Erinlé; os opá-ogós de Exu, feitos em madeira, couro, búzios e cabacinhas; os tridentes em ferro; oxês de Xangô antropomorfos em madeira, ou os sintetizados em cobre, latão e folha-de-flandres.

O opaxorô caracteriza, nos terreiros de candomblé, Oxalufã, marcando ainda todo um processo gerador de ancestralidade, de poder tradicional, encarnando histórias que justificam origens do mundo e dos homens.

O opaxorô é objeto sagrado e distingue-se o conceito de paternidade e também o de bissexualidade latentes no próprio ser hermafrodita de Oxalá.

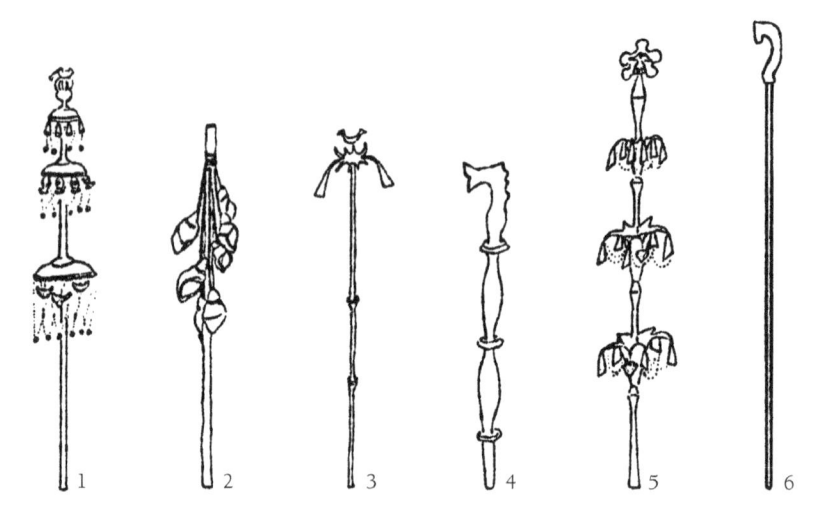

1. Opaxorô: padrão em metal prateado (RJ); 2. Opaxorô: especial formado por ibis (RJ); 3. Opaxorô: em flandres pintado de branco (BA); 4. Opaxorô: cajado em madeira pintada de branco (BA); 5. Opaxorô: inspirado em cajado florido feito em metal prateado (BA); 6. Opaxorô: bengala em madeira pintada de branco (PE).

Morfologia comparada

As similitudes formais e de certo modo funcionais entre o *asẽ* e o opaxorô determinam soluções plásticas de bastões e altares portáteis feitos em metal.

O *asẽ* africano Fon-Ioruba é tipificado em *asẽ aladase* e *asẽ gbadota*, consagrados aos ancestrais reais; *asẽ acrelele*, consagrado ao vodum Fá; e *asẽ hotagātī*, também consagrado aos ancestrais.

O opaxorô afro-brasileiro é objeto consagrado a Oxalufã nos terreiros Kêtu-Nagô, estendendo-se ao vodum Olissá e ao inquice Lembarenganga, seguindo modelo único e convencional, dinamizado artesanalmente.

O *asẽ* e o opaxorô são constituídos por longas hastes culminadas por temas-síntese ou motivos centrais. A haste é complementada por pratos e *pendantifs*.

Em estudos realizados nas principais coleções africanas e afro-brasileiras existentes no país, localizei um *asẽ* acrelele no acervo do Instituto Histórico e Geográfico de Alagoas – *Coleção Perseverança*.

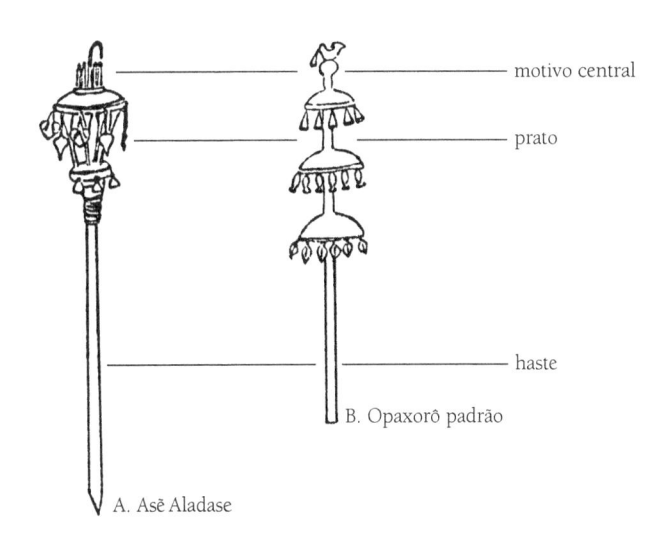

— motivo central

— prato

— haste

A. Asẽ Aladase

B. Opaxorô padrão

Ainda em trabalho etnográfico na Bahia, localizei um tipo de opaxorô híbrido – formalismo do *asẽ* e função de cajado, ferramenta de orixá; outro caso são as bengalas em madeira pintadas de branco.

Etnografia

Terreiros de Candomblé na Bahia e Rio de Janeiro; Museu Nacional – UFRJ; Instituto Histórico e Geográfico de Alagoas; Instituto Geográfico e Histórico da Bahia e Instituto Fundamental de África Negra (Dakar).

Mercados Modelo, Salvador; Madureira, Rio de Janeiro; e São Joaquim, Salvador.

ABEBÊ
UM OBJETO NASCENTE DA CABAÇA

No amplo e diverso conjunto de objetos usuais nas religiões de origem africana e em outras processadas em âmbito afro-brasileiro, há destaque especial para a cabaça, enquanto objeto e símbolo pluralmente interpretado e visível nos templos, nos santuários e nas cozinhas, entre outros espaços.

A cabaça forma instrumentos musicais, como o aguê e o afoxé, complementa o berimbau-de-barriga ou, ainda, é referência ao xeré – chocalho de Xangô, peça que emite sons característicos e que chama os orixás nos candomblés, notadamente os Nagô.

A cabaça imemorialmente representa a barriga – o útero, a sexualidade feminina e o todo emanente dessa simbolização –, marcando desenho volumoso, sempre lembrando um estado de gravidez – repertório constante da vida e sua procriação, para os homens e os deuses.

O abebê é objeto Ioruba – condicionamento ao amplo imaginário referente à cabaça –, constituindo-se num emblema das *iás*, que são as mães ancestres, divindades das águas, relacionadas com a vida e a morte.

Tanto em espaço africano, em pólos de coexistência histórica e religiosa dos orixás e voduns na Nigéria e Benin, como em núcleos de manutenção dessa história no Brasil, notadamente no candomblé e no xangô, há objetos rituais e litúrgicos evidentemente masculinos e femininos e uma terceira categoria, para os andrógenos. O abebê inclui-se entre os femininos e andrógenos.

Geralmente, objetos masculinos são verticais, eretos, expressivamente fálicos, como os apá-agó de Exu, ferros de assentamento de Ogum, Oxóssi, Ossãe, Erinlé, entre outros santos-machos, como são chamados pelo povo do santo. Para as santas fêmeas, são guardadas as formas arredondadas, comparadas à anatomia da mulher – seios, nádegas e barriga –, novamente referindo-se à cabaça-útero fortemente ligada a laços ancestres e formuladora da gênese do mundo e dos homens. São meias-cabaças para os assentamentos e abebês como insígnias de Oxum e Iemanjá. Oxalufã, na sua interpretação essencialmente Nagô, porta o opaxorô e um abebê que marcam o caráter andrógeno do orixá da criação – símbolos gerais dos orixás *funfun* (brancos).

O abebê é identificação imediata das iás, popularmente chamadas e conhecidas como as mães-d'água.

> As mães-d'água são três: Anamburucu, a mais velha, Iemanjá e Oxum, a mais moça. Habitam os lagos, mares e rios (...).[1]

Diz o costume que os abebês de Oxum são dourados, em latão, até em ouro, recebendo dos seus construtores trabalhos elaboradíssimos, revelando aspectos identificadores do orixá mais vaidoso, das águas doces, *ialodê* – a grande senhora.

> Oxum é a divindade do rio do mesmo nome que corre na Nigéria, em Ijexá e Ijebu. Era, segundo dizem, a segunda mulher de Xangô, tendo vivido antes com Ogum, Orumilá e Oxóssi.[2]

Abebê – do Ioruba, leque – leque em diferentes metais, mantendo formato arredondado, decorado por marcheteamento, incisos, aplicações e *pendantifs*, geralmente em metal.

---

1 QUERINO, Manuel. *Costumes africanos no Brasil*, cit., p. 42.
2 VERGER, Pierre. *Orixás*, cit., p. 174.

O tamanho médio de um abebê gira em torno de 30 cm de altura e 15 cm de largura, podendo nos candomblés ser acrescido de laços de fita em cetim e nas cores dos orixás: amarelo e rosa para Oxum; azul e verde para Iemanjá.

Abebê, idés, argolas de pescoço, adê, correntes de atributos são alguns dos objetos feitos em metais, principalmente o latão, e representam a divindade das águas e da riqueza.
O abebê é montagem feita em metal, que é projeção da cabaça, utensílio interpretado nos rituais como elemento emblemático da fertilidade, comum às divindades aquáticas, como Oxum, Iemanjá e Nanã.
O abebê é um objeto-instrumento complementar da indumentária ritual, passando a representar utensílio ligado à beleza, possuindo espelhos ou desempenhando a função de abano.[3]

Os abebês compõem assentamentos nos santuários pejis – especialmente no candomblé e no xangô. São vistos também em miniatura na composição dos ibás – conjuntos de louças, peças em metal e otás (pedras) que fazem os assentamentos dos orixás, voduns e inquices.
Os abebês são peças indispensáveis nas roupas cerimoniais, sendo emblema marcante e identificador de Oxum e Iemanjá. Os abebês poderão ser complementados com outras ferramentas, como o alfanje e o damatá – arco e flecha, representando as qualidades das santas – características mitológicas.

Para Oshun, dançam os fiéis fazendo em uma de suas toadas soarem os braceletes que usam em honra à deusa, enquanto cantam:

Enire-wran – wran – wran
Oniro

---
3 LODY, Raul. *Artesanato*, cit., p. 41.

Afide – malao
Onire-wran – wran – wran
Oniro (Abatá de Oxum em ritmo Jeje)

toada que com o mesmo significado de aludir aos braceletes da divindade vaidosa e com leves diferenças de palavras é cantada igualmente na Bahia e em Abeokutá, na África Ocidental. Outras toadas referem-se à faixa especial (ofaoro) com que seus devotos envolvem o ventre para se curarem de afecções intestinais, ao abebê ou leque de metal trabalhado distintivo da santa, ou aludem à sua capacidade de distribuidora das riquezas e bens materiais.[4]

Abebês recentes, feitos em papelão recoberto de tecido e lantejoula ou ainda com detalhes em canutilhos e metalóide, são francamente consumidos pelos terreiros, ocupando as mesmas funções dos objetos convencionais, em diferentes folhas metálicas.

O abebê pode também ser interpretado enquanto objeto emissor de sons – instrumento musical não-formal –, quando exibe elementos complementares, como guizos, *pendantifs* em latão, búzios, entre outros.

Durante as danças rituais de Oxum, segundo o modelo Gexá, o abebê é usado e mostrado com diferentes finalidades e, assim, emite sons característicos que se unem aos dos atabaques, afoxés e agogôs.

Além de o abebê marcar visualmente as iás, há o uso feminino dos leques à européia também integrados às montagens simbólicas nos santuários, convivendo com demais objetos de uso e representação nitidamente afro-brasileiros.

Alguns casos especiais são incluídos nesse âmbito de abanos – abebês são os feitos em pele, couro e estrutura em madeira, ainda ocorrendo uns em estrutura de metal, couro e detalhamentos em búzios.

---

4 RIBEIRO, René. *Cultos afro-brasileiros do Recife*, Recife, MEC/IJNPS, 1978, p. 84.

No Benin, o *ezuzu* é um abano circular em pele, couro e cabo em madeira. Expressa o poder social da mulher – distingue rainhas-mães e amplia seus domínios ao âmbito religioso; constitui relativamente uma insígnia, como o bastão, para a representação do poder masculino.

Diferentes soluções plásticas e destinações de abebês são documentadas nos livros-catálogos sobre as mais importantes coleções afro-brasileiras existentes no país, destacando as do Instituto Histórico e Geográfico de Alagoas, do Instituto Geográfico e Histórico da Bahia, do Museu do Estado de Pernambuco e Museu Arthur Ramos.

Próximo à *casa-do-presente*, no Rio Vermelho, Salvador, Bahia, vê-se escultura representando uma sereia em cimento armado sensual, segundo concepções imemoriais da mulher-peixe, no caso afro-brasileiro uma das formas usuais das iás, para os candomblés e os xangôs. A sereia exibe um abebê que se projeta por sobre o mar – referências dos orixás das águas –, símbolo da fertilidade e das mães ancestres.

PANO-DA-COSTA/PANO DE ALACÁ

Presença e distintivo do posicionamento feminino nas comunidades religiosas afro-brasileiras, o pano-da-Costa não é apenas um complemento da indumentária da negra: é a marca do sentido profano ou religioso nas ações da mulher como iniciada ou dirigente dos terreiros.

É evidente a marca e força femininas nas roças de candomblés, sendo através de atitudes, procedimentos e maneiras de trajar que o poder da mulher é fixado, mantendo os valores dos fundamentos religiosos e sociais, norteadores da perpetuação do axé (força mágica), base e pilar dos centros religiosos implantados pelos negros, em especial os Iorubas.

Presente como peça indispensável no traje da negra baiana, o pano-da-Costa pode significar *status* social nas comunidades religiosas dos terreiros de candomblé. O uso do pano-da-Costa também serve para representar o traje profano da baiana, focalizando, inclusive, tipos de atividades econômicas ou de agremiações. As baianas de rua, conhecidas como vendedeiras, quituteiras ou baianas de tabuleiros, têm nos turbantes e panos-da-Costa sua marca característica. É comum notarmos nas ruas da cidade do Rio de Janeiro essas vendedeiras, nem sempre utilizando o traje completo. No entanto, os colares, brincos, idés (pulseiras), turbantes e os panos-da-Costa não podem faltar.

Esses distintivos servem para fixar os elementos de maior significação no traje, representados nas cores dos fios-de-contas dos orixás, bem como mostrando seus domínios e campos de ação. Pode-se observar, nos metais variados dos idés e brincos, a presença dos mitos Iansã pelo cobre, Ogum pelo ferro, Iemanjá pelo alumínio ou Oxum pelo latão.

Os turbantes possuem carga de importância para identificar a pessoa que os porta, mostrando a presença dos orixás. Exemplo: se a pessoa é dedicada às Iabás (divindades femininas), os turbantes possuem as pontas à mostra, sendo mais farta a quantidade de tecido. Sendo a pessoa dedicada aos Aborós (divindades masculinas), os turbantes são mais enrolados na cabeça, não aparecendo as pontas.

Apesar de todos os simbolismos encontrados nos turbantes, é através do pano-da-Costa listrado, liso, estampado ou de renda que a mulher pode demonstrar sua posição hierárquica e, por conseguinte, marcar sua presença pelos fortes elos que determinam a sua representação africanista.

Tais exemplos podem ser observados em Salvador, Bahia, e outras cidades desse estado, bem como em cidades do Nordeste onde as vendedeiras se apresentam nas ruas e praças públicas. No entanto, nem sempre, nesse último caso, o pano-da-Costa é utilizado.

O nome "pano-da-Costa" é a primeira grande questão que podemos levantar ao abordar o tema. Pano-da-Costa será assim chamado por ter sido um tipo de tecido vindo da costa dos escravos, Costa Mina, Costa do Ouro? Ou pano-da-Costa é assim conhecido porque esse tipo de acessório do traje da negra baiana pende do ombro para as costas?

Os tecidos comuns substituem hoje o tradicional "pano de madrasto" – tecido em tear manual e geralmente bicolor.

Importa observar a continuidade de funções do pano-da-Costa, apesar do quase total desaparecimento do tecido original. A operacionalidade do pano amarrado à altura do busto, durante as danças rituais dos terreiros de candomblé, serve para mostrar o respeito diante dos orixás, constituindo-se em verdadeiro tabu, pois uma iniciada, ao participar das "rodas" dos orixás, sempre deverá utilizar o pano-da-Costa. Apesar de a participante não estar trajada a caráter (geralmente traje de baiana), deverá portar sempre um pedaço de tecido que possa funcionar como pano-da-Costa e ser utilizado, quando necessário, durante as cerimônias.

Tais atitudes também são respeitadas quando as iniciadas vão praticar o "Dobale" (cumprimento ritual estendendo o corpo no chão), para uma Ialorixá ou outra pessoa de elevada posição. Ao realizar a visita ao "Peji" (santuário), a iniciada deverá estar portando o pano-da-Costa, que atua simbolizando respeito, posicionamento de humildade diante dos orixás, e marca a sua atitude religiosa.

As utilidades de um pano-da-Costa na ampla ação dos costumes e preceitos dos terreiros podem ser verificadas nas evidências mais comuns e nas cerimônias da mais alta importância. Interessa, para avaliarmos e entendermos o pano-da-Costa no panorama religioso afro-brasileiro, penetrar os conceitos e valores que norteiam os ritos e toda a importância da mulher como elemento base dos relacionamentos mágicos e portadora, nos seus trajes, dos emblemas sociais que controlam o ordenam toda a complexidade das práticas.

No campo da funcionalidade, tudo se torna importante, na medida em que os condicionamentos vão se travando e se efetivando suas ações nas evidências das cerimônias dos terreiros. Daí situarmos as funções das cores dos panos-da-Costa como representativas das cores simbólicas dos orixás:

– pano-da-Costa branco pertence a Oxalufã e Oxaguiã;
– pano-da-Costa vermelho e branco pertence a Xangô e Iansã;
– pano-da-Costa azul e branco pertence a Oxóssi;
– pano-da-Costa vermelho e amarelo é dedicado a Ogum;
– pano-da-Costa roxo e branco é dedicado a Omolu e Nanã.

Assim, é obedecida a seqüência das cores nas representações dos orixás, incorporando os votos e motivos mágicos que determinam as funções de cada um.

Tomando como exemplo os terreiros "Iorubas", situamos as correspondências básicas entre cores e orixás, havendo naturalmente variações entre as representações simbólicas do pano-da-Costa em outros tipos de práticas, como as dos terreiros Jeje e Angola-Congo.

A situação do pano-da-Costa é da maior importância, se colocarmos a presença da mulher como símbolo do poder sociorreligioso e arquétipo dos valores mágicos da fecundidade, isso motivado pelas formas anatômicas características da mulher.

O sentido protetor do pano-da-Costa é outro aspecto que merece atenção. As Iaôs (noviças), ao terminarem o período de confinamento no interior dos templos, começam a travar seus primeiros contatos com o mundo exterior. Iniciam sua nova vida protegidas pelo pano-da-Costa branco, que representa o prolongamento do Alá de Oxalá. A Iaô, envolvendo praticamente todo o seu corpo no grande pano-da-Costa branco, procura manter os valores religiosos de sua feitura quando em contato com os valores profanos encontrados extramuros dos terreiros.

Nos rituais fúnebres conhecidos por Axexés e Sirruns, a mesma proteção do pano-da-Costa, ateado como capa envolvente mágica, aparece guardando as mulheres das presenças dos Eguns (mortos). Sentimos que o pano-da-Costa não é apenas uma simples peça pertencente ao traje tradicional encontrado nos terreiros. Observamos a profunda conotação sociorreligiosa desse simples pedaço de tecido, que atua em tão diversificadas situações, desempenhando papéis dos mais significativos e necessários para as sobrevivências rituais africanistas.

O PANO-DA-COSTA É O SÍMBOLO DA POSSESSÃO DO ORIXÁ

Durante as realizações das festas públicas dos terreiros ou nas cerimônias de cunho privado, o processo de possessão do orixá em uma iniciada é comum. Quando tal mister é evidenciado, as auxiliares femininas diretas na hierarquia, no caso as Equédis, se preocupam em manter o traje do orixá, que se apresenta de acordo com os preceitos religiosos dos ritos.

Entre as primeiras providências, os calçados são retirados, jóias e outros adereços profanos e, imediatamente, o pano-da-Costa é amarrado a tiracolo para a frente, na altura do busto, ou para trás, arrematado em laço.

Tais procedimentos evidenciam características das divindades que se manifestam em suas iniciadas. As divindades masculinas recebem tratamento e distinção, tendo o pano-da-Costa amarrado a tiracolo ou para trás. As divindades femininas são caracterizadas com os panos-da-Costa amarrados na altura do busto ou possuindo um laço de arremate.

Assim as iniciadas estão preparadas para dançar e cantar, através de coreografias preestabelecidas, as lendas, histórias e enredos dos seus orixás. Tal situação é temporária quando, em seguida, elas são recolhidas aos Roncós ou Sabagis (locais de uso privado das iniciadas, onde os trajes rituais dos orixás são vestidos).

Assim, as roupas especiais, símbolo dos orixás, bem como suas ferramentas, são dispostas de acordo com a divindade, preparando a iniciada para as danças mais importantes do seu orixá. O pano-da-Costa, no entanto, continua presente, representando o sentido masculino ou feminino da divindade, ou, quando ocorrer, evidenciando os aspectos bissexuais do orixá. Hoje, os panos-da-Costa já perderam, e muito, o seu sentido estético original. Através de variados tipos de tecidos, a plasticidade primitiva do pano-da-Costa continua a sua função. O significado mágico é importante na vivificante presença desse pano marco-símbolo dos adeptos e praticantes dos costumes religiosos afro-brasileiros.

O PANO-DA-COSTA COMO SÍMBOLO DO PODER SOCIORRELIGIOSO

Duas qualidades distintas de pano-da-Costa estão presentes na memória popular, em especial na Bahia – capital e Recôncavo. Os panos de textura fina – também chamados de xales-da-Costa – eram feitos com fios de seda, e alguns possuíam franjas, talvez influência ou observação dos modelos de xales usados pelas mulheres vindas da Europa, em especial as dos colonos. Pode-se observar notada presença dos xales espanhóis nos modelos encontrados com as negras baianas. Não só esse detalhe da indumentária religiosa afro-brasileira possui grandes sobrevivências européias. As amplas saias rodadas e mesmo as chinelas, pequenas para os pés, têm sobrevivência ibérica.

A outra qualidade do pano-da-Costa, e a mais comum, era feita em fios de algodão, geralmente bicolor e em madras. Esse tipo de pano-da-Costa era usado pelas mucamas verdadeiras e as mulheres ligadas aos terreiros de candomblés. Esse tipo de tecido era muito comum nas feiras e nos mercados, e a maioria deles vinha da África, juntamente com os condimentos culinários necessários ao culto, e também o azeite de palma ou dendê participava do comércio.

O pano-da-Costa possui um tamanho padrão, podendo variar um pouco na largura ou no comprimento. Geralmente, mede 2 metros de comprimento por 60 centímetros de largura, sendo esse o tamanho comum.

Os alacás (grandes panos) também são situados em nível do pano-da-Costa tradicional. O alacá é utilizado por pessoas de graduado posicionamento na organização sociorreligiosa dos terreiros. Além de o status social ser predominante no uso do alacá, o poder aquisitivo de seu portador também é uma evidência, pois, usando o alacá, a pessoa mostra o seu nível social.

A maneira de portar o alacá também possui os critérios encontrados para o uso do pano-da-Costa. O alacá é utilizado enrolando o tecido sobre um dos ombros, passando pelo corpo, voltando ao ombro de origem, dando, assim, duas grandes pontas: uma para frente e outra para trás.

As cores dos alacás também estão vinculadas à presença dos orixás, representando no simbolismo das cores suas funções mágicas. A qualidade do tecido do alacá também serve para determinar o seu uso, quer dizer, se o tecido for mais fino, o uso estará vinculado às festas especiais do terreiro, sendo o alacá em algodão, ou outro tipo de pano de textura semelhante, o comum no dia-a-dia das roças. Observa-se hoje algum desconhecimento sobre o alacá e seu uso. O pano-da-Costa, em sua concepção mais comum, é encontrado e utilizado pelos praticantes dos cultos afro-brasileiros. Pode-se dizer que, nas evidências dos candomblés, o alacá não é peça comum nas indumentárias de cunho religioso, não aparecendo em situações encaradas como profanas, em especial fora dos limites dos terreiros.

Evidenciando o posicionamento religioso e hierárquico, o tradicional pano-da-Costa é encontrado em forma de rodilha e amarrado na altura da cintura. Isso significa que o seu portador não é apenas um iniciado dos terreiros, e sim uma pessoa de certo posicionamento, passado por ritos preparatórios que determinam a sua nova condição. As *Ebâmis* (mulheres iniciadas há mais de sete anos) têm como marca característica o uso do pano-da-Costa em rodilha. As Equédis também utilizam o pano-da-Costa dessa maneira, representando a sua alta posição na comunidade religiosa. Assim, as pessoas, sem serem anunciadas, já são reconhecidas pela posição, quando a observação se faz sobre a maneira de usar o pano-da-Costa. Caracteriza-se o uso desse pano como emblema social, religioso e ético.

A BAIANA DE BECA

A Irmandade de Nossa Senhora da Boa Morte é exclusivamente feminina. Fundamenta suas indumentárias na morfologia tradicional do traje da baiana de grande força e sentido muçulmano, não só pelo uso do turbante, mas também pelas pequenas chinelas, que anteriormente possuíam a ponta virada, recebendo ainda alguns bordados.

O preparo das roupas com capricho e afinco caracteriza um amplo e detalhado culto, que acontece nos rigores em portar as saias, turbantes e panos-da-Costa. Na realidade, são duas indumentárias. Um traje de baiana todo branco, camisu em *richelieu*, bata bem larga em tecido fino e trabalhado, saias bem armadas, chinelas em couro branco, oujá de cabeça engomado com detalhes em *richelieu*, muitos adereços e pano-da-Costa solene e também bordado. Esse primeiro traje é usado no cortejo de Nossa Senhora, na sexta-feira, e em seguida com essa mesma roupa participa da primeira ceia.

A indumentária de gala, hoje característica da Irmandade de Nossa Senhora da Boa Morte, tem tantos significados como cada detalhamento estilístico que possuir. Os muitos acessórios têm intencionalidade marcante, e os usos de alguns objetos do traje ocorrem nos dois dias seguintes, nas procissões de Nossa Senhora da Boa Morte e de Nossa Senhora da Glória.

A indumentária de gala ou a baiana de beca, marcada pelo preto, branco e vermelho, adquire luxo pelos adereços dourados, imitação do ouro trabalhado, alguns corais e contas que ajaezavam os colos, orelhas, braços e dedos das Irmãs da Boa Morte.

Baiana de beca, baiana de beca preta, baiana de gala, baiana da boa morte são algumas designações referentes ao traje característico da Irmandade.

Saia preta e plissada, com barrado de vermelho interno, não leva armação; na cintura, três lencinhos brancos com bico trabalhado e detalhamentos em *richelieu*. O camisu, camisa de rapariga ou camisa de crioula, é toda em *richelieu* engomado e bem branquinho. Uma espécie de blusa comporta o traje, pois dos largos e barrocos bordados do *richelieu* boa parte dos seios ficava à mostra. Essas blusas possuíam abotoamento a ouro; hoje apenas se mantêm as blusas brancas e bem engomadas. O bioco é um lenço triangular bem trabalhado com bico, que é portado na cintura, dobrado para as costas; também é levado na cabeça, substituindo o torço, quando da realização da procissão de sábado, com Nossa Senhora da Boa Morte. O bioco funciona como uma espécie de pequena mantilha portada na cabeça; nessa ocasião, as Irmãs não usam adereços ou jóias em ouro, somente alguns fios-de-contas dos santos patronos. O pano-da-Costa é também característico; preto, de veludo ou de tecido encorpado, com forramento em cetim vermelho, é usado como o alacá nos candomblés. O torço do traje de gala é um oujá branco e comum, recebendo tratamento de *richelieu* e goma. A maneira de utilizá-lo é totalmente peculiar: o torço é preso à cabeça, sendo arrematado em forma de bola na nuca; o significado é único – lembra mais um penteado do que um torço propriamente dito.

As jóias, bolas encadeadas, correntões trabalhados, trancelins em muitas voltas, peças em filigrana, arco de cintura com amuletos, braceletes, punhos, anéis e brincos em ouro não atuam mais como marca do traje de gala das Irmãs da Boa Morte. Hoje, alguma coisa ainda é mantida, alguma prata dourada e muitos fios de metal comum, além das contas dos orixás patronos.

Um terceiro traje também é notado: é a roupa comum e tradicional da baiana, chamada de roupa de crioula, aquela usada nos sambas-de-roda, logo após as festas da Assunção de Nossa Senhora. Saia rodada em colorido variado, chinela pequena de couro, bata bem larga e colorida, camisu em *richelieu* bem engomado e branco, pano-da-Costa listrado e colorido, torço branco na cabeça, seguindo os rigores hierárquicos e sociais dos terreiros.

Na realidade, as indumentárias portadas pelas Irmãs da Boa Morte evidenciam os cuidados e o rigor ritual; essas Irmãs não deixam de tratar com carinho suas roupas, que servem para lembrar e cultuar a santa da devoção. O traje é tão importante que, ao morrer, a Irmã leva uma roupa completa de gala; é a marca inegável do signo da fé, com os valores socioculturais desse grupo, tão ao sabor de nossa leitura afro-católica.

O ARTESANATO DO PANO-DA-COSTA

Praticamente extinto, o pano-da-Costa tradicional, feito de algodão e tecido em tear manual, encontra em um velho artesão-tecelão, na cidade de Salvador, Bahia, sua sobrevivência. E, na realidade, o desaparecimento por completo se fará quando esse mestre em tecer os panos das filhas-de-santo dos terreiros vier a morrer. A continuidade do trabalho artesanal geralmente está vinculada ao interesse familiar, quando as técnicas são perpetuadas pelas gerações mais jovens, mantendo as mesmas características dos trabalhos originais.

O único artesão popular que fabrica panos-da-Costa é Abdias do Sacramento Nobre, natural de Salvador e descendente de africanos. Os ensinamentos da arte de tecer panos-da-Costa, recebeu-os de Alexandre Gerardis da Conceição, seu padrinho africano que trabalhava exclusivamente para os terreiros, fornecendo panos-da-Costa que eram usados pelas filhas-de-santo.

"Mestre Abdias", como é chamado e conhecido, trabalha todos os dias e, em média, o tempo de produção é de seis horas. A fabricação do pano-da-Costa é muito demorada e trabalhosa, pois todos os fios de linha são esticados, um a um, e depois tecidos em tear manual. O processo original é observado na íntegra. Mestre Abdias respeita os ensinamentos aprendidos e continua a tecer os panos dos orixás seguindo com rigor as etapas de excecução.

Para aprontar o pano-da-Costa, Mestre Abdias trabalhava continuamente dois ou três meses, quando aprontava uma única peça que era vendida, em média, por Cr$ 5.000,00 (preço levantado em janeiro de 1976).

Mestre Abdias, quando indagado sobre o consumo do pano-da-Costa, assinalou que o poder aquisitivo das filhas-de-santo não alcança o preço cobrado. A produção dos panos é canalizada para os turistas ou colecionadores, que vêem neles o atrativo estético e não o simbolismo religioso ou social.

O artesão Mestre Abdias também foi indagado sobre os nomes populares que servem para designar o pano-da-Costa. Estabelecido um último relacionamento entre o pano-da-Costa e o orixá, assim designou o artesão: "Existem os panos de Oxalá, de Ogum, Oxumaré e Ewá, que têm nas cores do arco-íris os seus símbolos, e os panos de Iemanjá, Obaluiaé e Naná, que são representados na cor roxa."

Dessa maneira, personalizando cada pano-da-Costa como um tipo diferente e peculiar, Mestre Abdias amplia as focalizações sobre os variados aspectos funcionais e simbólicos do pano-da-Costa, e sua importância dentro dos rituais dos terreiros: "Pano-de-cuia é outro termo encontrado para designar pano-da-Costa. Essa maneira de chamar caiu em desuso."

E assim Mestre Abdias justifica pano-de-cuia: "É chamado pano-de-cuia porque as negras, quando iam vender os panos, dobravam os tecidos dentro de grandes cuias (meias-cabaças). Nas feiras e mercados os fregueses chamavam de pano-de-cuia, ficando assim conhecido."

O tecido era colocado nas cuias com o objetivo de protegê-lo e fixar os trabalhos do bate-costura, que eram feitos com pedaços de madeiras ou seixos.

O processo de costurar o pano-da-Costa realizado por "Mestre Abdias" é o primitivo. As tiras feitas no tear manual mais tarde são costuradas, formando o tecido, finalmente sendo as costuras batidas com um seixo.

Geralmente, as pessoas concebem o pano-da-Costa como um tecido feito em peça única, o que não é verdade. O pano-da-Costa é tecido em tiras, possuindo o comprimento original e tendo a largura de aproximadamente 15 centímetros cada. São necessárias quatro dessas tiras que, unidas através da costura manual, formam o pano-da-Costa tradicional sob todos os aspectos, ou seja: textura do tecido, tamanho, técnica artesanal e condicionamento simbólico entre as cores e os orixás.

A paciência e vocação são dois quesitos dos mais necessários ao artesão que trabalha e conhece o mister dos panos-da-Costa. Mestre Abdias se sente o único a realizar essa arte e também lastima o desaparecimento da técnica.

O TEAR DO PANO-DA-COSTA

Dois tipos distintos de tear são encontrados para os trabalhos dos tecelões que se dedicam ao pano-da-Costa. O tear feminino é aquele em que a mulher trabalha em pé, e o masculino é aquele em que o homem trabalha sentado. O tear de Mestre Abdias possui as mesmas características dos teares encontrados na África Ocidental – em especial na Nigéria, sendo a técnica desenvolvida a mesma. Assim é constituído o tear de Mestre Abdias: lisso, pente, taboca, fuso, peso de madeira, vergalhão, roda, canela ou cuia (meia-cabaça) e pedal. O jacarandá é a madeira que constitui o tear e, segundo o artesão, esse já funciona há mais de cem anos.

O tipo de linha hoje utilizado é o industrializado, substituindo os fios preparados pelo artesão, que eram tecidos do algodão, sendo esse processo muito mais trabalhoso e demorado.

A intimidade entre artesão e tear é a situação-base para um bom trabalho, como explica Mestre Abdias. Crê-se que um todo é conseguido quando tecelão e tear se unem em única peça para produzir um fruto comum.

Mestre Abdias, entre outras coisas, me disse:
– Não é lindo o pano-da-Costa?

AHUNGELÊ
O EMBLEMA DAS TOBOSSIS

Entre as muitas particularidades do Jeje do Maranhão, destaca-se um objeto sagrado conhecido por *ahungelê, tarrafa de contas, gola das Tobossis* ou *manta das Tobossis*. O objeto complementa o traje cerimonial das Tobossis – princesas meninas, aspectos femininos de crianças de uma nobreza africana, notadamente do antigo Daomé, hoje Benin, genericamente assim conhecidas no processo religioso reconhecido como Mina-Jeje.

O uso do ahungelê combina-se com toalhas – *agadome* – que são panos-da-Costa de uso convencional no corpo da mulher, arranjados sobre os seios, deixando colo e ombros livres para o próprio ahungelê, objeto de valor e significado de jóia étnica.

> Outrora, dado o comércio entre Salvador e São Luís e mesmo entre cidade e Lagos, por exemplo, as chamadas fazendas da Costa, Costa d'África, as panarias de impressionantes desenhos e matizes típicos dali, e não menos coloridas as que (...) eram fabricadas em Salvador (...) davam aos trajes dos voduns (...) particular simbolismo.[1]

Muitos outros objetos simbolicamente apoiavam a construção visual e marcante da Tobossi no terreiro, em especial na Casa das Minas, São Luís, Maranhão.

---

1 NUNES PEREIRA. *A Casa das Minas*, Petrópolis, Vozes, 1979, p. 191.

As Tobossis usam vários rosários – fios-de-contas –, pulseiras e, entre elas, *dalsas* feitas de búzios e corais, além de adornos de cabeça semelhantes a rodilhas de tecido.

Ainda o *cocre*, tipo de adorno funcional religioso, identificador da iniciação das Tobossis, é semelhante ao *quelê*, comumente visto nos terreiros de candomblé.

> Kokre, kogre, kroke ou cocre – colar de miçangas curto, justo ao pescoço como uma gargantilha usada pelas tobossis e pelas gonjaí durante o ano da feitoria e cujas cores variam com as divindades.[2]

Esses trajes das Tobossis, tão elaborados, são reveladores de um sistema religioso que vai rareando, que é o Jeje tradicional do Maranhão, como também vai rareando o Jeje baiano, em especial em Salvador e Cachoeira, Muritiba, São Félix e outras cidades.

> Papel importante e ainda não de todo esclarecido era o desempenhado pelas Tobossis ou meninas. As voduncirrê devem passar por uma fase da iniciação, que tem a duração de 15 dias, nos quais há festas (...). É o chamado Barco das Novidades ou Barco das Meninas. Essa passagem vai permitir à voduncirrê tornar-se noviche, isto é, receber sua Tobossi (...).[3]

O barco das Tobossis é chamado de *rama*, sendo uma feitoria, própria, um novo rito de passagem na graduação da iniciada do Mina Jeje.

Quando apareciam publicamente, as Tobossis vinham cumprir certas obrigações, destacando-se a festa do carnaval, no *harrambam*.

> No carnaval as Tobossis vestem saias vistosas, aparecendo o pano-da-Costa, que envolve o colo nu e (...) os pés calçados em sandálias finas (...).[4]

---

[2] FERRETI, Sérgio. Op. cit., p. 293.
[3] BARRETO, M. Amalia Pereira. *Os voduns do Maranhão*, São Luís, Fundação Cultural do Maranhão, 1977, pp. 71-2.
[4] NUNES PEREIRA. Op. cit., p. 39.

O reconhecimento da festa-obrigação está na roupa e no alimento. O alimento é uma marca identificadora, compõe a divindade, seu papel, suas características no contexto interdeuses, estabelecendo ainda com o alimento forma de comunicação com os iniciados, visitantes e simpatizantes do terreiro.

No carnaval, as meninas Tobossis celebram uma festa com danças, em redor de uma grande travessa de acarajé. Nessa festa, que também se chama das *Meninas*, além de acarajé aparecem pipocas torradas e as Tobossis comem e distribuem frutas.[5]

O carnaval é uma comemoração partilhada com os membros do terreiro e visitantes. Essa obrigação, também conhecida como "bancada", lembra a "quitanda" dos terreiros de candomblé. A quitanda é vivenciada por entidades infantis, erês, cumprindo certos rituais em que se destaca a distribuição de frutas. Em ambos os casos são fortes lembranças dos festivais das colheitas, rememorações de cerimoniais agrários; por conseguinte, relacionados aos princípios da vida, do alimento, da fertilidade dos homens.

[As Tobossis] vinham três vezes por ano, quando tinha festas grandes, que duravam vários dias. Vinham nas festas de Nochê Naé, em junho e no fim de ano e também durante os dias de carnaval. Nochê Naé é a festa das Tobossis (...).[6]

Tobossi, Tobossa e Sinhazinha – designações para as nobres meninas africanas. Notar a relação com o mundo oficial europeu, de uma nobreza ainda européia, contudo à moda, no Brasil Colônia e Império, identificando a menina branca, bem-educada, de família notável, geralmente pelo poder econômico, a sinhazinha. Compõe a Tobossi uma espécie de aprimoramento e especialidade feminina de dengos e de muitas vontades – meninas mimadas. Nas

---
5 NUNES PEREIRA. Op. cit., p. 38.
6 FERRETI, Sérgio. Op. cit., p. 95.

suas aparições, as Tobossis exibiam bonecas com as quais brincavam como meninas e conversavam entre si em idioma próprio. O mundo das Tobossis era um mundo peculiar e relacionado às famílias dos voduns do Mina-Jeje do Maranhão.

As Tobossis que baixavam na Casa das Mina eram assim nominadas:

Açoabedê	Dágêbe	Omacuíbe
Sandolêbe	Ulôlôbe	Agôn
Trôtrôbe	Açonlevive	Révivive
Nanombêbe	Salêvive	Agamavi
Asodovi	Asanhabebe	Homahuíbe
Adagbebe	Afove	

Segundo Ferreti, as Tobossis foram presentes até a década de 60 na Casa das Mina e integravam o conjunto de iniciadas que se submeteram aos rituais de passagem nos anos de 1913 e 1914. Essas iniciadas foram as últimas feitas no Mina-Jeje da famosa casa de Atanadone, a Casa das Mina.

A grande lembrança das Tobossis está na tradição oral dos terreiros, incorporada aos relatos, festas, cenas das obrigações, características individuais de voduns e suas Tobossis, as distribuições de frutas, as músicas cantadas e tocadas, as danças, as roupas, e justamente nas roupas o emblema marcante e próprio das Tobossis, o *ahungelê*, mais conhecido como "manta de miçangas".

A manta de miçangas multicoloridas, canutilhos e outros tipos de contas tem uma construção artesanal rigorosamente seguidora de uma linguagem cromática secreta, própria e do domínio das Tobossis. Significa a história particular da Tobossi, vinculando ao vodum, sua família e a iniciada, gonjaí.

Exemplificando, o *evitacam* – conta escura e amarela – é representativo da família de Dambirá, como o marrom é uma cor-símbolo para o Jeje, especialmente o do Recôncavo da Bahia.

As Tobossis têm autonomia na construção e qualquer transformação do objeto sagrado, emblemas das princesas, emblema da mulher, um objeto restrito do mundo feminino. É ainda a manta de miçangas um distintivo étnico-cultural do modelo Jeje, diga-se o Jeje do Maranhão, peculiar, de expressões únicas, somente vistas nos terreiros de São Luís e de outros locais do estado.

Há certa similaridade entre as Tobossis do Mina-Jeje e os Erês dos candomblés da Bahia e dos xangôs de Pernambuco, representando essas divindades aspectos do comportamento infantil. Os Erês, contudo, podem se apresentar ora com características femininas, ora com características masculinas, sendo as Tobossis exclusivamente um caso infantil feminino.

Como ocorre com as Tobossis na realização da manta de miçangas, seguindo o processo do enfiamento, com os Erês há o trabalho de enfiamento de fios-de-contas, principalmente com miçangas, construído durante o período de confinamento por ocasião de obrigações iniciáticas e outras. Os Erês ainda trabalham com outros materiais, como palha-da-Costa, búzios, couro, tecido, caracterizando um tipo de atividade sagrada, destinando os objetos aos usos litúrgicos nos terreiros.

IMAGINÁRIA CRIOULA

O processo de crioulização de imagens católicas é ao mesmo tempo retomada e manutenção de alguns modelos africanos de origem. Mesmo quando em regime escravagista, esse processo social influiu e destinou a mão e o conhecimento do homem africano e seus descendentes para a condição de artesãos/artistas de temário bastante amplo, incluindo desde talhas e altares em madeira dourada a ouro das igrejas até esculturas de resistência, ao encontro do "eu coletivo", de consciência social já elaboradamente afro-brasileira. Sem dúvida, a relação entre a atenção humana e a globalidade constitui a estética em sentido geral, que busca reproduções de um amplo conceito artístico, virtualmente coletivo, no ideal africano. Os diferentes conhecimentos tecnológicos e morfológicos – aliados às causas sociais, religiosas, hierárquicas, lúdicas – e outros sobre rituais de passagem – festas que formam uma *base de identidade* de crioulização – manifestam-se em resultado e expressão nacionais. Características regionais e individuais de alguns artistas fazem, entretanto, com que a dinâmica desse processo seja evolutiva e, ao mesmo tempo, defensiva.

Abastece o conceito de crioulização aquilo que Malinowski designa como necessidades integrativas, referindo-se à magia, religião e conhecimento.

Sabendo-se que o conceito de cultura é entendido como um todo, a cultura de uma sociedade inclui, portanto, tudo aquilo que se sabe e em que se tem de acreditar para, assim, se sentir integrado nela, conforme afirma Goodenough; trata-se também de um encaminhamento para se entender o que é crioulização.

A crioulização enquanto processo de ação binária entre uma visualidade oficial e imposta pelo europeu e uma consciência étnica geral e abrangente de tudo o que procedesse da África fez com que a diacronia do processo se mantivesse instável. Embora facilite a compreensão estruturalista dos fenômenos de crioulização nos exemplos da cultura material, Lévi-Strauss não aceita o caminho diacrônico como abordagem e entendimento de fenômenos afins. A própria cultura do cotidiano, de base vivencial e acompanhante da história social, econômica e política, porém, é justificativa daquela ação binária que envolve memórias, símbolos do inconsciente e suas realizações materiais, onde, sem dúvida, está um dos mais importantes fundamentos da crioulização.

Pode-se relativizar o conceito de África como pátria, com o fomento e a prática do que se chama crioulização, que, por sua vez, corresponde à etnicidade, entendida no seu aspecto mais geral e, diria também, de certa maneira, germinal; sociologicamente germinal, já em patamar afro-brasileiro. Tudo isso leva a visões particulares do mundo, e a integração cultural ocorre como um atributo de uma relação virtualmente estética.

Por que não citar o processo de resistência cultural de africanos no Brasil como africanização ou neo-africanização? O ser crioulo, ou melhor, ser africano, nascido fora da África, inclui, no caso, todos os filhos nascidos no Brasil de pai e mãe africanos que eram então chamados de crioulos. Nesse nascimento físico está embutido um outro, ideológico, como se fundador de uma vertente já afro-brasileira, que as distâncias das fontes étnicas fossem, entretanto, processando-se de formas diferentes; umas retendo verdadeiras matrizes idealmente africanas, outras sendo construídas e adquirindo feições particulares, regionalmente afro-brasileiras, destacando-se alguns bolsões de crioulização como o Recôncavo da Bahia e cidades litorâneas, como Recife, Maceió e São Luís do Maranhão.

Crioula é também grande parte das expressões materiais, em especial aquelas que se destinavam aos cultos religiosos, e por isso diferentes; visíveis não apenas pelo que têm de forma, cor e textura, mas principalmente pelo que significam. E assim devem ser lidas e compreendidas, num primeiro momento, por quem assume o papel de artesão/artista, combinado ao de mantenedor do deus, ou daquilo que tenha a marca do deus num ideal particular de sagrado, projetando-se em seguida àqueles que farão do objeto algo mais dinâmico e vivo para representar funcionalmente um "eu coletivo" e aí, sim, com visões de resistência neo-africana e também de crioulização. A arte africana para Senghor é uma manifestação coletiva, assim como funcional. O caráter coletivo e o funcional fazem com que a arte seja integrativa; isto é, na medida em que surge como técnica de essencialização, integra o individual com o coletivo passado, presente e futuro.

A ação ideológica da chamada arte crioula, artesanato crioulo ou mesmo processo de crioulização da cultura material atém-se a um tripé que remete ao passado, unindo-o ao presente e induzindo ao futuro: passado germinal africano; presente adaptativo e de essência germinal; e futuro, ainda adaptativo, carregado de maior dinamicidade diacrônica e também sincronicamente combinado com o passado, tanto remoto quanto próximo.

O passado remoto é, sem dúvida, africano; o próximo é o da passagem do africano para o afro-brasileiro, fonte de processo de crioulização; e o futuro é marcado por desejos de refluxos ao que é remoto e próximo, variando, entretanto, conforme as comunidades e seus elos com as matrizes do remoto e do próximo. De maneira alguma a crioulização é um processo homogêneo e exclusivamente evolutivo. Os estágios de crioulização também podem ser compreendidos como retomadas estéticas contemporâneas, a partir dos movimentos sociais de grupos de consciência negra, em especial na década de 70, resgatando modelos africanos e revendo um ideário do fazer afro-brasileiro, numa verdadeira estética de resistência e afirmação de papéis sociais de homens e mulheres negras no complexo da nacionalidade.

Não se pode isolar o processo da recente "crioulização", embora os manifestantes prefiram este conceito ao rótulo neo-africanização da visualidade e comportamento, eminentemente urbano, como no Rio de Janeiro, Salvador, Recife, São Luís, entre outras cidades marcadamente afro, conforme o jargão e o uso geral que este título possa comportar.

Assim, os penteados, importados dos padrões africanos e filtrados pelos Estados Unidos, passaram pelas "trancinhas Nagô" de ocorrência e permanência nas populações de origem e de descendência negra no país. Também os estampados, especialmente vinculados aos estereótipos de uma ação colorida e de conteúdo afro, incluem-se em formulação da roupa enquanto elementos de comunicação e, principalmente, da atestação de uma África renascida na estética urbana. Embora alguns grupos se vinculem a processos ideológico-políticos, a maioria dessas "retomadas de raízes" circunscreve-se ao visual e ao estereótipo; daí se autodevorarem sem ações conseqüentes.

O assédio e acesso aos terreiros, especialmente os de candomblé, serviram como autenticação das buscas de elos perdidos no processo de dominação e transformação das culturas africanas no Brasil. Sem dúvida, todas essas buscas, umas nostálgicas e outras retomando motivos e conceitos de vida e de sociedade, atrelam-se ao conflito evidente de afro-brasileirismo que reuniu, elaborou, construiu e projetou um "ser especial" que é o negro no Brasil; certamente o que se concebe como "crioulo" encontra nesse estigma e nessa marca suas mais profundas bases de consciência e de expressão nacional.

Não se busca uma conceituação estática do "negro dominado"; não se pode, porém, excluir da história social do país todas as marcas determinantes da forma, diria, das formas sociais e culturais, como se apresentam as populações negras e, diria mais, não negras em fenotipia, porém aculturadamente, aí sim, *crioulas*.

Desconsiderar crioulização, já historicamente registrada pela produção material e ainda pelo que encarna de tradições orais afro-brasileiras, enquanto fenômeno recente de um processo neocrioulo – embora as lideranças políticas do movimento queiram uma volta neoafricana, talvez por considerarem o que é produzido, e consagradamente entendido, como afro-brasileiro –, é incorrer numa fatal e irremovível contaminação social, econômica, ideológica, enfim, cultural. É inevitável, porém, a convivência de uma vertente secular e transgressora da crioulização com os movimentos eminentemente urbanos da neo-africanização, que busca uma crescente tomada do poder pelo homem negro, como se dessa forma resgatasse as dívidas ou injustiças sociais iniciadas no próprio tráfico negreiro.

Segundo Senghor, a "beleza" da arte africana e sua diáspora pelo mundo é de entendimento funcional entre arte-efeito, quando a realidade é representada em imagens e ritmos. A imagem surge ligada a um surrealismo místico, metafísico e diferente do europeu, porque é empírico, podendo se acrescentar de vivência e de convivência.

No entanto, a ausência de cientificidade nesse conceito parece-me mais conseqüência de um olhar europeu sobre o africano do que do africano para o africano, ou do afro-brasileiro para o africano, ou ainda do afro-brasileiro para o afro-brasileiro.

Parâmetros e aferições culturais são provenientes dos diferentes momentos históricos – políticos, sociais e econômicos – dos grupos, permanecendo para cada um os conceitos específicos de ciência e de um saber coerente com o processo de vida dos indivíduos e de suas coletividades.

No caso da arte crioula pode-se também considerar as diferenças dessa própria arte, com versões e criações regionais não menos dinâmicas, como ocorre com todo o patrimônio afro-brasileiro.

As esculturas antropomorfas que representam inquices são chamadas inquetes pelos Angola-Congo e Moxicongo, e orixás pelos Ioruba (Kêtu-Nagô), segundo os padrões normativos das nações de candomblé no seu contexto afro-baiano. Nelas, sem dúvida, constata-se que os empréstimos tipológicos e de soluções formais, vindas do imaginário católico, foram absorvidos e reinventados pelo olhar e pela mão afro-brasileira, impondo alguns signos plásticos e, principalmente, agindo com intenção simbólica e de representação sociorreligiosa.

Ola Balogum atenta para questões da comunicação da obra de arte e de sua compreensão nos níveis de usuário e da sociedade total e complexa. Não é apenas a interpretação da forma que constitui uma fonte de inquietações; o conteúdo real de uma obra de arte deverá sensibilizar a todos, além de possuir cunho de universalidade.

As esculturas conhecidas como inquetes têm a nítida função de explicitar características dos deuses representados, de modo que, após o ato artesanal, as peças passam por sacralização para somente então comportarem o significado e a retenção do sagrado.

A visualidade afro-brasileira é reconhecível em situações cotidianas e também episódicas, dentro e fora dos sistemas sociorreligiosos, apoiando e colaborando na formação e configuração de estilos regionais de arte tradicional, fincada na memória dos autores e nas necessidades impostas pelos usuários.

A arte religiosa dos terreiros conseguiu reunir e preservar uma herança abrangentemente africana/afro-brasileira, dinâmica e criativa, passando por meios defensivos através da ética e moral impregnadas nas próprias formas religiosas.

SANTO ANTÔNIO, O SANTO DEFENSOR

A figura de Santo Antônio foi devidamente dinamizada e sincretizada, unindo seus valores religiosos ditados pela Igreja ao fluente sincretismo afro-brasileiro, passando a ser entendido ora como Exu ora como Ogum, ou também aquele consultado para casamentos, para achar coisas, ou também sendo o capitão.

Defensor do Brasil

Em 1707, Santo Antônio é nomeado capitão na Bahia e, em 1810, recebe a promoção a major. Somente após o Império é que o soldo militar dedicado ao santo foi retirado. Sua figura de protetor do Brasil estende-se ao lado mitológico africano, unindo as funções de Ogum, orixá guerreiro, bélico, lutador, aquele que domina as estradas e os metais. Assim, Santo Antônio e Ogum assumem os mesmos papéis no amplo e sincrético catolicismo popular em seqüência aos modelos do africano em seu abrasileiramento, em especial ao afro-baiano. Sendo Ogum o orixá que está presente em todos os rituais do candomblé, juntamente com Exu, propiciando o início das cerimônias, amplia e muito a sua função com a de protetor também dos rituais e dos adeptos dos terreiros em geral.

Santo Antônio – Ogum, indivisível figura, realmente sincretizada nas funções do santo-orixá – está presente na intimidade das casas ou nas muitas organizações dos terreiros. Assim, os domínios da defesa, das lutas, da proteção têm na união mitológica do santo ao orixá africano amplas interpretações; ambos dominam, ambos assumem as lutas dos homens em seus mistérios de vida e de morte.

O ORIXÁ

As cores azulão, vermelho e outras como o verde, representam Ogum, senhor além das estradas, das lutas e da agricultura e dos ferreiros, ampliando seus domínios para todos aqueles que trabalham com os metais.

Ogum tem na espada seu principal símbolo, sendo que as demais armas também podem ocorrer em seus santuários, marcando suas ações de orixá guerreiro e lutador. O ferro é dedicado a Ogum e a maioria dos seus objetos de culto é desse metal.

A popularidade de Ogum é tão grande que domina a predileção da maioria dos adeptos dos terreiros e mesmo daqueles não ligados formalmente com os cultos afro-brasileiros. O fluente e diversificado sincretismo afro-católico é dinâmico e, no Rio de Janeiro, Ogum não se desvincula da imagem de São Jorge, enquanto na Bahia este passa a ocupar o sincretismo com o orixá Oxóssi, senhor das matas e das caças. Pois é, o nosso sincretismo é incrivelmente mutável, mas os valores principais e as simbologias se mantêm, apesar das mudanças de santos nos regionalismos dos nossos cultos populares.

TRADIÇÕES ORAIS

O nosso Santo Antônio, introduzido pelo alegre e festivo catolicismo popular, ocupou na religiosidade muitos momentos de crença e fé, pois suas histórias, acontecimentos fantásticos são sempre lembrados, atuando para a manutenção e continuidade do próprio culto popular. Santo Antônio, entre outras funções, é aquele que encontra coisas, aquele que, inclusive, encontra o casamento.

> A mais moça e mais bonita
> Fez sua prece também.
> Prometeu a Santo Antônio,
> Que lhe daria um vintém
> Pra casar com o neguinho.
> E os anjos dizem amém.

É o santo casamenteiro, popularmente casamenteiro, sendo motivo de muitas promessas das moças que querem um casamento, ou de qualquer mulher que queira manter seu homem bem direitinho. Santo Antônio é também aquele que promove grandes milagres e por isso aparece com muita freqüência nos altares domésticos, juntamente com outros santos bem populares, como São Jorge e São Sebastião.

E é através das lendas, pelas palavras do próprio povo, que a história do santo que comoveu Pádua, Ferrara e Milão encontrou no Brasil lugar de tão comovente culto.

Os feitos, as presenças de Santo Antônio, unem-se quase sempre ao seu aspecto sincrético, bem à maneira afro-brasileira. É, sem dúvida, desse fantástico santo, incrivelmente presente em nossas tradições, que agora em junho nos lembramos dos seus feitos, da sua importância para a nossa memória cultural de brasileiros, sempre brasileiros, profundamente místicos, crentes nos santos, nos anjos e nos demônios de todos os dias, incríveis demônios santificados.

IBEJIS
ORIXÁS GÊMEOS E INFANTIS

O dia 27 de setembro é dia de São Cosme e São Damião, irmãos gêmeos martirizados no período do imperador Diocleciano (no ano 287 d.C., em Egéia). Eles sempre foram chamados médicos, quando exerciam a medicina gratuitamente. Em Roma foram santificados, recebendo expressivo culto em quase toda a Europa, especialmente na França, Itália, Espanha e Portugal. Os santos gêmeos têm também prolongamento em seu culto popular aos santos Crispim e Crispiniano, a 25 de outubro.

Considerados Ibejis – divindades iorubanas –, Cosme e Damião se encontraram muito mais identificados no povo brasileiro com a fluente religiosidade sincrética afro-católica do que as lendas e os fundamentos da África Ocidental.

A representação dos Ibejis acontece em miniaturas de objetos em cerâmica, brinquedos e, tradicionalmente, duas esculturas em madeira enfeitadas com fios-de-contas e corais. Essas esculturas ainda são observadas em alguns terreiros de candomblé da Bahia e Rio de Janeiro, juntamente com as representações de Xangô, Iansã ou Xangô e Oxum, que, segundo a mitologia, assumem a paternidade dos Ibejis.

Mística

Na verdade, a grande popularidade de São Cosme e São Damião na mística brasileira só poderá ser comparada a São Jorge, Santo Antônio, São Sebastião, Nossa Senhora da Conceição e Santa Bárbara, santos católicos presentes nos altares domésticos, nas intimidades das casas de família e lojas comerciais. Assim, a ocorrência desses santos resulta numa fluente religiosidade interpretativa dos santos, unindo-os a outros motivos de crença, ampliando suas ações patronais sempre específicas aos valores de vida, luta, fertilidade e fecundidade do homem. O sincretismo religioso diante da oficialidade da Igreja dá oportunidade de unir as mitologias e deuses, as divindades aos papéis determinados dos santos, tudo isso com a devida intenção de propiciar uma melhor comunicação ritual e uma maior aproximação entre os crentes e seus deuses.

Os santos gêmeos, São Cosme e São Damião, também são chamados *Os Meninos*, *As Crianças*, *Dois Dois*, *Ibejis*, designação de uso comum nos terreiros afro-brasileiros. Esses dois santos mártires, nas tradições populares de Portugal e também no Brasil, ganharam lugar de destaque nas festas de setembro, quando tudo relacionado às crianças serve para lembrar e representar cerimonialmente esses dois santos católicos.

São Cosme e São Damião receberam na França, em 1926, o título de Patronos da Confraria e Colégio de São Cosme, a mais importante associação médica da Europa até o século XIX. Em Portugal, junto à Universidade de Coimbra, os santos gêmeos recebiam dos estudantes de medicina uma quantia que era recebida pela Irmandade dos Santos Cosme e Damião.

No Brasil, em Pernambuco, Igaraçu, em 1530, foi erguida uma igreja em honra desses santos, que já atingiam alta popularidade, talvez por estarem ligados ao aspecto da cura das doenças. Assim passam a proteger as mulheres grávidas e naturalmente as crianças, como forma de extensão dos valores próprios dos santos gêmeos.

Sincretismo

Expressiva devoção ligada ao oferecimento de ex-votos relacionados à fertilidade de mulheres e também às representações de objetos como intenções de caracterizar o milagre e a fé marca o ciclo da fecundidade, fartura, procriação, enfim, a vida em seus valores fundamentais.

Tudo isso é devidamente dinamizado nas subjetivas e criativas formas populares de cultuar São Cosme e São Damião, que receberam do sincretismo afro-brasileiro uma representativa ampliação de culto, principalmente na alimentação ritual, que é muito variada e sempre à base de muito azeite-de-dendê, camarões secos e feijões temperados.

Assim, os Ibejis são cultuados em setembro juntamente com os santos gêmeos, pois os Ibejis, orixás africanos, também gêmeos, estão intimamente relacionados às crianças e ao ciclo da fertilidade e da fartura, aspectos significativos para o culto da vida nos sentidos da fecundidade e da procriação.

Para agradar aos orixás gêmeos, farta culinária é encontrada, quando nas festas ocorrentes nos terreiros de candomblé ou mesmo nas casas de família acontece o oferecimento cerimonial do chamado caruru de Cosme, alimentação constituída basicamente do convencional caruru afro-baiano à base de quiabos, azeite-de-dendê, camarões secos e condimentos variados; também as farofas de dendê, legumes cozidos, carnes de frango e franga, bananas fritas, acarajés, abarás e uma série de outros quitutes da tradicional culinária afro-brasileira, incluindo-se também o vatapá e o feijão preto.

Hoje, massificadamente, os doces industrializados ocupam o lugar da vasta culinária artesanal da cozinha votiva afro-brasileira, pois os doces domésticos também têm significativa ocorrência nos oferecimentos das comidas rituais. O que é oferecido dirige-se preferencialmente às crianças, principal motivo das festas religiosas de setembro.

UMA MISSA PARA OXÓSSI
O REI DE KÊTU VISITA O ROSÁRIO DOS PRETOS

Quinta-feira, dia semanal consagrado a Oxóssi – rei de Kêtu, orixá dos mais populares na visão afro-brasileira. Quinta-feira de *Corpus Christi*, dia marco para a Igreja e para o Candomblé baiano, especialmente os da Nação Kêtu, Ioruba em geral ou ainda chamados Nagô. É o dia especial de Oxóssi. Lembrança do orixá caçador e simbolicamente mantenedor dos alimentos. Orixá cavaleiro, rei, herói, senhor de um dos seis reinos formadores da federação Ioruba constituída por Alaka, Onisabe, Onila, Onibini, Oió e Kêtu, terra de Oxóssi.

Nos ritos litúrgicos, a Igreja relembra o corpo de Deus, e o Candomblé, o alimento comunal, fonte da vida e da intervenção do homem fundador e transformador da natureza. Ambos os ritos litúrgicos culminam em *Corpus Christi* e, assim, na festa-fusão, Igreja e Candomblé, donos de princípios distintos e próprios, fazem momentos públicos em espaço católico e na roça – área que recupera o território nostálgico da África, no caso, do reino de Kêtu.

O simplismo do chamado sicretismo religioso não encara sutilezas, diferenças e soluções especialíssimas nas relações entre terreiro de Candomblé e Igreja. Há forte tendência a equiparar santos católicos e orixás e, assim, chegar a casos exemplares, entre o afro e o cristão. Sem dúvida, flui um pensamento e um sentimento múltiplo e dinâmico no conceber, representar, crer e expressar santos-orixás nas religiões afro-brasileiras. Certamente, Oxóssi e *Corpus Christi* para o candomblé Kêtu têm fatores comuns e também distinções em rituais e em formas de ser Ioruba, de ser baiano, de ser cristão à moda, de preservar o culto ao caçador, símbolo de todos os caçadores, sendo também o caçador-caça – o alimento simbolizado.

O FAUSTO DA FESTA

O costume português das magníficas e teatrais procissões de *Corpus Christi* chegou ao Brasil com a presença marcante de São Jorge, padroeiro de Portugal, indicação de D. João I, desde 1387, uma herança dos ingleses.

As procissões alegóricas, por excelência, contavam feitos heróicos de Portugal, a vida dos santos e o esplendor e magnitude do próprio corpo de Deus, aí visto em festa plena, de impacto e comoção popular.

São Jorge, santo cavaleiro, um herói, um guerreiro em traje medieval, expressa uma imagem de realeza e, principalmente, de conquista. Oxóssi, por motivos vários, foi visualizado e interpretado no olhar afro-baiano como São Jorge.

A imaginária africana, especialmente da África Ocidental, sinaliza em esculturas em madeira e fundições em bronze diferentes personagens que marcam poder social e/ou religioso montando cavalos: são reis, guerreiros, heróis, caçadores – cavaleiros, obás, orixás, entre outros.

Para os Ioruba, Xangô monta um cavalo – animal prerrogativo da realeza –, evidencia poder e, principalmente, mando político e, por conseguinte, religioso. São Jorge, na sua representação sem o dragão, o cavaleiro montado, é idealizado como Oxóssi. Orixá cavaleiro, feito Xangô, rei que encarna todos os caçadores.

É o patrono dos que vieram de Kêtu para a Bahia. Certamente, São Jorge é São Jorge, e Oxóssi é Oxóssi. Contudo, o caldo histórico e cultural aproxima, identifica, une e faz com que o santo padroeiro dos reis de Portugal seja o rei da cidade-estado de Kêtu, para africanos e crioulos da Bahia, especialmente São Salvador. Essa relação é anualmente revivida na missa de Oxóssi na Igreja do Rosário dos Pretos e nas festas do terreiro. Festas num terreiro-marco, na Casa Branca, reconhecidamente o fundador do Kêtu na Bahia.

As festas de Oxóssi em *Corpus Christi* reproduzem-se em centenas de outros terreiros, mantendo os mesmos princípios de lembrar e marcar o caçador ecológico. Oxóssi caça para alimentar, prover e dar condições à vida, vida da Nação Kêtu, dos africanos em geral e de um amplo, fluente e recriativo afro-brasileirismo.

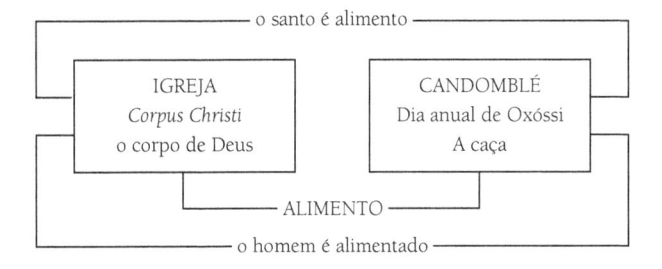

```
                    ─── o santo é alimento ───
    ┌──────────────────────┐  ┌──────────────────────┐
    │        IGREJA        │  │      CANDOMBLÉ       │
    │    Corpus Christi    │  │  Dia anual de Oxóssi │
    │    o corpo de Deus   │  │       A caça         │
    └──────────────────────┘  └──────────────────────┘
                    ─────── ALIMENTO ───────
                  ─── o homem é alimentado ───
```

O POVO DO SANTO

Chegou o povo do Iá Nassô Oiá Acalá Magbo Olodumaré, o conhecido Ilê Nassô, Casa Branca, Engenho Velho ou Axé Ilê Nassô. Chegou para a missa no Rosário dos Pretos. É festa de gala, visível no cuidado com as roupas, todos trajados à ocidental, uns na moda vigente, outros adaptando modas diversas com afinco e cuidado estético. Os distintivos do povo do santo são delicadamente combinados com as roupas comuns e festivas. Fios-de-contas, ilequês, idés e outros símbolos da relação com o terreiro e os orixás são visíveis, porém discretíssimos.

Membros da Irmandade do Rosário dos Pretos com tocheiros e cruz processional deixam a igreja e seguem pelo Pelourinho até a Sé, para lá juntar-se com outras irmandades e formar a faustosa procissão de *Corpus Christi*.

Grande momento de emoção: Oxóssi está chegando à igreja, o rei de Kêtu vem para sua missa anual. O cesto-andor com imagem em madeira policromada de São Jorge, Oxóssi, é enfeitado de papel azul, cor do orixá, sendo conduzido por duas filhas do terreiro e acolitado pela ialorixá. O santo é colocado no altar. A missa transcorre normalmente, e, em seguida, volta o santo para o seu território, a casa de Kêtu, o terreiro onde as obrigações terão continuidade e aonde chegarão os orixás para dançar e contar suas histórias, principalmente de caçadores e provedores dos homens. No barracão, a cabeça do boi e outros axés ocupam lugar de destaque, próximo aos atabaques. Marcam um local sagrado e referenciam a realeza de Oxóssi e seu compromisso de caçador, caçador imemorial.

O boi representa todas as caças; os chifres significam o poder de mando, de rei, lembrança também ancestral, sendo o alimento a garantia da vida.

A chegada de Oxóssi no seu cesto-andor é anunciada com foguetório e com o toque do aguerê. Clímax, solenidade, emoção, vivas no ar. É o rei de Kêtu que retorna à sua nação, ao terreiro-matriz de tantos outros terreiros Kêtu na Bahia e no Brasil.

As festas prosseguem à noite e por outros dias, num ciclo de obrigações diárias, todas relembrando Oxóssi. O orixá é vestido com suas roupas – panos-da-Costa, capangas, ofá ou damatá, eruquerê, bilala, entre demais emblemas do caçador-rei de Kêtu.

São lembrados Odé, Otim, Guedamo, Aqüeran, Ajipapo, Oreleurê, Iulê, Imbualama, Logum-Edé, todos caçadores e distintos em histórias e fundamentos religiosos para o candomblé.

As danças, as comidas, os motivos que decoram o barracão, roupas, obrigações, cânticos, cultos cristãos agregados serão repetidos no próximo *Corpus Christi*, quando, novamente, o rei de Kêtu visitará o Rosário dos Pretos.

Etnografia

Etnografias em terreiros de Candomblé da Nação Kêtu nas cidades de Salvador e Cachoeira, Bahia, e por ocasião das festas de *Corpus Christi* nas cidades de Salvador e Rio de Janeiro.

ESCULTURA DO MENINO-DEUS E O PROCESSO CONSTRUTIVO AFRO-BRASILEIRO

As imagens do Menino-Deus são tipologicamente reconhecíveis, conforme classificação sugerida por Bernando Ferrão de Tavares Távora, a partir da produção luso-oriental que, por sua vez, é básica para a compreensão das esculturas nacionais, algumas já comprometidas com o olhar e o fazer afro-brasileiro.

Além das posturas convencionais, atributos e gestos apóiam identificações dessas imagens, distinguidas da seguinte maneira: Menino-Deus segurando o globo é chamado de *Menino Jesus Salvador Múndi;* Menino-Deus sem qualquer atributo, com os dedos indicador e médio da mão direita levantados, é chamado de *Menino Jesus Abençoado;* Menino-Deus sentado e com uma das mãos apoiando o rosto, ou deitado, é chamado de *Menino Jesus dormente* e, independente da situação formal ou circunstancial da imagem, de *Senhor Deus Menino.* Nas peças portuguesas há uma distinção evidente entre as representações do Menino-Deus e as do Bom Pastor. A caracterização do *Bom Pastor* é a do menino em função de pastoreio, geralmente sentado sobre um monte ou mesmo sobre "peanha aberrante"; porém, na concepção luso-brasileira, diria também na afro-brasileira, não há distinção específica entre o *Bom Pastor* e o Menino-Deus, funcionando de maneira híbrida ambas as leituras sobre o menino deificado, especialmente humanizado, tão próximo das crianças, visto muitas vezes sobretudo como brinquedo, ou, quando em devoção doméstica, com zelo e cuidado de um novo filho; eternamente compreendido como menino, é a perpétua concepção do ideal infantil.

Na imaginária baiana, notadamente a do Recôncavo, são comuns as designações *Menino Jesus* e *Bom Pastor* indicando um mesmo tipo de imagem. Pode-se acrescentar à visão e compreensão gerais da imagem do Menino-Deus as figuras, também domésticas e infantis, dos gêmeos divinizados – os Ibejis.

O Menino-Deus é tema que concentra, na imaginária sacra católica, diferentes visões de Deus, segundo os desejos dos escultores em madeira, principais construtores de peças que buscam representar uma criança nua, em posição ereta, mostrando uma certa graça de gesto projetado, como se fosse oferecer um abraço, ou ainda como se estivesse apto a portar nas mãos cajados, esferas que representem o mundo, ou outros símbolos que evidenciem autoridade, poder e realeza. A esses motivos se acrescentam jóias em ouro e prata, costumeiras nas imagens do Menino-Deus, muitas vezes marcando pagamento de promessa; enriquecem a figura fios de ouro, miniaturas de chinelas, brinquedos, corações, bolas de louças, pedaços de coral, marfim, osso, invariavelmente encastoados, lembrando, inclusive, as pencas de balangandãs usadas na cintura, até o início deste século, pelas crioulas, especialmente "em traje de beca". Os objetos, colecionados em nave ou broche, são complementados com correntão do tipo "miçanga", ou de elos do tipo "cachoeirano": largos, achatados e unidos um a um por processo artesanal. Também pulseiras de balangandãs em suas diferentes versões com canutilhos de coral e outros materiais mantêm modelos de uma forte visualidade afro ou afro-brasileira. Os fios-de-contas – ilequês – nos terreiros de base Ioruba nos candomblés na Bahia, e de uso em outros estados, anexam objetos de finalidade ritual-religiosa, como: saquinhos em couro e em tecido (tipo patuá); dentes encastoados; figas, chumaços de cabelo encastoados; moedas; mão-de-pilão; oxê de Xangô; obé de Ogum; alfanje de

Iansã; pombas de asas abertas que representam o Divino Espírito Santo; corais em diferentes formatos, também encastoados; fitas bentas como do Nosso Senhor do Bonfim, entre tantos outros objetos que, embora dispersos, remetem às montagens dos balangandãs quase obrigatórios nas festas afro-brasileiras do século XIX, engalanando as roupas das crioulas baianas.

Os adornos das imagens do Menino-Deus têm, sem dúvida, relacionamentos formais com os balangandãs; contudo, os objetos mais comuns são os de uso de crianças, tais como chinelas, brinquedos, pequenos animais para os mimos de um santo em eterno estágio infantil.

Como as calungas no Nordeste, bonecas feitas geralmente em pano, palha de milho ou outros materiais reciclados, o Menino-Deus não deixa de ocupar um lugar de santo que se aproxima, sendo uma espécie de amigo ou companheiro nas brincadeiras de crianças. Como observou Gilberto Freyre sobre as relações sociais dos santos com seus culturais, em especial o Menino-Deus: "O Menino-Jesus só faltava engatinhar com os meninos da casa; lambuzar-se de geléia de araçá ou goiaba, brincar com os moleques." Se nos santuários e altares domésticos a própria figura infantil do Menino-Deus motivava uma atração lúdica e de forte identificação com as crianças, notadamente com os meninos, as calungas, bonecas populares e de feira, estavam vocacionalmente voltadas ao mundo infantil feminino. Outro ponto de análise formal da escultura é a identificação sexualizada das imagens: geralmente em madeira e despidas, ou sob camisolões em tecido, sempre marcadas por entalhe com o sexo masculino, o que é raro nas calungas de pano tão comuns nas brincadeiras das meninas do Nordeste.

Conferindo sexualidade às imagens, aproximando o santo das crianças, das mulheres solteiras e das que não foram mães, dedica-se um culto doméstico e até familiar ao santo que se torna humanizado e co-atuante na casa.

Essa intimidade com o santo através de sua representação material é uma das grandes características da ética religiosa dos terreiros afro-brasileiros, especialmente o candomblé e o xangô.

Para vestir o Menino-Deus usam-se roupas em algodão, veludo, cambraia e brocado; as imagens podem ficar nuas por longo tempo, sendo o ato ritual do vestir uma passagem que marca período de festa ou de pagamento de promessa. As roupas lembram camisões de manga comprida, de preferência em branco, azul e verde claros, encontrando-se, porém, algumas em vermelho, vinho e azulão; são adornadas com galões dourados e prateados, além de renda de bilro, crivo e bordados com fios de ouro, prata e canutilhos. Certos trajes comportam roupa de baixo em algodão ou cambraia. Cintos em ouro ou prata dourada completam o luxo do traje. A inclusão do solidéu, resplendor e coroa em prata ou, em raríssimos casos, em ouro, faz com que a majestade se torne evidente; a opulência, insinuada através de materiais nobres ou de símbolos de poder, refere-se à imaginária do Menino-Deus de tradições portuguesas, cuja tecnologia, de legado afro-ibérico doado pelos mouros, se caracteriza ora na ourivesaria, ora na prataria filigranada.

As bolas confeitadas – bolas adornadas – em prata ou ouro, com pequenos fios desenhando arabescos que lembram a arte dos confeiteiros que, com o açúcar, fazem verdadeiras jóias sobre bolos, tortas e outros pratos da culinária portuguesa – são exemplos tradicionais na joalheria do Menino-Deus, sendo do mesmo gênero das de Portugal, oriundas da região do Douro.

À riqueza das roupas se contrapõe a postura despojada das esculturas que, segundo concepções mais antigas e dentro da visão baiana, são colocadas em montes como se encimassem a terra, conduzindo o mundo. Os artesãos-santeiros baianos, especialmente dos séculos XVIII e XIX – período da produção clássica das imagens do Menino-Deus –, em sua arquitetura-joalheria constroem os montes, bases das imagens, com quantidade e diversidade de elementos: pássaros, ovelhas, flores, casas, jarros, caixas, folhas, árvores, entre tantos outros motivos feitos em barro, papel, tecido, madeira, louça, metal, conchas e reciclagem de galhos, folhas naturais, pedras e vidro. Lapinha é um dos nomes baianos para o monte onde reina o Menino-Deus, talvez uma lembrança dos presépios. Nessa concepção cenográfica, o Menino-Deus reina sobre o mundo, motivando as designações *Menino-do-Monte* ou *Menino-Deus do Monte*.

Outras esculturas representando a criança branca, nua, de cabelos louros ou castanhos claros bem aparados e olhos azuis ou castanhos, quase sempre de vidro, ou em madeira e massa ocorrem não sobre montes feéricos e barrocos, ao gosto da visualidade sincrética baiana, mas sobre peanhas. Algumas são pintadas no estilo marmorizado, comuns no século XIX e início do século XX como bases de madeira para santos católicos. Outras peanhas são pintadas em vermelho, azul e dourado, ou simplesmente lixadas e lustradas em pigmentação.

A imaginária do Menino-Deus é exemplificada em coleções abertas ao público em museus como o do Convento do Carmo, Instituto Feminino da Bahia e Museu de Arte Sacra, todos na cidade de Salvador, Bahia, e também no Convento dos Humildes em Santo Amaro da Purificação, Bahia. Ainda nas igrejas e nas casas de família estão espalhadas as imagens que recebem veneração à moda baiana, ou seja: na véspera do dia dos Santos Reis, 6 de janeiro, o Menino-Deus é banhado, recebendo águas perfumadas de alfazema; sua roupa é trocada; é adornado com jóias ex-votivas, como se estivesse pronto para receber e ser festejado como qualquer criança. Essa é uma lembrança que rememoriza a visita dos Reis Magos ao Menino-Deus.

O ato de lavar santos, ou outros objetos portadores de significado ritual-religioso, não é restrito aos cultos domésticos à moda de um catolicismo recreativo e popular. Principalmente nos terreiros de candomblé, as cerimônias de limpeza, ou ossé para os Nagô –

atos que precedem as obrigações anuais, iniciações ou outros ritos de passagem – valem como se, através da purificação das águas, folhas, azeite-de-dendê, entre outros ingredientes, renovassem propriedades de deuses. Com o ossé relembram-se funções e estimula-se o axé individual de cada orixá.

Essa aproximação ritual da limpeza é sem dúvida mais um elo e reforço dos papéis de crentes e santos e daqueles com os deuses africanos.

A biotipia europeizada das imagens do Menino-Deus, evidente na postura, concepção de corpo, de gesto, de olhar, de penteado, é passada e absorvida de maneira interpretativa na imaginária dos terreiros. Isso é constatado nos casos afro-baianos através de vasto elenco de peças consagradas e depositadas nos pejis, e nos xangôs pernambucanos com suas calungas em madeira dos maracatus de baque-virado ou ainda nos santuários dos terreiros, notadamente para os orixás Iemanjá, Xangô e Orixalá. Ainda nas representações mitológicas dos terreiros deve-se destacar o caso dos Ibejis, crianças gêmeas deificadas pela própria transgressão às regras; o fato de serem gêmeas, e por isso diferentes, traz marcas de um mistério de deuses, deuses patronais, familiares e também específicos de alguns terreiros. São esculturas em madeira de meninos e meninas despidos e adornados com fios-de-contas, búzios, pulseiras e tornozeleiras de latão, ferro, cobre ou fibras trançadas, entre outros materiais. Vinculam-se também à imaginária dos santos gêmeos da Igreja: São Cosme e São Damião.

Nesse universo de representações infantis de deuses-santos processados e pluralmente interpretados pela fé popular, retoma-se o Menino-Deus, que em muito se aproxima dos Ibejis africanos e, mais ainda, daqueles feitos e sacralizados por mãos afro-brasileiras.

A imagem sexualizada do Menino-Deus certamente suscitou um processo de motivações para o olhar afro-brasileiro, pois para os demais santos da Igreja os trajes e complementos simbólicos cobrem-lhes por completo, ou quase por completo, o corpo.

O corpo, com os símbolos sexuais de fertilidade, de força, de poder, são representados de maneiras próprias à ótica e concepção africanas no Brasil, tomadas por empréstimos de matrizes genuinamente africanas e em outras de base católica.

Uma certa tendência por parte dos terreiros afro-brasileiros de seguir formas dos santos da Igreja se justifica pelas necessidades de uma semelhança defensiva. Assim, na composição de soluções estéticas fundem-se elementos de vertentes distintas: africana e européia, esta filtrada e imposta pela Igreja. São os altares das capelas das fazendas, oratórios domésticos ou "santinhos" em papel, amplamente difundidos em livros, gravuras, pinturas ou nas bandeiras processionais. Dessa maneira se fixaram formas e estilos numa concepção de sagrado vinda do olhar português já contaminado pela África, Índia e China – um português transoceânico e transcultural por excelência, que atuou decisivamente como agente incorporativo ao conceber e ao fazer afro-brasileiro.

Esse olhar luso-internacional é combinado pelos diferentes olhares étnicos dos povos africanos interaculturados no Brasil, apoiando, então, o processo da visualidade afro-brasileira.

A união entre o Menino-Deus e uma ampla imaginária antropomórfica afro-brasileira fez com que matrizes católicas se refletissem nos pejis dos terreiros e que o diversificado mundo visual das culturas africanas se projetasse em estímulos para os artesãos-santeiros. O fluxo e o refluxo das fontes oficiais da Igreja e das bases étnicas das culturas africanas funcionaram como realimentadores de um mesmo destino do fazer e do representar ora santos para altares, ora deuses para os pejis.

Um outro exemplo das imagens intencionalmente católicas, embora retentoras de visualidade e concepção afro-brasileiras, está numa escultura em madeira de São Benedito, do acervo do Museu do Negro (Cafua das Mercês, São Luís do Maranhão), e que representa, no processo do paralelismo afro-católico, o vodum Arereqüête – um tipo de Xangô. A peça inclui trabalho de entalhe altamente esquemático, unindo, inclusive, a vocação do escultor de santos à do "fazedor" de ex-votos, todos, nessa área do Nordeste brasileiro, cubistas por excelência.

Luís da Câmara Cascudo aponta outro aspecto da imaginária católica imbuída em uso e símbolo afro-brasileiro: "... descendentes de escravos africanos que pintavam de escuro as imagens dos santos católicos preferidos"[1].

---
1 CASCUDO, Luís da Câmara. *Made in África*, Rio de Janeiro, Civilização Brasileira, 1965.

LE ROI LOUIS
SANTO E GENTIO DO TAMBOR-DE-MINA DO MARANHÃO

Nada há aí comparáveis à beleza e às delícias desta terra, bem como a fecundidade e abundância em tudo o que o homem possa imaginar e desejar... (D'Aubeville)[1]

ARRIVÉE

Até o final do século XVI, os colonos portugueses insistiram em ocupar as terras que hoje formam São Luís do Maranhão. Jacques Riffault chega ao território em 1594; contudo, ainda não seria com essa investida a ocupação francesa.

Daniel De La Touche, senhor De La Ravardière, consegue no reinado de Louis XIII, unindo-se a Rassilly e ao Barão de Sancy, cumprir seu propósito de chegar e se estabelecer em terras maranhenses. Finalmente aporta na Ilha Grande, em agosto de 1612.

Edificam os colonos franceses um forte em homenagem ao rei Louis XIII – Forte de São Luís. Assim, os franceses cristianizam a ilha com o nome de São Luís. Ainda em 1612, na data de 8 de setembro, a cruz é implantada: "... procedendo-se em seguida à bênção da mesma ao tocar da artilharia do Forte e dos navios franceses

---

1 SERRA, Astolfo. *Guia histórico e sentimental de São Luís do Maranhão*, Rio de Janeiro, Civilização Brasileira, 1965, p. 12.

em sinal de regozijo. Esse ato, pela magnificência e excepcional solenidade de que se revestiu, é considerado como o verdadeiro Auto da Fundação da Cidade de São Luís"².

FRANCISER

Sem campinas demasiadamente vastas terra ferraz, onde há madeiras de tinturaria, açafrão, cânhamo, tabaco; onde há também cristal, âmbar-gris... (Beauchamps)³

O santo patrono das terras, da ilha-capital, São Luís, nasceu em 25 de abril de 1215 e faleceu em 25 de agosto de 1270. Em 1227, com 12 anos, subiu ao trono por morte de seu pai Louis VIII, passando a se chamar Louis IX. O rei santo é canonizado pelo papa Bonifácio VIII.

Tillemont, Rohrbacher e Nicoláo Gilles, biógrafos de Louis IX, relatam histórias sociais e políticas, incluindo participações em cruzadas, destacando a vida religiosa, a fé católica do rei de França.

Rei Santo Louis IX e o rei que governava durante a ocupação francesa do Maranhão, Louis XIII, juntos, sem dúvida, marcam estilos de nobreza, de realeza que são manifestos na memória popular em festas públicas e outras nos terreiros do Tambor-de-Mina. Os impérios que tratam do Divino Espírito Santo fortalecem vocações especiais pela solenidade, pelos títulos de reis, rainhas, imperadores, imperatrizes tão presentes e permanentes no pensamento religioso do homem maranhense. Há uma fé múltipla de suporte católico enriquecida por adesões de voduns, de orixás, de gentios, de caboclos, de quando todos expressam o sagrado ora fundado na tradição familiar do terreiro, ora fundado na criação, nas formas reveladoras da inventiva, criação, dando mais viço e sentido contemporâneo.

---
2 SERRA, Astolfo. Op. cit., p. 20.
3 SERRA, Astolfo. Op. cit., p. 21.

Sacré

O culto afro-maranhense ao rei São Luís é certamente originário da síntese entre o santo medieval e o rei que em pleno renascimento governou a França, quando da chegada dos colonos franceses.

Tudo gira em torno de um São Luís santo e de um rei Luís, mantendo vínculos com a história e livres relacionamentos com reis africanos e também com tradições portuguesas do império do Divino Espírito Santo. Esse sentimento religioso síntese apóia a construção do culto a São Luís no Tambor-de-Mina.

Há ainda o lendário sobre Dom Sebastião, rei de Portugal, rememorizado simbolicamente no Boi – o grande evento da festa maranhense – que durante o ciclo junino nos cortejos dramatizados do *Bumba* ou *Bumba Boi* revelam nos couros-veludos bordados e rebordados nas ponteiras de ouro – chifres de bois que formam a armação em madeira e tecido que representa o personagem-tema –, um luxo que expande e dinamiza imaginários de *nobreza*, de *realeza*, motivos componentes da alma maranhense.

O marcarte, contudo, nesse imaginário de corte, de nobres, representado está, sem dúvida, nas comemorações do Divino Espírito Santo. Aí há uma estética recorrente a interpretações de indumentárias dos séculos XVII e XIX.

Contudo, na Casa das Mina, terreiro dedicado a diferentes famílias de voduns, inclusive membros de uma família real do Abomey, Benin, é reduto tradicional do Mina-Jeje do Maranhão, onde o rei São Luís, ou melhor, Dom Luís para o Mina, não recebe culto. Nesse terreiro, os nobres são africanos e são representantes de famílias definidas como "a saber de Davice, de Dambirá e de Quevioço. Há ainda os de Savaluno e de Aladá"[4].

---
4 FERRETI, Sérgio Figueiredo. Op. cit., p. 62.

Ainda sobre os sentimentos religiosos do Mina-Jeje e referência com o real, com o poder social e político da África, destaca-se: "Verger (1956) conclui que o culto de antepassados da família real do Abomey foi estabelecido na Casa das Mina, por Nan Agontime, viúva do Rei Agongolo (1789-1797) e mãe do futuro Rei Ghezo (1818-1859), que teria sido, com parte da família, vendida como escrava para o Brasil."[5]

Há um orgulho na Casa das Mina em sediar uma família real e outras famílias notificadas como hóspedes. Tudo isso reforça o valor pela nobreza, no caso nobreza africana.

Retomando o império do Divino Espírito Santo, na Casa das Mina, certos voduns têm *devoções* ou mesmo *predileções* pelo Império. Emblematicamente, a *realeza* é incorporada numa ética de segredo religioso, aliás próprio das tradições do Jeje, tanto no Maranhão como na Bahia. O Jeje é um modelo sociorreligioso de fundamentação no segredo, nos conhecimentos rigorosamente mantidos e transmitidos em sistemas iniciáticos e interterreiros.

Geralmente, o império é inaugurado com a erguida do mastro – marco da festa. Músicas, comidas, cortejos processionais, ladainhas e acréscimos litúrgicos de cada terreiro ou casa darão marcas especiais, evidenciando estilos de fé, de fé inter-religiosa própria do Maranhão.

O calendário de festas de santos nos terreiros do Mina é repleto de incorporações como o tambor-de-crioula e o próprio *Bumba Boi*, destacando, no caso, o dia consagrado ao santo que dá nome à capital do Maranhão, São Luís.

> (...) raízes da festa de Dom Luís nas casas de tambor-de-mina remontam ao final do século passado.[6]

---
5 FERRETI, Sérgio Figueiredo. Op. cit., p. 64.
6 SANTOS, Maria do Rosário & SANTOS, Manoel dos. *Boboromina*, São Luís, Secma/Sioge, 1989, p. 36.

A casa de Nagô comemorou Dom Luís e a Casa das Mina manteve o rigor de cultuar os voduns, pois Dom Luís é um europeu sendo interpretado como um *gentio*.

(...) no culto nagô (...) muitas vezes sincretizado com Xangô Dadá-Hô. Segundo informações de Jorge Itaci, é irmão (Dom Luís) de Dom João, Dom Manuel, Dom José Florêncio, Rainha Babaçueira e Rainha Rosa, todos pertencentes a uma nobre família européia (...).[7]

O luxo, a realeza, a corte à européia são também vistos nas roupas de bordados quase barrocos, suntuosos como o *richelieu*.

A marcante influência oriental na Europa – século XIII – advinda das Guerras Santas e pelo comércio com o Oriente garantiu o uso de variado aparato de adornos (...). Após as Cruzadas, os bordados aumentavam em possibilidades técnicas e nos motivos utilizados pelos artesãos; e sua produção é canalizada, predominantemente, para os paramentos da Igreja (...)[8]

Os bordados aliados às rendas de almofada (bilros) estão nos cabeções e toalhas – panos-da-Costa – que compõem as indumentárias das dançantes do Tambor-de-Mina. Também os altares com toalhas brancas e bordadas aproximam-se das indumentárias das dançantes, unindo-se aos fartos enfeites de papéis dourados, outros recortados, franjados, e luzes elétrica e de velas, compondo com gravuras e imagens de santos católicos locais para receber homenagens em incensos, ladainhas em latim, cânticos em português e em línguas africanas, e outras demonstrações de fé, unindo vozes dos adeptos e vozes dos voduns perante o sagrado monumentalizado.

---
7 SANTOS, Maria do Rosário & SANTOS, Manoel dos. Op. cit., p. 36.
8 LODY, Raul & GEISEL, Amália. *Artesanato brasileiro – Rendas*, Rio de Janeiro, Funarte/INF, 1981, p. 16.

Royauté

No Terreiro *Ilê Abê Axé Yemonwá*, de Kadá Dom Manja, nome iniciático de Jorge Itaci de Oliveira, seguidor dos modelos Nagô/Jeje/Cambinda, são feitos os festejos do Divino Espírito Santo em agosto, incluindo o dia consagrado a São Luís, Dom Luís no terreiro. Aí, o santo francês é relacionado a Badahô, um Quevioçô que é cultuado com o império.

No terreiro vêem-se representações de São Luís, o rei medieval, compondo sua iconografia a flor-de-lis, um emblema da França. A flor-de-lis é uma flor marcante na heráldica, sendo um tipo de lírio estilizado. Contudo, há identificações imediatas entre rei, França, nobreza pela flor-emblema, a flor-de-lis, assim compondo, também, nesse terreiro, um imaginário agregador de diferentes tradições religiosas.

No ano de 1988 a festa do império teve a seguinte organização:

> Rei, Rainha, mordomo-régio, mordoma-régia, mordomo-mor, mordoma-mor, dois vassalos, bandeira real vermelha do império, bandeira real verde dos mordomos régios, quatro bandeirinhas, caixeiras régia-mor e outras, mestre sala.[9]

Os territórios das religiões no Maranhão são territórios de permanente evocação à fé católica, manutenção de tradições africanas somente presentes na região, fazendo acontecer manifestações que autenticam e referenciam esse "ser" próprio e de auto-simbolização de terreiros em estilos e modelos do Nagô e do Jeje; dos caboclos, dos gentios, de todos em convivências ungidas pela melhor conjugação do verbo "crer".

---

9 OLIVEIRA, Jorge Itaci. *Orixás e voduns nos terreiros de Mina*, São Luís, 1989, p. 14.

BIBLIOGRAFIA

AJIMUDÁ (Babalaô Martiniano Eliseu do Bonfim). "12 Ministros de Xangô". *Estado da Bahia*, Salvador, 19 abr. 1937.
BARRETO, M. Amalia Pereira. *Os voduns do Maranhão*. São Luís, Fundação Cultural do Maranhão, 1977.
BASTIDE, Roger. *O candomblé da Bahia*. São Paulo, Nacional, 1961.
CAMARGO, Maria Thereza Lemos de Arruda. *Plantas medicinais e de rituais afro-brasileiros I*. São Paulo, Almed, 1988.
CÂNABIS BRASILEIRA (pequenas anotações). Rio de Janeiro, Ministério das Relações Exteriores, 1959.
CARNEIRO, Edison. "Xangô". In: *Novos estudos afro-brasileiros*. Rio de Janeiro, Civilização Brasileira, 1937.
———. *Religiões negras*. Rio de Janeiro, Civilização Brasileira, 1936.
CARYBÉ. *Iconografia dos deuses africanos no Candomblé da Bahia*. São Paulo, Raízes, 1960.
CASCUDO, Luís da Câmara. *Dicionário do folclore brasileiro*. Rio de Janeiro, MEC/INL, 1962.
———. *Made in África*. Rio de Janeiro, Civilização Brasileira, 1965.
———. *Tradição, ciência do povo*. São Paulo, Perspectiva, 1971.
CASTRO, Yeda Pessoa. "Língua e nação de candomblé". *África*, Revista do Centro de Estudos Africanos da USP, n.º 4, 1981.
CORRÊA, Pio M. *Dicionário das plantas úteis do Brasil e das exóticas cultivadas*. Rio de Janeiro, Imprensa Nacional, 1926.
DOUGLAS, Joaquim. "O dicionário da maconha (II)". *O Estado de S. Paulo*, São Paulo, 20 abr. 1958.
ELBEIN, Juana. *Os nagô e a morte*. Petrópolis, Vozes, 1976.
ENCICLOPÉDIA DOS MUNICÍPIOS BRASILEIROS, orientada por Jurandyr Pires Ferreira, Rio de Janeiro, IBGE, 1959, vol. 15.

FAGG, William. *African Tribunal Sculptures*. Londres, Methuen, 1967.
FERRETI, Sérgio Figueiredo. *Querebetan de Zomadonu – Etnografia da Casa das Minas*. São Luís, UFMA, 1985.
FICALHO, Francisco Manuel Carlos de Mello, Conde. *Plantas úteis da África portuguesa*. 2ª ed. Lisboa, Divisão de Publicações e Biblioteca, 1946.
FREYRE, Gilberto. *Aventura e rotina*. Sugestões de uma viagem à procura das constantes portuguesas de caráter e ação. Rio de Janeiro, Fundaj, Sindicato da Indústria do Açúcar do Estado de Pernambuco e da Cooperativa dos Produtores de Açúcar e Álcool de Pernambuco, 1980.
FRY, Peter. "Feijoada e *soul food*: notas sobre a manipulação de símbolos étnicos e nacionais". *Cadernos de Opinião*, n° 4, 1977.
JOÃO DO RIO. *As religiões do Rio*. Rio de Janeiro, Garnier, 1906.
LODY, Raul. *Coleção culto afro-brasileiro: um documento do candomblé na cidade de Salvador*. Salvador, Fundação Cultural do Estado da Bahia, Instituto Geográfico e Histórico da Bahia, 1985.
——. "Escultores da Cachoeira: o vigor e o traço africano no Recôncavo da Bahia". *Comunicado aberto n° 2*, Rio de Janeiro, Ed. do Autor, 1984.
——. *Ao som do adjá*. Salvador, Prefeitura de Salvador, 1975.
——. *Dezoito esculturas antropomorfas de orixás*. Rio de Janeiro, Funarte, 1990.
——. *Santo também come*. Rio de Janeiro, Artenova; Recife, Instituto Joaquim Nabuco de Pesquisas Sociais, 1979.
——. *7 temas da mítica afro-brasileira*. Rio de Janeiro, Altiva, 1982.
——. *Artesanato religioso afro-brasileiro*. Rio de Janeiro, Ibam, 1980.
——. *Candomblé, religião e resistência cultural*. São Paulo, Ática, 1987.
——. *Coleção arte africana*. Rio de Janeiro, Museu Nacional de Belas Artes, 1983.
——. *Coleção Perseverança: um documento do Xangô alagoano*. Maceió, Fundação Nacional de Arte, Universidade Federal de Alagoas, 1985.
——. *Devoção e culto à Nossa Senhora da Boa Morte*. Rio de Janeiro, Altiva Arte e Editora, 1981.
——. *Espaço, orixá, sociedade, arquitetura e liturgia do candomblé*. 2ª ed. Salvador, Ianamá, 1988.
——. *Maracatu Leão Coroado*. Recife, Prefeitura da Cidade do Recife, Fundação de Cultura Cidade do Recife, 1989.
——. *O atabaque no candomblé baiano*. Rio de Janeiro, Funarte (Série Instrumentos Musicais Afro-Brasileiros, 1), 1989.
——. *Pencas de balangandãs da Bahia*. Um estudo etnográfico das jóias e amuletos. Rio de Janeiro, Funarte/INF, 1988.
LODY, Raul & GEISEL, Amália. *Artesanato brasileiro – Rendas*. Rio de Janeiro, Funarte/INF, 1981.
LOPES, Licídio. *O Rio Vermelho e suas tradições*. Memórias de Licídio Lopes. Salvador, Fundação Cultural do Estado da Bahia, 1984.

MAGGIE. *Medo do feitiço: relações entre magia e poder no Brasil*. Rio de Janeiro, Arquivo Nacional,1992.
MAIA, Yves & MOREIRA, Roberto. "A derrubada do governo e as quebradas dos terreiros – 1912". *Folha de Letras*, Maceió, jun. 1985, ano IV, nº 5.
MAZZOLENI, Gilberto. *O planeta cultura: para uma antropologia histórica*, São Paulo, Edusp, 1990.
MERCIER, P. *Mundos africanos: estudios sobre las ideas cosmológicas y los valores sociales de algunos pueblos de África*. México, Fondo de Cultura Económica, 1975. 328 pp.
MONTEIRO, Mário Ypiranga. "Folclore do Maranhão". *Revista Brasileira de Folclore*, Rio de Janeiro, MEC/CDFB, vol. 6, nº 14, p. 290, jan./abr. 1966.
MORAES, Mello Filho. *Festas e tradições populares do Brasil*. Rio de Janeiro, H. Garnier, 1901.
MORTON, Williams. *The Oyo Yoruba and the Atlantic Slave Trade – 1670-1830*. Londres, 1961.
MOURA, Jair. "Maconha, o legado pernicioso". *A Tarde*, Salvador, 27 jun. 1970.
NUNES PEREIRA. *A Casa das Minas*. Petrópolis, Vozes, 1979.
OLIVEIRA, Jorge Itaci. Orixás e voduns nos terreiros de Mina. São Paulo, 1989.
OLIVEIRA, Valdemar de. *Frevo, capoeira e passo*. Recife, Companhia Editora de Pernambuco, 1985.
PIERSON, Donald. *Brancos e pretos na Bahia*. São Paulo, Nacional, 1945.
——. *O candomblé da Bahia*. Curitiba, Ed. Guaíra, 1942.
QUERINO, Manuel. In: LODY, Raul (org.). *Costumes africanos no Brasil*. 2ª ed. Recife, Fundaj/ Massangana; Rio de Janeiro, Funarte/INF, 1988.
RAMOS, Arthur. *O negro brasileiro*. Rio de Janeiro, Civilização Brasileira, 1935.
RIBEIRO, René. *Cultos afro-brasileiros do Recife*. Recife, MEC/IJNPS, 1978.
SÀLÁMÌ, Síkírù. *A mitologia dos orixás africanos*. São Paulo, Ed. Oduduwa, 1990.
SANTOS, Maria do Rosário & SANTOS, Manoel dos. *Boboromina*. São Luís, Secma/ Sioge, 1989.
SENGHOR, L. S. "Les fondemants de l'africanité ou negritud et arabisme". In: *L'unité africaine*. Dacar, nº 242: 43-4, fev./mar. 1967.
SERRA, Astolfo. *Guia histórico e sentimental de São Luís do Maranhão*. Rio de Janeiro, Civilização Brasileira, 1965.
SEYFERTH, Giralda. "Construindo a nação: hierarquias raciais e o papel do racismo na política de imigração e colonização". In: MAIO, Marcos Chor e VENTURA SANTOS, Ricardo (orgs.). *Raça, ciência e sociedade*. Rio de Janeiro, Ed. da Fiocruz, 1996.
SILVA MAIA, Antonio da. *Dicionário complementar português – Kimbundu-Kikongo*. Luanda, Editorial Missões Cacujães, 1964.
SILVEIRA, Ildefonso. "São Luís e o Admirador de Bossuet". *Correio Mercantil*, nº 252, 11 set. 1860.
SOW, Alpha I. *Introduction a la culture africaine*. Paris, Unesco, 1977.

VALLADARES, Clarival do Prado. "O negro brasileiro nas artes plásticas". *Cadernos Brasileiros*, Rio de Janeiro, maio/jun. 1968, n° 47.
——. "Prefácio". In: Lody, Raul. *Artesanato religioso afro-brasileiro*. Rio de Janeiro, Ibam, 1980.
VASCONCELLOS, J. Leite de. *Tradições populares de Portugal*. Lisboa, Imprensa Nacional/Casa da Moeda, 1986.
VERGER, Pierre Fatumbi. *Orixás*. Salvador, Corrupio, 1981.
——. "Orini et Mlenmlem". In: *Textes sacrés d'Afrique Noire*. Paris, Gallimard, 1965.
VIANNA, Hildegardes. *A Bahia já foi assim*. Salvador, Ed. Itapuã, 1973.
VIANNA FILHO, Luiz. *O negro na Bahia*. Rio de Janeiro, José Olympio, 1946.
ZITERBO, Joseph. *Histoire de l'Afrique Noire*. Paris, Hatier, 1972.